DER BERGISCHE KRIMI

2

A. Rach

Volker Kutscher, geboren 1962 in Lindlar (Oberbergischer Kreis), aufgewachsen in Wipperfürth (dito). Studierte Germanistik, Philosophie und Geschichte in Wuppertal und Köln. Arbeitet als Redakteur bei der Bergischen Landeszeitung, einer Lokalausgabe der Kölnischen Rundschau.
Christian Schnalke, geboren 1965, lebte viele Jahre in Wuppertal. Er schreibt Drehbücher für Fernsehfilme und Zeichentrick-Serien, arbeitet als Gag-Autor für TV- Comedy-Shows und zeichnet Cartoons, die regelmäßig in diversen Zeitschriften veröffentlicht werden.

Volker Kutscher · Christian Schnalke

Bullenmord

Emons Verlag Köln

Umschlaggestaltung: Atelier Schaller, Köln
Umschlagzeichnung: Heribert Stragholz
Umschlaglithografie: HDL Repro-Service GmbH, Köln
Satzerstellung mit WordPerfect Textverarbeitung
Satzbelichtung: Stadt Revue Verlag GmbH, Köln
Druck und Bindung: Clausen & Bosse GmbH, Leck
Printed in Germany 1995

ISBN 3-924491-87-9

Die spitzen Brüste des Mädchens schlugen ein splitterndes Loch in die Schädeldecke. Schräg über seinem rechten Ohr. Mit einem dumpfen Stöhnen ging er in die Knie. Die rechte Hand versuchte noch, sich an der Kante des Eichentisches festzuhalten, rutschte aber ab. Der Körper kippte nach vorn und schlug mit dem Kinn auf den Kachelboden. Die Augenlider zitterten und zuckten, Blut sickerte aus dem kleinen Loch im Hinterkopf. Bis auf den röchelnden Atem war nichts zu hören. Die Eisenskulptur klang harmonisch nach, als sie auf den Eichentisch gestellt wurde. Die kleine Schönheit war nicht größer als fünfzig Zentimeter, doch trotzig und selbstbewußt streckte sie ihre nackten Rundungen in die Höhe, ebenso verführerisch, aber scharfkantiger und spitzer, als ihr Vorbild sein mochte. Klebriges Blut und ein Büschel blonder Haare bedeckten ihre metallenen Brüste wie ein grauenhafter winziger Bikini.

Paul

»Du Lahmarsch! Sonntagsfahrer!«

Vier sonnenbebrillte, braungebrannte Mittzwanziger saßen in dem dunkelblauen Golf Cabrio, das Paul gerade überholte, alle hatten sie irgend etwas gerufen, und alles klang durchweg unfreundlich. Schon länger hatte Paul den offenen Wagen mit den vier Sonnenbrillen im Rückspiegel gesehen. Bereits in Wipperfürth, auf der steil ansteigenden Egener Straße, setzte das glänzende Cabrio, in dem sich die Augustsonne fast schmerzhaft spiegelte, mehrmals zum Überholen an. Immer wieder aber zwang der Gegenverkehr den Wagen zurück hinter den grünen Lada, auch später, als die Straße die Neye-Siedlung verließ und sich über den sanftgrünen Höhenzug Richtung Norden schlängelte.

Erst jetzt, auf der Geraden kurz vor Oberröttenscheid, zog der Golf vorbei. Wegen der Hitze hatte Paul die Fensterscheibe komplett heruntergekurbelt, und so verstand er die meisten Beschimpfungen. Er kümmerte sich nicht darum, blickte weiter geradeaus. Etwas Rotes zischte an seinem Kopf vorbei. Als er die Augen nach rechts wandte, dem klatschenden Geräusch folgend, sah er die Reste einer zermatschten Tomate innen am Fenster der Beifahrertür hinunterlaufen. So eine Schweinerei in seinem Auto! Paul merkte, wie er sauer wurde. Rote Saftspritzer hatten sogar die

Siegerurkunde besprenkelt, die neben ihm auf dem Beifahrersitz lag. Normalerweise wäre er jetzt hinter dem Golf hergebrettert, hätte den Werfer gestellt und ihm mindestens die Tomatenreste durchs Gesicht gerieben. Paul war ein stämmiger Kerl. Doch jetzt fraß er die Wut in sich hinein.

Paul schaute in den Rückspiegel. Der Viehanhänger lief ruhig hinter dem Lada. Oberröttenscheid. Bald würde er zu Hause sein. Noch zehn Minuten bis Egen. Er lehnte sich zurück. Und mochte ihn die halbe Welt für einen Sonntagsfahrer halten, auch den Rest der Strecke würde er keinen Deut schneller fahren. Sonntagsfahrer! Und das ihm! Er war doch kein Städter, der Wochenende für Wochenende die bergischen Landstraßen heimsuchte! Paul war Bauer, und er war stolz darauf. Das Bergische Land war ein Land, das bewirtschaftet werden mußte und nach Arbeit verlangte. Auf jeden Fall keine Spielwiese für Ausflügler!

Langsam schob sich der Wald heran. Auf dem Wanderparkplatz standen wie an jedem sonnigen Wochenende unzählige Autos. Der Lada tauchte in den Schatten der Bäume. Hier fing die Holperstrecke an. Paul schaltete vom dritten in den zweiten Gang. Er hatte sich auf dieser Fahrt nicht eben viele Freunde geschaffen. Auf der Bundesstraße kurz hinter Waldbröl hatte er sich zwei Stunden zuvor ein Hupkonzert anhören müssen. Dann noch mal zwischen Nümbrecht und Wiehl, in Kotthausen, vor Marienheide ... Hupen und Schimpfen, immer dasselbe. Er hatte es genauso geduldig ertragen wie jetzt den Tomatenwurf. Nur nicht aus der Ruhe bringen lassen.

Der Grund für Pauls ausdauernde Vorsicht wartete hinten im Anhänger geduldig auf das Ende der Fahrt. Er kaute gerade genüßlich auf einem Büschel Heu und hieß Hugo.

»Hugo vom Bergmannshof« – so lautete sein vollständiger Name. Hugo war Pauls ganzer Stolz, ein eineinhalbjähriger schwarzbunter Zuchtbulle.

Paul versprach sich noch viel von dem Tier. Erst heute hatte er mit ihm auf der Rinderzuchtschau in Waldbröl wieder einen ersten Preis eingeheimst, die Trophäe lag neben ihm auf dem Beifahrersitz, mitsamt der nun tomatenrot befleckten Urkunde. Verkaufen würde er Hugo nie, da war er sich sicher. In Waldbröl hatte man ihm wieder einmal stattliche Summen geboten, doch er hatte alle Offerten abgelehnt. Das verständnislose Kopfschütteln der anderen Bauern war ihm gleichgültig.

Paul wußte, daß man auch daheim in Egen über ihn tuschelte. Er war zwar nicht ungesellig, spielte im Fußballverein und half bei der Freiwilligen Feuerwehr, galt aber trotz allem als Eigenbrötler. Während die anderen Landwirte, wie es in der Gegend üblich war, nur noch Milchkühe auf ihren Höfen hielten, ging Paul einen anderen Weg. Zuerst hatte er sich wieder Hühner zugelegt, später auch Schafe, Schweine und Gänse. Er hatte die seit fünfundzwanzig Jahren verwilderte Obstwiese des Goller-Hofes auf Vordermann gebracht und verkaufte seine Produkte nun direkt am Hof. Daß er mit diesem Geschäft auch noch Erfolg hatte, machte die Nachbarn um so mißtrauischer. Als wäre es nur erbaut, sie noch mehr zu reizen, grüßte zudem ein weithin sichtbares Windrad vom Goller-Hof.

Interessanteren Gesprächsstoff bot den Egenern aber etwas anderes: Pauls abgöttische Liebe zu Hugo. Beim jüngsten Feuerwehrfest hatte er für Aufsehen gesorgt, als er Rita, eines der schönsten Mädchen im Dorf, einfach stehenließ, obwohl inzwischen jeder wußte, daß sie in ihn verknallt war. Und so waren natürlich alle Augen verstohlen auf die beiden gerichtet gewesen, als Rita sich mit ihrem Bierglas neben ihn setzte und sich angeregt mit ihm unterhielt. »Ich muß jetzt gehen, Hugo geht's nicht so gut.« Das war alles, was Paul sagte, als er das Festzelt am Gerätehaus schon gegen zehn Uhr verließ. Rita, vor der versammelten Dorfgemeinschaft abserviert wegen eines kränkelnden Jungbullen, blieb sprachlos sitzen und wechselte auch später nie wieder ein Wort mit ihm. »Der Gollers Paul findet nie eine Frau«, tratschten die Egener seitdem, »die müßte erst mal den Hugo aus seinem Bett schubsen.«

Von all dem wußten die Landwirte und Viehhändler in Waldbröl nichts. Für sie war dieser Paul Goller nur ein starrköpfiger Oberberger, mit dem man keine Geschäfte machen konnte. Achselzuckend sahen sie zu, wie der Egener sein Tier wieder reisefertig machte. Daß Paul dem Bullen im Dunkel des Anhängers auch noch einen Kuß auf seinen wuchtigen Schädel gab, das sahen sie nicht.

Die Katze saß in der Blutlache und starrte auf den reglosen Körper. Aus dem kleinen Loch im Hinterkopf rann es unaufhörlich, doch ein heftiges, rasselndes Atmen zeugte davon, daß immer noch Leben in diesem Körper war. Ruhig betrachtete die Katze das Gesicht, das auf den Kacheln lag, als würde es ihnen einen Kuß geben. Sie beobachtete das Blut, wie es am rechten Ohr vorbei entlang der Kinnlinie auf den Boden floß. Ruhig saß sie da. Ihr schwarzes Fell glänzte in der Sonne. Erst das Quietschen der Tür schreckte sie auf. Sie tapste am Tisch vorbei zum geöffneten Fenster, war mit einem Satz auf dem Fensterbrett und sprang hinaus in den Hinterhof.

Im selben Moment, als der unscharfe rote Fleck ganz links außen in seinem Blickfeld erschien, wußte Paul, daß das nicht gutgehen konnte. Ein Raser aus der Großstadt, dachte er noch. Warum mußte ausgerechnet er jetzt auf diesen Idioten treffen, nur noch eineinhalb Kilometer vom heimischen Hof entfernt? Paul hatte den Blinker bereits gesetzt. Noch wenige Meter zur Weggabelung Schneppenstock, wo es links weiter Richtung Radevormwald und rechts Richtung Egen ging.

Er sah den roten Porsche von links auf sich zukommen. Das schafft der nie! Viel zu schnell raste der Wagen auf die scharfe Kurve zu. Der donnert dir genau in die Seite! Paul trat das Gaspedal zum ersten Mal auf dieser Fahrt ganz durch, obwohl er ahnte, daß er keine große Chance hatte, noch rechtzeitig aus der Gefahrenzone zu kommen. Er sah stur nach vorne und vertraute dann nur noch dem heiligen Christopherus und dem dicken Blech seines Lada. Er hatte die Abzweigung schon fast hinter sich, als ihn das Kreischen einer Vollbremsung doch zum Hinschauen zwang. Im Seitenspiegel sah er, wie die geradlinige rote Bewegung plötzlich in ein wildes Zickzack überging. Der Porsche hüpfte wie ein wildgewordener, roter Ziegenbock, hob ab und flog schräg auf das Gespann zu. Ein ohrenbetäubender Knall. Der Lada bebte. Paul wurde durchgerüttelt und hörte ein unschönes Kreischen. Im Spiegel sah er den Porsche rückwärts an dem kurzen Stück Leitplanke vorbeischliddern und Funken aus dem Metall schlagen. Schließlich blieb der rote Wagen am Straßenrand stehen.

Der leicht schräg stehende Lada blinkte immer noch. Paul stieg aus und sah den zerbeulten Sportwagen, gegen die ursprüngliche

Fahrtrichtung gedreht, ein paar Meter hinter dem Ende der rot verschrammten Leitplanke stehen. Durch die Windschutzscheibe blickte er in das vor Entsetzen stocksteife Gesicht eines jungen Mannes.

Der Viehanhänger war seitwärts gekippt. Das linke Rad hing sinnlos in der Luft und drehte sich wie verrückt. Der schwere Hänger hatte eine goße Beule in die Leitplanke geschlagen.

Der Wagen war leer.

»Hugo!«

Paul blickte sich suchend um – und verlor plötzlich die Ruhe, die er bislang bewahrt hatte. Wo war Hugo? Auf der anderen Seite der Leitplanke lag der Bulle! Zwischen zwei jungen Buchen unten im Wald, in einer unnatürlich verrenkten Haltung. Mit einem Satz war Paul über der Planke. Er landete genau in den Brennesseln, doch das merkte er kaum. Er lief zu seinem Liebling und hockte sich zu ihm hin. Die großen Augen des Tieres starrten ihn an.

»Ruhig, Hugo, alles wird gut«, redete Paul auf den Bullen ein, doch er merkte, daß es bereits zu spät war.

Die Wunde, die der abgerissene Nasenring verursacht hatte, war noch die harmloseste Verletzung. Irgendein scharfer Gegenstand mußte dem Tier die Halsschlagader aufgetrennt haben. Paul sah die scharfe Oberkante der Leitplanke. In erbarmungslos regelmäßigen Stößen pumpte das Bullenherz warmes Blut aus dem Körper. Fassungslos starrte Paul auf das Tier und die immer größer werdende Blutlache, die langsam zu einem kleinen dampfenden Bach wurde, der im Waldboden versickerte. Verzweifelt versuchte er, den Blutstrom zu stoppen, hielt die Wunde mit den Händen zu, obwohl ihm sein Verstand sagte, daß das nicht mehr helfen konnte.

Da schreckte ihn das Geräusch quietschender Reifen auf. Als Paul den Kopf drehte, sah er den Porsche im Rückwärtsgang wegfahren. Er sprang auf, kletterte die Böschung hoch, lief dem Wagen nach, sah aber schnell ein, daß das zwecklos war. Nach ein paar Metern blieb er stehen.

»Mörder«, brüllte Paul über die einsame Landstraße, »du Mörder, du verdammter feiger Mörder.«

Breitbeinig stand er mitten auf der Straße. Seine Hände trieften vor Blut. Der zerbeulte Sportwagen setzte rückwärts in einen Feldweg, wendete, und brauste davon. In Richtung Wipperfürth.

AC – LA … – mehr als die Buchstabenkombination konnte Paul von dem Nummernschild nicht erkennen. Dafür hatte er sich dieses Gesicht um so genauer eingeprägt. Er mußte den Bullenmörder finden! Und er würde ihn finden; er würde ihn irgendwo aufspüren, und dann … Plötzlich dachte er wieder an Hugo, und seine Wut wich der Verzweiflung. Er lief zu dem Bullen, der langsam verblutete. Er hockte sich neben das sterbende Tier und streichelte ihm über den Kopf. Mehr konnte er nicht mehr tun. Und dann begann er zu flennen, hemmungslos zu flennen. So hatte Paul zuletzt vor zwölf Jahren geheult, damals, als sein Vater gestorben war.

Das Atmen hatte aufgehört. Das Blut aus der Kopfwunde begann, zu einem klebrigen Brei zu gerinnen. Ausdruckslose Augen starrten an die Zimmerdecke und schienen die Fliege zu fixieren, die dort summend ihre Kreise zog, als ob sie sich nicht entscheiden könnte, wohin. Immer näher zum Boden hin drehte sie ihre Bahnen durch die verlockenden Gerüche des Toten, Schweiß, Blut, Urin, und setzte sich schließlich auf den bleichen Körper. Gierig tauchte sie ihren Rüssel in das Blut.

Katharina

Katharina stürzte der Länge nach hin. Ihre Hände bohrten sich in den Boden, und die braune Erde blieb an ihren feuchten Armen hängen, an ihrem Dekolleté und an ihren langen blonden Haaren, die in Strähnen auf ihrem Gesicht und ihren Schultern klebten. Sie stöhnte erschöpft auf, doch sofort war sie wieder auf den Beinen und rannte weiter. Sie rannte mit unglaublicher Kraft – barfuß, mit nackten Beinen und Armen, nur ein dünnes weißes Kleid umflatterte sie. Im Dunkel hinter ihr huschten Schatten. Plötzlich prallte sie gegen einen Mann, der sie packte und mit eisernem Griff festhielt. Sie versuchte sich loszureißen, doch es kamen immer mehr Hände, die sie festhielten – an den Armen, an den Beinen, um die Taille. Sie verlor den Boden unter den Füßen und wurde emporgehoben. Lautlos wand sie sich, sie atmete heftig, jeder Muskel, jede Sehne ihres Körpers war angespannt. Ihr Kopf hing herab. Ihre Augen waren weit geöffnet, doch Katharina sah nicht, was sich im Halbdunkel vor ihr abspielte. Sie war vollkommen nach innen konzentriert. Sie spürte jeden Zentimeter ihres Körpers. Sie spürte, daß der Mann, der ihren rechten Arm hielt, etwas kleiner war als der Mann zu ihrer linken, sie wußte sogar, wie tief ihre langen Haare herabhingen, und daß es nur noch eine Handbreit zwischen den Haarspitzen und dem erdigen Boden war.

»Pierre und Andrej, ich möchte gerne, daß ihr beim nächsten Mal die Plätze tauscht. Es ist mir wichtig, daß Katharina hier vollkommen gerade und ruhig auf euch liegt. – Schluß für heute!« Die Stimme der kleinen dunkelhaarigen Frau klang leise, aber deutlich aus dem Parkett herüber.

Katharina wurde sanft abgesetzt. Die Männer begannen zu lachen.

»He, Pierre! Mach dir nichts draus! Mit den Tänzern ist es wie mit den Austern: Die Kleinen sind die besten!« Während die Männer abzogen, stand Katharina mit beiden Beinen fest auf dem mit Erde bestreuten Bühnenboden und atmete tief durch. Sie schaute der kleinen Frau vor der Bühne in die dunklen Augen. Die Zufriedenheit, die sie dort sah, machte sie glücklich. Beide Frauen lächelten. »Vielleicht gehst du besser duschen, Katharina. Du bist ja voller Erde! Wo hast du dich nur wieder rumgetrieben?«

»Von drauß' vom Walde komm ich her ...« antwortete Katharina lachend.

Als sie von der Bühne ging, schaute sie sich noch einmal um. Der Saal mit den hohen Rängen war nicht der schönste von den vielen, in denen sie bisher getanzt hatte, aber es war ein ganz besonderer: Hier war zu Hause! Hier im Wuppertaler Opernhaus war nicht nur die Heimat ihrer Tanztruppe, hier hatte sie schon als kleines Mädchen im dunklen Saal gesessen und kaum geatmet, wenn die Gestalten auf der Bühne im Scheinwerferlicht strahlten und sich zu einer Musik bewegten, die nicht von dieser Welt kam.

»War-rum schießt du den Blödmann nicht endlich ab?« Katharina drehte sich gar nicht erst um. Marco! Auch ohne seinen spanischen Akzent hätte sie ihn erkannt: Niemand außer ihm benahm sich so unverschämt.

»Der Kerl zieht dich doch nur runter.«

»Marco, was willst du?« Katharina ärgerte sich. Sie hatte es so sehr genossen, noch einen Moment allein im halbdunklen Saal zu stehen, die Muttererde unter ihren Füßen zu spüren, die für das neue Stück auf der Bühne verteilt worden war, und an die bevorstehende Premiere zu denken. Jetzt waren die Stuhlreihen leer, aber in drei Tagen würden sie voller Menschen sein, die gespannt jede einzelne ihrer Bewegungen erfaßten und die ganze Palette von Gefühlen in sich aufnahmen, die Katharina mit ihrem Körper ausdrückte, bis sie ihr dann, nach zwei Stunden, als Belohnung einen begeisterten Applaus schenken würden. Hoffentlich ...

Nach der langen Probe schmerzte Katharina jeder Muskel. Ihre Knie taten weh vom vielen Stürzen, ihre Füße waren wund, und ihr Kopf war dumpf wie ein Wattebausch von der anstrengenden Konzentration. Irgendwo hatte sie sich den Ellenbogen gestoßen. Das wäre dann also der blaue Fleck dieser Probe. Aber sie wußte, das Stück war wundervoll, alle Tänzer und Tänzerinnen funktionierten organisch zusammen, und sie alle hatten hervorragende Arbeit geleistet.

Und jetzt verdarb ihr dieser Dummkopf die Laune, der ihr seit Jahren nachstellte und nach jeder billigen Affäre, die irgendwo mit irgendwem schiefgegangen war, herbeitrabte wie ein Lipizzanerhengst und sein Glück bei ihr versuchte.

»Geh weg!«

»Katharina, er-rnsthaft«, (sie haßte es, wie angeberisch er das *r* rollte!) »dieser Mann braucht nicht deine Liebe, er braucht einen Tritt in den Arsch! Er hat schon wieder die Probe blau gemacht. Er ist selbst schuld, daß sie ihm die Rolle weggenommen hat. Es gefällt ihm, sich selbst r-runterzuziehen. Er macht sich kaputt! Warum läßt du dich mitziehen?«

Katharina drehte ihr Gesicht noch weiter von ihm weg. Er durfte auf keinen Fall sehen, daß ihr die Tränen in die Augen stiegen. Jeder sah, was vor sich ging! Sogar dieser kleine südamerikanische Mistkerl!

Warum nur war Wassilij heute schon wieder nicht gekommen? Es war so peinlich gewesen! Alle hatten gewartet, bis man die Probe schließlich ohne ihn angefangen hatte. Und in welches Gesicht Katharina auch geschaut hatte, sie hatte darin ein mitleidiges Lächeln gesehen. Man bemitleidete sie wegen ihres Ehemannes! Neue Tränen preßten sich aus ihren Augen. Katharina war zu erschöpft, um sie zurückhalten zu können.

Schließlich hatte sie schweigend zuhören müssen, wie Wassilijs Rolle an einen anderen vergeben wurde. Was hätte sie dagegen sagen können? Es war schon längst keine große Rolle mehr. Aber sogar seine Auftritte im Hintergrund des Balletts konnte sie nicht mehr verteidigen. Nach seinem Unfall vor drei Jahren hatte er hart gearbeitet und seinen Körper wieder in Form gebracht, aber innerlich war er nie wieder auf die Beine gekommen. Er tat sich leid, und er tat alles, damit er sich noch mehr leid tun konnte. Manchmal hatte Katharina tatsächlich den Eindruck gehabt, daß er bewußt Fehler machte, um mit einem einzigen schmerzvollen Blick allen zu sagen: Seht ihr es endlich ein? Seit dem Unfall klebt das Pech an mir. Jetzt knickt mir sogar noch in der letzten kleinen Probe vor dem Gastspiel in Lissabon der Fuß um!

»Kathar-rina! Wassilij ist es nicht wert, daß du für ihn weinst!«

»Hau ab! Laß mich in Ruhe!«

»Warum können wir nicht Freunde sein? Erlaube, daß ich dich zum Essen einlade. Es war ein anstrengender Tag heute. Ich lade dich zu Scarpati ein! Um elf Uhr setze ich dich wohlbehalten an deiner Haustür ab. Du sollst glücklich sein!«

»Ich kann nicht ...«

»Willst du zu Hause sitzen und auf ihn warten?«

Katharina antwortete nicht. Offenbar war das zu viel für Marcos machohaften Stolz, denn plötzlich platzte er heraus: »Wer weiß, wo er sich mit seinen Drogenfreunden rumtreibt! Vielleicht kokst er gerade mit einer Vierzehnjährigen!«

Sie fuhr herum und gab ihm eine schallende Ohrfeige. Es war so niederträchtig, diese alten Geschichten auszupacken!

Für einen kurzen Moment sah Marco so aus, als wollte er zurückschlagen. Doch er beherrschte sich sofort und sagte nur ruhig:

»Erträgst du die Wahrheit nicht?«

Katharina ließ Marco stehen und rannte los. Über den weichen Erdboden auf der Bühne zu laufen, gab ihr für einen kurzen Moment wieder ein Gefühl der Sicherheit. Es erinnerte sie an die Tanzproben: die vollkommene Beherrschung ihres Körpers, die überschaubare Welt des Stückes, die absolute Konzentration ... Leider sah die Wirklichkeit im Moment anders aus.

Heulend rannte sie durch die Gänge und Treppen hinter der Bühne, vorbei an verdutzten Tänzern und Bühnenarbeitern, und fand erst unter der Dusche Ruhe.

Eine Viertelstunde später trat sie in die Cafeteria des Opernhauses, wo sich die Tänzer nach Proben und Aufführungen trafen, um die übermächtigen Gefühle des Tanzes – die Euphorie, die Wut, den Schmerz, und manchmal sogar Verzweiflung – mit ein paar Kölsch abzukühlen. Obwohl sie den ganzen Nachmittag miteinander verbrachten, kamen fast alle noch einmal hier herein und nutzten das Café als eine Art Schleuse zwischen dem Theater und der Welt draußen. Hier konnte man sich langsam darauf einstellen, auf den Bürgersteig hinauszutreten, angehupt zu werden und hektisch bei Rot über die Straße zu rennen, um die Schwebebahn zu erwischen.

Als Katharina in den Raum kam, lächelte sie trotz ihrer Niedergeschlagenheit. Sie mußte jedesmal an eine Grundschulklasse nach dem Schwimmunterricht denken, wenn sie hier all ihre Freunde mit vom Duschen nassen Haaren sah.

»Katharina!« Von einem der Tische sprang Isabella auf, die kleinste der Tänzerinnen, und lief ihr entgegen. Katharina freute sich, in Isabellas leuchtende Augen zu schauen, die immerzu strahlten, als habe sie ein bißchen Sonne aus Südamerika mit hierher gebracht. Isabella umarmte sie. »Ich habe beinahe vergessen, selber zu tanzen, weil ich dir zugeschaut habe! Du warst wundervoll!«

»Wenn es wahr wäre, würdest du mich umbringen wollen!«

»Jede andere, aber nicht dich!«

Die kleine Kolumbianerin meinte es aufrichtig. Katharina war ihr so dankbar. Es war alles andere als selbstverständlich, daß eine Tänzerin es einer anderen gönnte, wenn sie eine herausragende Stellung in einem Ballett einnahm!

»Und was ich am meisten bewundere, ist deine Taktik.« Isabella machte eine Kunstpause und lächelte Katharina einen Moment lang an.

»Zuerst verdrehst du den Männern den Kopf wie die tanzende Salome, und dann ohrfeigst du sie!«

Katharina erschrak. Blieb in diesem Haus nichts verborgen?

»Ich weiß nicht, was er zu dir gesagt hat, aber ich fresse mein altes rosarotes Kinder-Tutu, wenn er die Ohrfeige nicht verdient hat! Komm, setz dich zu uns, ich lade dich auf einen Tee ein!«

Katharina mußte an die mitleidigen Gesichter in der Probe denken, als man Wassilij die Rolle weggenommen hatte. »Nein, vielen Dank. Ich glaube, ich gehe besser nach Hause. Ich muß ein bißchen schlafen.«

Das Lächeln verschwand aus Isabellas Augen, und sie sagte eindringlich: »Katharina, wenn du gerne mit jemandem quatschen möchtest, einfach nur ein bißchen quatschen – ich würde mich freuen, wenn du es mich wissen läßt!«

Katharina nickte. »Haben dich die anderen geschickt, um Neuigkeiten zu erfahren?«

»Oh ja. Sie haben gesagt, ich soll dir ein paar Komplimente machen und dann alles aus dir rausquetschen.« Als hätte jemand in Isabellas Innerem einen Schalter umgelegt, leuchtete die Sonne in ihren Augen wieder auf.

»Ich melde mich«, sagte Katharina. »Danke für das Angebot.«

»Katharina! Findest du mich zu klein?« Als sie sich umdrehte, stand Pierre hinter ihr. Die anderen schauten lachend herüber.

»Nein, Pierre. Ich liebe kleine Männer!« Sie beugte sich vor und küßte ihn von oben auf die Stirn. Unter allgemeinem Gelächter verließ sie das Café.

Draußen stieß sie beinahe mit Marco zusammen. Er blitzte sie an und sagte nichts. Offenbar wollte er von ihr etwas hören. Sie tat ihm den Gefallen nicht, sondern huschte aus der Tür hinaus und über den Hof auf die Straße. Ausnahmsweise regnete es nicht. Katharina ging nach links auf das alte Friedrich-Engels-Haus mit seiner Schieferfassade und den weiß-grünen Fenstern zu. Wie oft war sie mit Wassilij hier vorbeigegangen! Als sie frisch verliebt waren wie zwei Teenager, hatten sie sich hier einmal darüber unterhalten, ob sie es wohl dem alten Friedrich Engels zu verdanken hätten, daß sie sich jemals getroffen hatten. Ohne seine Schriften wäre Rußland nie zu dem geworden, was es heute ist. Und der junge gefeierte Tänzer Wassilij Jakowlew wäre niemals von zu Hause weggelaufen, um über abenteuerliche Umwege zum Tanztheater nach Wuppertal zu gelangen. Aber sein Bein wäre auch niemals von dem herabstürzenden Gerüst zerschmettert worden, er hätte nicht die Schmerzen und über Jahre all die Qualen und Mühen der Rehabilitation ertragen müssen ...

Katharina hörte das Kreischen der Schwebebahn auf ihrem Stahlgerüst, rannte über die Straße und die hölzernen Stufen der Station hinauf, um in letzter Sekunde in den schwankenden Waggon zu springen.

Eine Lederjacke dämpfte das Klirren der Fensterscheibe. Aus dem Leder bröckelten die Scherben auf den weichen Waldboden. Eine Hand griff durch das gezackte Loch in der Scheibe und drückte den Griff nach unten. Das kleine Fenster öffnete sich mit einem leisen Knarren. Ein schwarzer Koffer wurde durch das offene Fenster geworfen. Dann umgriffen zwei Hände das hölzerne Fenstersims und setzten an zu einem gekonnten Klimmzug.

Briller Viertel

»Wassilij? Wassilij, bist du da?« Natürlich war er nicht da. Trotz des warmen Wetters waren alle Fenster zu, und die Wohnung roch leer und verlassen. Nur die beiden Katzen strichen Katharina miauend um die Füße. Nachdem sie ihnen zu fressen gegeben hatte (etwas, das Wassilij niemals tat!), hörte sie den Anrufbeantworter ab. Der erste Anrufer hatte wortlos aufgelegt. Wahrscheinlich ihre Mutter, die sich nie daran gewöhnen wollte, auf das Band zu sprechen. Dann ein Anruf von Alexej, einem der Requisiteure vom Theater, der von Wassilij zurückgerufen werden wollte. Alexej Nijinski, angeblich entfernt verwandt mit dem berühmten Tänzer, war ein verstockter und farbloser Mensch, mit dem Wassilij so etwas wie befreundet war, wahrscheinlich nur, weil beide aus Rußland kamen. Gelegentlich betranken sie sich zusammen und redeten dann lautstark russisch miteinander. Katharina wurde aus Alexej nie schlau, und sie mochte ihn auch nicht sonderlich. Er verströmte einen bitteren Geruch, der sie regelrecht körperlich abstieß. Ganz automatisch, wie bei diesen kleinen magnetischen Hunden, deren Schnauzen man kaum zusammenbringen kann.

Dann noch zwei Anrufe ohne Worte, nur mit dem Knacken des aufgelegten Hörers.

»Mutter! Das ist ein Anrufbeantworter! Man kann darauf sprechen!«

Katharina beschloß, heute nicht zurückzurufen. Sie fühlte sich elend. In der Mitte ihrer Brust saß ein kleiner kalter Knoten, der ein häßliches Gefühl von Angst verbreitete. Sie fühlte sich ein wenig besser, nachdem sie die Kette vor die Wohnungstür gehängt hatte – wobei sie lächerlicherweise überlegt hatte, ob sie sie besser offen lassen sollte für Wassilij. Als ob er wieder fortginge, wenn er die Tür verschlossen fände! Sie riß ein paar Fenster auf und ließ frische Luft und Vogelgezwitscher herein. Warum war Wassilij nicht zur Probe gekommen?

Katharina machte ein wenig Ordnung in der Küche. Vom Frühstück waren nur eine Tasse und ein Teller wegzuräumen, denn Wassilij war so früh aus dem Haus gegangen, daß sie alleine etwas gegessen hatte. Nur die Dose mit seinem geliebten Earl-Grey-Tee stand noch offen. Ob sie ein paar Freunde anrufen sollte, wo er steckte? Sinnlos, denn Wassilij hatte kaum Freunde, und ihre Freunde würden bloß sagen: Sei froh, daß er weg ist! Oder sie würden es nicht sagen, sondern nur denken, was noch schlimmer war. Bald streunte Katharina wieder ziellos durch die Wohnung, gefolgt von den beiden Katzen, die nach dem Essen gestreichelt werden wollten. Was war das mit den Drogen? Stimmte es vielleicht, was Marco erzählt hatte? Hatte Wassilij sie belogen und heimlich wieder angefangen?

Blödsinn!

Aber woher nahm sie eigentlich den naiven Glauben, daß er für immer aufgehört hatte? Als Katharina auf dem Absatz kehrt machte, trat sie beinahe auf eine der Katzen, die eilig davonsprang. Schluß damit! Wassilij war zwar durch schwere Zeiten gegangen, aber er wußte, wie sehr sie ihm geholfen hatte und daß sie immer für ihn da war. Er würde sie niemals belügen!

Schließlich wurde es so spät, daß sie ins Bett gehen mußte. Der Zeitpunkt ließ sich nicht länger aufschieben, an dem sie sich eingestehen mußte, daß sie ohne ihn schlafen gehen würde. Nicht einmal, als sie allein gelebt hatte, auch bevor die Katzen ihr zugelaufen waren, hatte sie so sehr die Leere und Einsamkeit einer Wohnung gespürt ...

Immer mehr Fliegen schwirrten durch das offene Fenster. Kleine schwarze Schmeißfliegen und dicke, grün schimmernde Brummer, die kurz zuvor noch auf einem Kuhfladen oder auf einer verfaulten Zwetschge gesessen hatten. Sie schwirrten im Zimmer umher, knallten kurz vor die Glastüren des Küchenschranks oder landeten auf dem Rand der benutzten Kaffeetasse, die auf dem Eichentisch stand. Am Ende aber leitete ihr Instinkt sie alle zu der Leiche, die neben dem Tisch auf dem Boden lag. Sie ließen sich auf der Blutlache nieder oder krabbelten unter das Ohr. Die stärksten, die es geschafft hatten, ihre Artgenossen zu verdrängen, tummelten sich direkt an der Wunde im Hinterkopf, einem kleinen Loch in einem großen Mann. Nichts und niemand störte ihr Festmahl.

Gladbacher Straße

Die Fliege setzte sich genau auf die Nase von Claudia Schiffer und fing in aller Seelenruhe an, ihre Flügel zu putzen. Sie machte keinerlei Anstalten, wieder wegzufliegen. Augenblicke später patschte eine riesige Pranke auf Claudias Lächeln. Die Hand ruhte einen Augenblick, dann wurde sie zurückgezogen. Das Lächeln war geblieben, doch die Nase hatte sich verändert. Ein einziger schwarzer Fleck. Claudia sah aus wie eine Comic-Figur. Paul betrachtete sein Werk kurz. Er hatte bereits den Anflug eines Grinsens im Gesicht, klappte den *Stern* mit der lädierten Hochglanzschönheit aber hastig zu, als er seinen Namen hörte.

»Kleinen Moment noch, Paul.«

Vor ihm stand ein untersetzter Mann in grüner Uniform.

»Mensch Tom, was dauert denn da so lange? Deinen *Stern* hab ich inzwischen schon rückwärts gelesen und auswendig gelernt.«

»Dann lern ihn auch vorwärts. Kleines bißchen Geduld noch. Die Kollegen sind gleich soweit, soll ich dir sagen.«

Paul legte das Heft beiseite. Er mußte länger in der Wipperfürther Polizeistation warten, als er es sonst gewohnt war. »Sonst«, das war, wenn er Felix abholte. Mindestens einmal die Woche wartete Paul in dem Waschbetongebäude an der Gladbacher Straße, bis sein Freund Feierabend hatte. Länger als drei Minuten hatte das noch nie gedauert. Jetzt war er zum ersten Mal nicht wegen Felix hier. Der hatte seinen Dienst auch noch gar nicht angetreten.

Über eine Viertelstunde saß Paul nun schon auf diesem unbequemen schwarzen Stuhl und wartete. Er schaute an die Decke und zählte die Neonröhren. Die Illustrierte faßte er nicht mehr an. Claudias Gesicht mit der Fliegennase mußte Tom nicht unbedingt jetzt schon sehen.

Heute morgen hatte man ihn angerufen: Der Wagen des Bullenmörders sei gefunden worden. Das heißt, »Bullenmörder« hatte die Stimme am Telefon natürlich nicht gesagt. Der Polizeibeamte hatte von einem »flüchtigen Unfallverursacher« gesprochen; doch für Paul war der Mann, der seinen Hugo auf dem Gewissen hatte, ein Bullenmörder und nichts anderes. Zwei Tage waren seitdem vergangen. So gut Paul jeden einzelnen Moment des Unfalls im Gedächtnis hatte, so wenig konnte er sich an das erinnern, was danach passiert war. Bever-Ausflügler hatten ihn gefunden, wie er immer noch schluchzend neben dem toten Bullen hockte. Sie hatten auch die Polizei alarmiert. Abwesend hatte Paul die Fragen der Beamten beantwortet. Den ganzen Montag war er dann der Routinearbeit auf dem Hof nachgegangen. Wegen des guten Wetters hatte er auch das Mähen der Weiden nicht verschieben können. Das lenkte ihn zwar ab, doch die leere Box im Stall hatte ihm das Fehlen des Bullen immer wieder allzu deutlich vor Augen geführt. Hugos gesammelte Trophäen hatte er zunächst in den Müll geworfen, später aber doch wieder hervorgekramt.

Nach einer weiteren Nacht, in der Paul von Alpträumen geplagt wurde, schien der Dienstag genauso trostlos zu werden. Doch dann kam der Anruf. In einem Waldstück, mehr schlecht als recht versteckt, hatte die Polizei den roten Porsche gefunden, keine drei Kilometer vom Unfallort entfernt. Die Schrammen und Beulen, das Aachener Kennzeichen – eindeutig der gesuchte Wagen. Jetzt waren die Polizisten gerade dabei, den Halter zu ermitteln – bald würde der Bullenmörder überführt sein. Der Anrufer hatte Paul keineswegs aufgefordert, zur Wache zu kommen, doch Paul wollte den Namen des Fahrers so schnell wie möglich erfahren und hatte sich sozusagen selbst vorgeladen. Er hatte das Mittagessen verschoben und war gleich in seinen Wagen gestiegen, der den Unfall bis auf die verbogene Anhängerkupplung heil überstanden hatte. Der Bullenmörder! Das Schwein würde bald gefaßt sein! Kalter Zorn hatte Pauls Trauer vertrieben wie ein frischer, eisiger Wind, der schwere Nebelschwaden einfach wegpustet.

»Paul?«

Pauls Blick wanderte von der Decke, wo er gerade die zweite Reihe der Neonlampen erreicht hatte, in Richtung Schalter. Dort stand der untersetzte Polizist mit den blonden Stoppelhaaren,

Tom, der sich in der Mittagspause noch über eine seltsame Seite in seinem *Stern* wundern sollte.

»Komm mit, Fassbender hat jetzt Zeit für dich.« Paul stand auf und folgte Tom die Treppe hoch in ein kleines Büro im ersten Stock. Dort saßen zwei weitere Beamte an kleinen behördengrauen Schreibtischen. »Der da ist Fassbender«, murmelte Tom und zeigte auf einen Mann mit schwarzem Vollbart. Dann verschwand er wieder nach draußen. Paul wartete. Der schwarze Vollbart telefonierte gerade, machte sich ein paar Notizen und murmelte etwas in den Hörer: »Ja danke, das reicht mir.« Er legte auf.

»Herr Goller? Setzen Sie sich!« Fassbender wies Paul einen klapprigen Stuhl zu und streckte ihm die Hand hin. »Fassbender – wie der Regisseur, nur mit *e*.«

»Und? Haben Sie den Mör ... « – Paul verbesserte sich. »Haben Sie den Fahrer gefunden?« Er konnte seine Ungeduld kaum verbergen.

»Herr Goller, die Sache ist komplizierter, als wir zunächst glaubten.«

»Was soll das heißen? Sie haben doch alles, was sie brauchen – sogar die halbe Autonummer habe ich Ihnen geliefert! Will der Kerl etwa nicht gestehen?«

»Wir haben gar keinen Kerl, Herr Goller. Wir haben gar nichts außer einem gestohlenen Auto.« Fassbender räusperte sich. Es klang wie eine defekte Toilettenspülung.

»Gestohlen?« Paul glaubte, sich verhört zu haben.

»Ja, gestohlen.« Fassbender beugte sich nach vorne über den Schreibtisch. »Herr Goller, es gibt gar keinen Zweifel. Der Wagen, der vorgestern Ihren Anhänger gerammt hat, ist vor drei Tagen in Aachen gestohlen worden. Es hat etwas länger gedauert, das herauszufinden, denn die Kennzeichen, Sie sich so gut eingeprägt haben, sind gefälscht. Wir haben die Kriminalpolizei bereits unterrichtet. Das ist jetzt keine einfache Fahrerflucht mehr.«

»Einfache Fahrerflucht?« Paul merkte, daß er etwas zu laut wurde, doch er war kurz davor, die Beherrschung zu verlieren. »Das Schwein hat einen Bullen umgebracht.« Mit der zweiten Hälfte des Satzes war Paul aufgesprungen. Der Stuhl fiel polternd um. Paul wurde wieder etwas ruhiger und fügte leise hinzu: »*Meinen* Bullen«, als er merkte, wie pikiert die Beamten auf das Wort »Bullen« reagierten.

»Herr Goller, beruhigen Sie sich.« Fassbenders Ton wurde kühler. »Die Sache ist jetzt bei der Kripo. Wir können da erst einmal nichts mehr tun.«

Jetzt verlor Paul wirklich die Beherrschung. »Heißt das, daß Sie sich hier die Eier schaukeln, während da draußen ein Mörder frei rumläuft, nur weil dieser Mörder gleichzeitig auch noch ein Autodieb ist?«

Nun wurde auch Fassbender laut. »Herr Goller, passen Sie auf, was Sie da sagen! Hier schaukel ... – Hier legt niemand die Hände in den Schoß! Wenn die Kripo den Autodiebstahl aufklären sollte, dann haben wir auch den Unfallfahrer, und dann werden wir Sie selbstverständlich auch unterrichten. Viel Hoffnung kann ich Ihnen da allerdings nicht machen. Schließlich ist der Mann über alle Berge, und er wird wahrscheinlich nicht freiwillig zurückkommen, nur weil er seine Kaugummis im Handschuhfach vergessen hat!«

Fassbender machte eine Pause und holte Luft.

»Herr Goller, Sie sollten Gott danken, daß es bei Sachschäden geblieben ist. Das Ganze wäre für Sie viel schlimmer ausgegangen, wenn der Porsche in Ihren Wagen gerauscht wäre anstatt nur in den Anhänger.«

Sachschäden – Paul konnte es nicht fassen. Hugos Tod ein *Sachschaden*. Er war so wütend, daß er zwar den Mund öffnete, aber nichts mehr herausbrachte. Statt dessen stürmte er aus dem Zimmer. Die billige Bürotür fiel mehr klappernd als krachend ins Schloß, obwohl Paul sie mit aller Kraft zugeschlagen hatte.

Draußen auf dem Gang rannte er Felix beinahe über den Haufen. Der schob seine Uniformmütze lässig in den Nacken, als er Paul erkannte. Feuerrote Haare lugten hervor und ergaben mit dem Polizeigrün von Hemd und Mütze einen Gesamteindruck, der für einen Polizisten schon fast zu schräg war. Genau wie das Grinsen, das sich über Felix' Gesicht zog.

»Na, Herr Goller, was haben wir denn verbrochen? Haben sie dich bei 'nem Banküberfall ertappt oder hast du nur 'ne Nacht in der Ausnüchterungszelle verbracht?«

Paul war nicht nach Scherzen zumute.

»Tolle Kollegen hast du! Wirklich klasse! Kann man bei euch eigentlich auch zum Kriminaloberarschloch befördert werden? Wenn ja – da drin sitzen ein paar heiße Kandidaten!«

Er deutete mit dem Daumen nach hinten. Eine Polizistin, die gerade mit einem Aktenordner aus dem Treppenhaus kam, warf den beiden einen irritierten Blick zu.

Felix' Grinsen gefror. Er zog Paul beiseite. »Hey, was ist denn los?« sagte er leise, fast flüsternd. »Du solltest hier nicht so laut rumpoltern. Und schon gar nicht mit solchen Sätzen. Damit kannst du dir ganz schön Ärger einhandeln.«

Paul merkte, wie Felix' Gegenwart ihn beruhigte. Und dann fing er an zu erzählen. Der Unfall, Hugos Tod, die Flucht des Bullenmörders, der Unfallwagen gefunden – und die Polizei tat nichts! Erst als er geendet hatte, fiel ihm auf, daß Felix der erste war, dem er sich mit der Geschichte anvertraute. Seit dem Unfall hatte er mit keinem Menschen mehr gesprochen, auch nicht mit Ali. Nur mit den Polizisten, die den Unfall aufgenommen hatten. Komisch, dachte er, auch jetzt spreche ich wieder mit einem Polizisten.

Paul kannte Felix, seit er denken konnte. Ihre Freundschaft hatte sich quasi vererbt; schon ihre Väter waren Freunde gewesen. Auch Felix stammte aus einer Bauernfamilie. Der alte Josef Reuber war sich mit seinem einzigen Sohn immer darin einig gewesen, daß der einmal den Hof übernehmen würde. Paul dagegen hatte mit seinem Vater harte Kämpfe ausfechten müssen, um nach der zehnten Klasse weiter aufs Engelbert-von-Berg-Gymnasium gehen zu können. Erst der Einsatz von Pauls Physiklehrer hatte die Sturheit Hermann Gollers zu durchbrechen vermocht. Paul wollte Ingenieur werden, wollte studieren, wollte Wind- und Wasserkraft erforschen, der Menschheit neue Energien zunutze machen. Große, große Pläne ...

Wenn Paul und Felix jetzt zusammensaßen, wunderten sie sich manchmal darüber, welche verkümmerten Reste von ihren Jugendträumen übriggeblieben waren. Der Hauptwachtmeister Felix Reuber hielt noch neun Rinder, die verloren im viel zu großen Stall des Reuber-Hofes standen. Und an Pauls Ingenieur- und Weltverbessererpläne erinnerte nur noch das schneeweiße Windrad, das Strom für den Goller-Hof produzierte. Die Freunde wußten, obwohl sie nie darüber sprachen, daß es ein einziger Tag gewesen war, der ihre Pläne zerstört und ihr Leben verändert hatte. Ein verregneter Septembertag, der nun schon fast zwölf

Jahre zurücklag. Der Tag, an dem ihre Väter in den Trümmern einer brennenden Scheune den Tod fanden.

Paul hatte die Nachricht noch vor Felix erfahren. Spät und leicht betrunken war er an diesem Abend nach Hause gekommen, weil er mit den anderen Fußballern vom TuS Egen gerade den Auswärtssieg über Wermelskirchen gefeiert hatte. Als er seine Mutter mit einem Polizisten und einem Feuerwehrmann schweigend am Küchentisch sitzen sah, blieb er abrupt im Türrahmen stehen. Auch ohne daß jemand etwas sagte, wußte er, daß etwas Schlimmes passiert war. Der Feuerwehrmann schaute schweigend auf die Tischplatte und sah Paul nicht ein einziges Mal in die Augen. Dann stand der Polizist auf und nahm ihn beiseite. Wie aus einer anderen Welt, als würde er sie aus dem Radio hören, nahm Paul die unbeholfenen Beamtenworte wahr. Der Polizist erzählte von dem Scheunenbrand in Wasserfuhr. Ein Großeinsatz. Natürlich seien die erfahrenen Feuerwehrleute Josef Reuber und Hermann Goller auch dabei gewesen. Bei dem Wort »gewesen« mußte Paul das erste Mal schlucken. Der Kuhstall unter der Scheune, fuhr der Polizist fort, das Brüllen der Tiere – schrecklich! Pauls Vater habe sich schließlich durch den beißenden Qualm gekämpft, um die Kühe zu befreien. Als Hermann Goller nicht zurückkehrte, habe sich Josef Reuber von zwei Kameraden, die ihn zurückhalten wollten, losgerissen und sei ebenfalls hinein in den Stall, der zu dem Zeitpunkt bereits brannte, um seinen Freund herauszuholen. Paul hörte den ebenso trockenen wie verlegenen Schilderungen des Beamten nicht weiter zu, er wußte bereits Bescheid. Erst der letzte Satz, der schreckte ihn wieder auf: »Du kannst stolz sein auf deinen Vater, er ist ein Held.« Nicht Pauls Mutter, erst der stämmige Feuerwehrmann schaffte es, den wie von Sinnen um sich schlagenden Paul wieder von dem Polizisten herunterzuholen.

Die Egener staunten, mit welch stummer Entschlossenheit der achtzehnjährige Paul Goller kurz vor dem Abitur die Schule verließ und sich von heute auf morgen nur noch um den Hof kümmerte. Als kurze Zeit später dann auch noch seine Mutter starb, sprach Paul mit kaum noch jemandem, außer mit Felix, den er fast jeden Tag besuchte. Der Freund brauchte seine Hilfe, das wußte Paul.

Felix warf die Nachricht vom Tod seines Vaters mehr aus der Bahn als Paul. Er verbrachte manchmal ganze Tage im Bett und dröhnte sich mit dem Fernsehprogramm zu. Seine Mutter verließ wenige Wochen später den Hof unf kehrte nie wieder. Erst jetzt, nach Jahren, kam sie manchmal, um auf ihren Enkel aufzupassen. Nachdem sie fort war, kümmerte sich Paul immer mehr auch um Felix' Kühe, um den Reuber-Hof vor der völligen Verwahrlosung zu retten. Schließlich kaufte er Felix, dem langsam das Geld ausging, immer mal wieder ein Tier ab, pachtete schließlich auch Land aus dem Reuber-Besitz, um Felix etwas zu unterstützen. Fast zwei Jahre ging das so. Nie konnte Paul während dieser Zeit ein vernünftiges Wort mit seinem Freund wechseln, doch er merkte, daß allein seine Nähe half. Felix' einst so sonniges Gemüt hatte sich in triefende Schwermut verwandelt. Paul fühlte sich bei seinen Besuchen eher hilflos, ließ sich aber nichts anmerken, bis er eines Tages zufällig eine Schublade öffnete, vollgestopft mit Tabletten der verschiedensten Marken. »Man gönnt sich ja sonst nichts«, sagte Felix mit einem gequälten Lächeln, das nur noch entfernt an das unverschämte Lachen früherer Zeiten erinnerte. Paul warf die Tablettenröhrchen und -fläschchen, es waren fast zwanzig, an die Wand, bis sie alle zersprungen waren, dann stürmte er auf Felix los. Der wußte nicht, wie ihm geschah, als ihm sein bester und einziger Freund links und rechts je eine gepfefferte Ohrfeige verpaßte. »Jetzt reicht's«, brüllte Paul. »wenn du von diesen Scheißdingern noch einen einzigen Krümel schluckst, dann schlag ich dich windelweich. Zu einer Freundschaft gehören zwei Leute. Wenn du noch mein Freund sein willst, dann laß es mich wissen.« Nach dieser Szene besuchte Paul eine Woche lang den Reuber-Hof nicht mehr, obwohl er vor Sorgen kaum schlafen konnte. Und eines Morgens, er kam gerade aus dem Stall, stand Felix plötzlich vor ihm und sagte nur einen einzigen Satz: »Paul, ich werde Polizist.«

Zweieinhalb Jahre sahen sich die beiden äußerst selten. Felix hatte seine Ankündigung wahr gemacht und besuchte die Polizeischule in Brühl. Über den Umweg einer Brieffreundschaft knüpfte ihre Freundschaft aber wieder an alte Zeiten an. Als Felix nach zweieinhalb Jahren seine Stelle in Wipperfürth antrat, stürzte er sich Hals über Kopf in eine komplizierte Beziehung zu einer Buchhändlerin. Sie bekamen zusammen ein Kind, und sie zog zu ihm auf den Hof. Doch das ganze ging schließlich in die Brüche – was Paul leid tat, denn er hatte Miriam sehr gerne gemocht. Geblieben war Felix lediglich Patrick, den er regelmäßig bei seiner Mutter abholte. Nach all dem Hin und Her bemerkte Paul jedenfalls zu seiner Freude, daß Felix wieder der alte wurde: ein rothaariger Lümmel, der sich weigerte, erwachsen zu werden.

Als Paul die Steintreppen vor der Polizeistation wieder hinabstieg und zu seinem Auto ging, war es ihm, als würde er aus einem Film langsam in die Wirklichkeit zurückkehren. Felix hatte jetzt, kurz vor Dienstantritt, nicht viel Zeit für ihn gehabt, aber das war egal. Paul würde seinen Freund heute abend noch im *Platz 16* sehen. War auch Zeit, mal wieder unter Leute zu kommen. Was hatte Felix noch gesagt: »Wir waren schon lange keinen mehr trinken, Paul. Zu lange schon nicht mehr.«

Der Fliegenschwarm schwirrte auf, als sich die beiden Lederjacken über den toten Körper beugten. Die kräftigen Gestalten vermieden es, in die angetrocknete Blutpfütze zu treten. Sie schauten sich kurz an. »Der Russe«, sagte der kleinere der beiden. Dann stand der andere auf und öffnete gezielt eine der Türen im Küchenschrank. »Weg«, sagte er heiser und nahm die Sonnenbrille ab. Wortlos gingen sie zur Tür.

Hofkamp

»Was ist der Mann von Beruf? Tänzer?« Der Polizist schaute Katharina aus glupschigen runden Augen an. »Turniertänzer?«

»Balletttänzer.«

»Aha!« Sein Blick sagte alles: Balletttänzer!

»Ja, Balletttänzer!« wiederholte Katharina mit Nachdruck.

»Und wird vermißt seit vorgestern morgen, ja?«

»Ja.«

»Haben Sie denn alle Freunde und Bekannten angerufen?«

Katharina zögerte. Den ganzen Vormittag über hatte sie versucht, Wassilijs Freund Alexej anzurufen. Aber es war niemand drangegangen.

»Na ja ...«

»Dann machen Sie das doch bitte erst mal.«

»Ich weiß nicht, wo ich anrufen sollte!«

»Wollte er denn aus Wuppertal wegfahren? Mit dem Zug vielleicht, oder mit dem Auto?«

»Ich weiß es nicht. Ich wäre froh, wenn ich es wüßte.«

Der Polizist schloß geduldig seine großen runden Augenlider und öffnete sie wieder. Sein rotes Gesicht glänzte. Er fuhr sich mit der Hand über seinen farblosen Bürstenhaarschnitt und sagte genau so höflich, wie er sein mußte, und kein bißchen höflicher: »Was soll ich denn für Sie tun? Ich kann doch nicht, nur weil ein Mann zwei Nächte nicht nach Hause kommt –«

»Was auch immer Sie damit andeuten wollen ... « unterbrach ihn Katharina so lautstark, daß eine alte Frau, die auf einem Stuhl sitzend auf irgend etwas wartete, neugierig herüberschaute. »Kümmern Sie sich nicht um meine Ehe. Ich will ja nicht einmal, daß Sie ihn suchen lassen. Sagen Sie mir einfach, ob Sie von hier aus prüfen können, ob irgendwelche Unfälle oder sonst was passiert sind, in die mein Mann verwickelt gewesen sein kann! Mehr will ich doch nicht! Ist denn das so schwer?« Jetzt bloß nicht heulen! Bloß nicht schon wieder heulen! »Können Sie das?«

Der Polizist nickte. »Kleinen Moment bitte.«

Er verschwand durch eine Tür, und aus dem kleinen Moment wurde eine schreckliche lange Weile. Eine Gruppe Albaner diskutierte lautstark mit einem anderen Polizisten, wobei immer wieder wild gestikulierend auf einen kleinen Jungen gezeigt wurde, der mit gesenktem Kopf dabeistand.

Katharina war schon oft an diesem Polizeirevier vorbeigefahren, wenn sie von jemandem im Auto zum Opernhaus mitgenommen worden war. Die Friedrich-Engels-Allee war meistens so voll, daß die Hofaue als Schleichweg herhalten mußte. Deshalb hatte sie sich heute früh an die Schaufensteraushänge erinnert, die zur Vorsicht im Straßenverkehr ermahnten, und an die geparkten Polizeiwagen vor der Tür. Vielleicht war es keine so gute Idee gewesen, hierher zu kommen. Sie war zum ersten Mal in einem Polizeirevier, und sie kam sich vor wie in der Schule. Sie wußte, daß es albern war, aber vor diesem beamtischen Polizisten und in diesem nach Bürokratie muffenden Schalterraum hatte sie ein schlechtes Gewissen. Es gab nicht den geringsten Grund, aber das alles schüchterte sie ein. Wenn diese alte Frau nur nicht die ganze Zeit rüberschauen würde!

»Tut mir leid ...« Die Glupschaugen versuchten, freundlich zu lächeln. »Ich meine, alles in Ordnung. In ein Krankenhaus der Umgebung ist Ihr Gatte jedenfalls nicht eingeliefert worden.« Schließlich glaubte er sogar, beruhigend auf Katharina einwirken zu müssen: »Warten Sie doch noch ein Weilchen ab. Er wird schon wieder auftauchen. Man muß nicht gleich das Schlimmste annehmen.«

Mit hohem Druck strömte der Wasserdampf aus. Schließlich wurde der zerbeulte Teekessel von der Gasflamme genommen. Sprudelnd ergoß sich das Wasser in die Emailtasse und trieb einen Teebeutel nach oben. »Earl Grey« stand auf dem kleinen Zettel, der über dem Tassenrand hing. Hinter dem roten Tisch war eine knallblaue Bank an die Holzwand gezimmert, auf der eine Aldi-Tüte voller Lebensmittel stand. Daneben ein schwarzer Aktenkoffer mit Zahlenschlössern. Über der Bank öffnete ein kleines Fenster den Blick auf einen schmalen Waldstreifen und auf einen Fichtenholzstapel, der am Rande eines Weges aufgeschichtet war.

Kotten

»Obermeister, kommen Sie doch mal her!«

Felix tat, als hätte er nichts gehört. Er haßte diese herablassende, aufgeblasene Art der Kölner. Mein Gott, Mordkommission. Na und? So cool wie die im Fernsehen waren die Jungs aus Köln nun wirklich nicht. Ganz normale Bullen. Wie er auch, nur etwas eingebildeter. Aufreizend lässig trugen die ihre Dienstwaffen im Schulterhalfter. Kleine Mädchen konnte man damit vielleicht beeindrucken, ihn nicht. Er war froh, daß er mit den Kölnern nicht allzu oft zu tun hatte. Jetzt stand er hier in der Haustür und paßte auf, daß kein Unbefugter vorbeispazierte. Ein Job für Blöde, und die da drinnen machten sich wichtig.

»Mann, sitzen Sie auf Ihren Ohren oder was? Kommen Sie, kommen Sie!«

Jetzt konnte Felix nicht mehr weghören. Langsam trottete er los. Kommissar Höller, ein dunkelblonder mittelgroßer Mittvierziger, stand neben einem großen massiven Bauerntisch. Vor dem

Tisch lag der Körper eines Mannes auf dem gekachelten Küchenboden. Der Mann trug einen schwarzen, seidenen Morgenmantel, der leicht zur Seite gerutscht war und den Blick auf einen weißen Bauch freigab. Der Mann lag seltsam verrenkt, die Beine seitwärts angewinkelt und über Kreuz, der Oberkörper war auf den Rücken gedreht, so daß die weit aufgerissenen Augen in dem fülligen Gesicht, dessen bleiche Färbung nur von einem Bluterguß am Kinn unterbrochen wurde, nach oben ins Leere starrten. Das blonde Haar war am Hinterkopf blutverklebt. Rings um den Kopf hatte sich eine Blutlache ausgebreitet, die aber bereits geronnen war. Katzenpfoten hatten eine Spur bräunlich rot getrockneten Blutes auf dem Boden hinterlassen, bis hinauf zur Fensterbank. Am geöffneten Fenster stand ein weiterer Beamter der Kölner Kripo, ein junger Spund, und schaute hinaus in den wunderschönen Bauerngarten. Zwei Männer der Spurensicherung, gehüllt in weiße Overalls, nahmen Fingerabdrücke von der Tischplatte, von der Kaffeetasse und auch von den zwei kantigen Metallskulpturen, die auf dem Wandregal standen.

Ein Schwarm Fliegen erhob sich von der Blutlache, als Felix näher kam. Die Fliegen schwirrten kurz herum, ließen sich aber wieder auf dem getrockneten Blutsee nieder, als er stehenblieb. Die Leiche hinderte ihn daran, noch näher an den Kommissar heranzukommen. Felix merkte nicht, daß die toten Augen auf ihn gerichtet waren, er vermied es, die Leiche anzuschauen. Daß hier jemand gestorben war, machte der durchdringende Geruch der beginnenden Verwesung ohnehin unmißverständlich klar.

»Neuer Geheimauftrag für mich, Herr Kommissar?«

»Lassen Sie die Witze. Kümmern Sie sich lieber mal um das Mädchen. Die Kleine ist ja völlig verstört.«

Kein Wunder, dachte Felix, so wie du die durch die Mangel gedreht hast. Er kannte die hübsche Siebzehnjährige, die da schluchzend auf einem Küchenstuhl saß und es ebenso wie er vermied, den Toten anzublicken. Silvia. Ein wirklich schönes Mädchen mit dunklem Haar, das ihr in wirren Strähnen ins Gesicht hing. Ihre ganze Schönheit konnte man auf dem großformatigen Aktgemälde sehen, das zwei Räume weiter in dem zum Atelier umgebauten ehemaligen Kuhstall noch unvollendet auf einer Staffelei stand.

Der Mann, der das Bild vollenden wollte, lag tot auf dem Küchenfußboden, inmitten eines Kreidestrichs, der seine Umrisse nachzeichnete. Henk Oppenhuizen. Vor acht Jahren hatte er den heruntergekommenen Dreiner-Hof gekauft, der auf halber Strecke zwischen Radevormwald und Wipperfürth lag, ihn zu einem schmucken Landsitz umgebaut und seitdem dort gelebt. Zu den Leuten in der Nachbarschaft hatte er kaum Kontakt. Für die war der zurückgezogen lebende Künstler immer nur »der Holländer«. Besuch hatte Oppenhuizen nur von Fremden in schicken Autos erhalten, die in unregelmäßigen Abständen vorbeikamen, um Bilder zu kaufen. Und von jungen Mädchen wie Silvia, die er bei seinen seltenen Kneipenbesuchen in Wipperfürth oder Radevormwald überredet hatte, ihm Modell zu stehen. Die meisten machten das heimlich, denn kaum ein Familienvater wollte seine Tochter bei dem verrufenen Künstler wissen, über den die seltsamsten Gerüchte kursierten.

Silvia hatte den Toten vor etwa zwei Stunden gefunden. Oppenhuizen hatte sie zu diesem Termin zu sich bestellt, gegen drei Uhr. Am Samstag, als sie das letzte Mal Modell gestanden hatte. Soviel hatte Kommissar Höller noch aus ihr herausbekommen. Dann war sie schluchzend zusammengebrochen. Nachdem Höller mit seinem Habichtgesicht ganz nah an sie herangetreten war und gefragt hatte, ob sie mit dem Toten denn auch ein sexuelles Verhältnis gehabt habe.

Felix ging zu dem Mädchen, das immer noch zitternd und von vereinzelten Heulkrämpfen geschüttelt auf dem Stuhl saß, und nahm ihre Hand.

»Komm mit. Wir gehen besser nach draußen.«

Sie stand auf und folgte ihm wie ein Hündchen. Ein hübsches Hündchen. In der Diele schoben sie sich an zwei Männern in kurzen Hosen und eilig übergeworfenen schwarzen Umhängen vorbei, die offensichtlich gerade einen Scherz gemacht hatten, denn beide lachten. Als Silvia den Zinksarg sah, den sie trugen, fing sie wieder an zu schluchzen.

»Na endlich«, hörten sie Kommissar Höller in der Küche, »schaffen Sie mir den Kadaver hier schleunigst raus. Der Gestank ist ja nicht zum Aushalten.«

»Nimm's ihm nicht übel«, sagte Felix zu Silvia, als sie draußen waren, »es ist sein Job.« Er ärgerte sich, diesen aufgeblasenen Pinkel auch noch verteidigen zu müssen, nur um das Mädchen zu beruhigen. Na immerhin, mit dem Schluchzen hatte sie jetzt aufgehört. Eine Weile standen die beiden schweigend auf den Stufen vor der Haustür. Drinnen in der dunklen Diele polterte es. Die Silhouette der beiden Sargträger zeichnete sich gegen das grelle Sonnenlicht in der Küchentür ab. Silvia schielte kurz in die schwarze Höhle des Hausflurs und wich wieder zurück. Dann sah sie Felix aus großen verweinten Augen an.

»Hinter dem Haus ist eine Bank«, sagte sie.

Felix folgte ihr durch den knirschenden Kies. Sie gingen den breiten Kiesweg ganz um das Haus herum, gingen unter dem Küchenfenster her und setzten sich auf eine weißlackierte Holzbank, die ein Stück weiter direkt an der Hauswand stand. Schweigend schauten sie auf den Bauerngarten. Die sonnenbeschienene Idylle aus Stachelbeersträuchern, blühenden Dahlien, Margeriten und Sonnenblumen paßte nicht zu der blutigen Szenerie in der Küche. Daran erinnerten hier draußen nur die Schilder, die die Spurensicherung in den Blumenbeeten verteilt hatte.

»Ist das der erste Tote, den du gesehen hast?« fragte Felix unsicher. Er wußte immer noch nicht so genau, wie er mit ihr reden sollte. Silvia nickte stumm. »Hast du ihn gemocht?«

Sie zuckte mit den Achseln. Dann schaute sie ihn an und lehnte ihren Kopf an seine Schulter. Er ließ sie gewähren.

Durch das offene Küchenfenster hörten sie Stimmen.

»Na, na, Meister, passense mal auf, wose hintreten«, knurrte es. »Sie tapern mir ja mitten durch die Spuren. Wennse so weitermachen, kann ich mir gleich 'ne Putzkolonne hierhin bestellen! Na, und jetzt matschense noch alles voll mit dem Blut. Ziehnse sich mal die Schuhe besser aus. Oder wenigstens den einen.«

»Mein Gott, regen Sie sich doch nicht so auf.« Das war unverkennbar Kommissar Höller. »Fingerabdrücke können Sie von dem Blut ja wohl sowieso keine nehmen.«

»Ne, Fingerabdrücke nich. Aber Spuren sind da. Auch ohne ihre gnädige Mithilfe. Und wennse hier weiter alles vollschmieren, wissenwer nachher nicht mehr, wat alt is und wat neu.«

»Also, ich hab noch keine Spuren gesehen.«

»Nee? Na dann herzlichen Glückwunsch. Dann hamse Tomaten auf den Augen! Wat hamwer denn da Richtung Fenster?«

»Das? Sie wollen mir doch nicht allen Ernstes erzählen, daß der Mann hier von seinem Dackel ...«

»Sind Katzenspuren.«

»Na, noch besser. Also soll der Mann von seiner eigenen Katze angefallen worden sein? Vielleicht weil das Whiskas ausgegangen ist? Und dann hat das böse Tier sich klammheimlich aus dem Staub gemacht und dummerweise ein paar Spuren hinterlassen?«

»Auf jeden Fall war 'ne Katze hier. Und den Mörder hatse wahrscheinlich sogar noch gesehen. Die Spuren sind jedenfalls genauso trocken wie der ganze Rest.«

»Fein. Dann brauchen wir ja nur noch die Personalien der Katze festzustellen und laden sie vor Gericht als Zeugin vor«, gab Höller zurück. Jetzt hatte er offenbar wieder Oberwasser. »Suchen Sie mal lieber nach was Gerichtsverwertbarem.«

»Viel hamwer da noch nicht«, knurrte der Spurensucher wieder. »Jede Menge Fingerabdrücke. Aber die meisten dürften von dem sein, dense draußen gerade in den Wagen geladen haben.«

»Na, Selbstmord war's ja nun wahrscheinlich auch nicht. Aber irgendwas werdet ihr ja wohl finden. Ein Mörder hinterläßt immer irgendwelche Spuren. Das hab ich noch nie anders erlebt.«

»Mein Gott, ist der blöd«, nuschelte Felix durch die zusammengebissenen Zähne.

»Was?« wollte Silvia wissen.

»Schon gut.« Ihre Frage hatte ihn daran erinnert, daß er sich eigentlich um sie kümmern wollte.

»Hat er gesagt, ob er dich noch braucht?«

»Wer?«

»Na, der Kommissar.«

»Nee, eigentlich nicht. Das heißt, morgen früh will er mich noch mal sprechen.«

»Er hat dir einen Termin genannt?«

»Ja.«

»Geht's dir denn schon wieder besser?«

Sie sah ihn tapfer an. »Ich glaube schon.«

»Na, ich denke, dann kannst du jetzt auch nach Hause gehen. Wenn du willst.«

»Zeit wär's schon. Sonst machen sich meine Eltern noch Sorgen. Viel länger als zwei Stunden dauert die Nachhilfe nie.«

»Soso ...«

»Ich kann denen doch nicht erzählen, daß ich zu Henk gehe ... – ging.« Sie schluckte. »Für die hab ich jetzt gerade Englisch-Nachhilfe ... – gehabt«, sagte sie und schaute auf die Uhr.

Silvia schaute Felix mit großen Augen an. »Die müssen doch davon nichts erfahren?«

»Wovon?«

»Daß ich hier war und so. Daß ich ihn gefunden habe.«

»Mach dir mal keine Sorgen. Das muß niemand wissen. Du mußt nur morgen früh pünktlich sein.«

»Klar.« Sie stand auf. Ihre Züge hatten sich merklich aufgehellt.

»Ach, Silvia ... «

»Ja?«

»Wenn du Probleme hast wegen der Sache ... Auch mit dem da ... « Felix deutete auf das Küchenfenster. »Ruf mich einfach an.« Er grinste sie an und gab ihr einen Zettel.

Sie lächelte zurück. »Danke.« Sie schenkte ihm noch einen Augenaufschlag, dann stapfte sie los durch den Kies. Felix schaute ihr nach, bis der letzte Zipfel ihres dunkelroten Sommerkleides um die Hausecke verschwunden war. Das ist das Schöne an Siebzehnjährigen: Irgendwann in naher Zukunft werden sie achtzehn. Er seufzte, lehnte den Kopf nach hinten, ließ sich von der Sonne bescheinen und döste ein wenig vor sich hin. Das Stimmengewirr aus der Küche lullte ihn ein. Wenn der Kölner so weitermachte, würde er den Mord nie aufklären, dachte er. Es sei denn, der Mörder meldet sich bei ihm persönlich. Felix mußte leise lachen, als er an das Gespräch des Kommissars mit der Spurensicherung dachte. Tritt in die Blutlache! Wie der Mann wohl an seinen Job gekommen war? Kölscher Klüngel, das war die einzige Erklärung.

»Was wollen *Sie* denn hier?«

Die Stimme des Kommissars war plötzlich richtig laut geworden.

»Wie sind Sie überhaupt hier reingekommen?«

Irgendwer murmelte etwas Unverständliches.

»Hauptwachtmeister!« So laut war Höller den ganzen Tag noch nicht gewesen. »Hauptwachtmeister, wo stecken Sie denn?«

Diesmal trabte Felix sofort los. In weniger als drei Sekunden hatte er die Küche erreicht. Obwohl er wußte, daß er gleich eine Abreibung bekommen würde, hatte er Mühe, ein Grinsen zu verkneifen, als er sich die Szene am Tatort ansah. Am Küchenschrank stand Kommissar Höller. Er hatte nur noch den linken Schuh an und offenbarte so aller Welt seine Vorliebe für knallrote Socken. Den rechten Schuh hielt er in der Hand und fuchtelte wild mit ihm herum, als Felix den Raum betrat.

»Na, da sind Sie ja. Sie sollten doch den Tatort absichern. Können Sie mir bitte erklären, was all diese Leute hier machen?«

»Wieso all die Leute? Ich sehe nur einen.« Etwas Intelligenteres fiel ihm nicht ein. Bei Höller stand tatsächlich nur ein einziger weißhaariger Mann mit einem unglaublichen Faltengesicht, aus dem eine große Adlernase ragte.

»Einer?« Höllers Stimme überschlug sich. »Drehen Sie sich mal um!«

In der Diele machte eine rothaarige Frau gerade ihre Kamera startklar. Ein großer Mann klappte seinen Notizblock auf und klickte seinen Kuli schreibbereit.

»Anett!« Felix kannte die BLZ-Fotografin aus dem *Platz 16*. Oder war es im *Viva* gewesen? Egal. Über ihre gemeinsame Haarfarbe waren sie jedenfalls schnell ins Gespräch gekommen.

»Ihr könnt noch nicht hier rein«, sagte er bedauernd. »Einen Augenblick müßt ihr noch warten. Draußen.«

»Wenn dein großer Meister sich bald mal ein wenig Zeit für uns nimmt. Ein bißchen was werdet ihr doch wohl schon sagen können.«

»Bestimmt. Dauert nicht mehr lange.«

Die beiden gingen zurück in den Hof. Das wäre schon mal erledigt.

Nun ging Felix zu dem alten Mann.

»Ali, du mußt deine Nase wirklich nicht überall reinstecken. Komm mit!« Er packte ihn unsanft am Arm. Felix mochte den Alten nicht, auch wenn der mit Paul fast ebenso gut befreundet war wie Felix selbst. Ali war ihm unheimlich. Felix hatte ihn einmal wegen unerlaubten Waffenbesitzes mit zur Wache genommen. Seitdem mochte Ali ihn auch nicht. Er brachte den Alten zur Haustür und sah, wie er sich draußen zu den beiden Zeitungsleuten gesellte. Die Rothaarige machte bereits Fotos vom Hof.

Felix drehte wieder um. Bereit, sich den Rest seiner Abreibung abzuholen. Doch Höller zeigte plötzlich überhaupt kein Interesse mehr an ihm. Der lange Kerl von der Spurensicherung, der während der ganzen Szene seelenruhig den Küchenschrank durchsucht hatte, wobei er Höller, der ihm mehrmals im Weg stand, immer wieder wegscheuchen mußte, hatte dem Kommissar eben etwas zugeknurrt. Höller war aus dem Häuschen.

»Kokain, sind Sie da ganz sicher?«

»Na, Puderzucker isses jedenfalls nich!«

Generalprobe

Die Generalprobe war ein voller Erfolg. Wassilij war natürlich immer noch nicht aufgetaucht, aber irgendwie hatte es Katharina trotzdem geschafft, sich zu konzentrieren. Nach der Aufführung vergaß sie sogar für eine Weile ihre Probleme und ließ sich vom allgemeinen Trubel anstecken. Alles lief und rannte durcheinander, und die meisten der Tänzer glühten vor Aufregung wie beim Kindergeburtstag. Für gewöhnlich waren sich die Tänzer ihres Standes als Kulturwunder Wuppertals sehr wohl bewußt, sie waren Künstler von weltweitem Ruf! Die vorherrschende Farbe der privaten Garderobe war schwarz, gelegentlich spielte sie auch ins Dunkelgraue – natürlich immer etwas abgetragen, denn die Jacketts und Kleider waren ja schon weit in der Welt herumgekommen. Und mit dem gleichen würdevollen Understatement bewegte man sich auch. Auch nach Generalproben und Premieren.

Tänzer und Gäste vermischten sich hinter der Bühne, jeder fand jemanden, den er umarmen mußte, und Katharina war umringt von so vielen Gesichtern, daß sie gar nicht mehr zuordnen konnte, wer sie gerade auf die Wange geküßt hatte und wer es gerade tun wollte. Ein weiser Mensch erläuterte ihr den Eindruck des Stückes auf ihn im speziellen und seine Interpretation für die Menschheit im allgemeinen. Sie beantwortete irgendwelche Fragen mit »Ja« und »Nein« und hörte viele kluge Gedanken, deren konkreter Bezug zu dem Stück ihr oft schleierhaft blieben, aber sie war noch so sehr durchglüht von der erfolgreichen Probe und so angeregt von dem Glas Sekt, das ihr jemand aufgenötigt hatte, daß sie lächelnd zuhörte und alles interessant fand. Schließlich verabredete man sich für später im *Congo* und ging zu den Garderobenräumen.

»Wenn ich von dir schon keine Neuigkeiten erfahre, muß ich offenbar andere Leute ausquetschen!« Isabella verschwand in der Dusche, doch Katharina ging eilig hinterher.

»Wie bitte?«

»Wenn ich von dir schon keine Neuigkeiten erfahre, muß ich offenbar –«

»Ich habe dich sehr gut verstanden! Sag mir lieber, was du meinst!«

»Ich dachte mir, wenn Marco schon seine Nase in alles reinsteckt, dann soll er sich wenigstens nützlich machen!«

»Isabella, bitte! Du machst mich wahnsinnig!«

»Wenn er schon das Maul nicht halten kann, dann soll er uns wenigstens erzählen, was er weiß.«

Katharina drehte die Wasserhähne ihrer Dusche auf und prüfte mit den Fingerspitzen die Temperatur des Wassers. »Ich bin mir nicht sicher, ob ich hören will, was er zu sagen hat.«

»Warum nicht? Wenn es stimmt, solltest du es wissen. Und wenn es nicht stimmt, ist es sowieso egal. – Gibst du mir mal dein Duschgel? Ich hab meins vergessen.«

»Ich weiß nicht ... Ich komme mir vor, als würde ich hinter Wassilij herspionieren. Was ist das für eine Beziehung? Wenn es etwas zu wissen gibt, will ich es von ihm selber hören.«

»Katharina! Mach die Augen auf! Was ist das für eine Beziehung, wenn er dich ohne ein Wort in der Luft hängen läßt? Wir wissen doch beide, daß er in irgendeinem Schlamassel steckt. Wenn du ihm wirklich helfen willst, solltest du nicht warten, bis es zu spät ist!«

Katharina schwieg und ließ sich das Wasser aufs Genick prasseln. Isabella war fast unsichtbar, sie hüllte sie alle beide in dichte Dampfschwaden ein. »Wie erträgst du das immer, so heiß zu duschen?«

»Es hilft mir, das Wuppertaler Klima zu ertragen!«

Einen Moment lang hörte man nur das Rauschen des Wassers und Isabella, die leise anfing, ein kolumbianisches Lied zu summen. »Hier, dein Duschgel!«

»Also, was hat Marco erzählt?«

»Er sagt, Alexej habe jemandem erzählt, daß er an Koks rankommen könne. Und zwar über Wassilij. Und nicht nur Koks, sondern auch alles mögliche andere Zeug.«

»Alexej? Der Requisiten-Alexej?«

»Ja, der Russe.«

»Und wer ist dieser ›jemand‹?«

»Keine Ahnung. Wollte Marco nicht sagen. Wahrscheinlich er selber. Vielleicht ist alles Blödsinn. Aber wenn es stimmt, klingt es so, als ob Wassilij nicht nur Kleinigkeiten besorgen kann, sondern ordentliche Mengen durch seine Hände gehen.«

Katharina stellte die Dusche ab und nahm ihr Handtuch. »Hotel Medici, Roma« konnte Isabella darauf lesen.

Marktplatz

»Dein Freund macht wohl Überstunden.«

Die blonde Kellnerin lächelte und stellte noch ein Glas Kölsch auf die Theke. Paul zählte mit. Schon das sechste. Die Kellnerin blieb einen Augenblick stehen. Als er nichts erwiderte, machte sie sich mit ihrem vollbeladenen Tablett auf den Weg nach draußen. Paul schaute ihr nach, bis sie durch die Tür verschwunden war. Dann griff er sich wieder eine Zeitschrift, trank einen großen Schluck und begann zu blättern. Alle Hefte, die er im Zeitungsständer hatte finden können, lagen vor ihm auf der Theke ausgebreitet. Er schaute auf die Uhr an der Wand. Fast eine Stunde saß er jetzt im *Platz 16* und wartete auf Felix. Wahrscheinlich wieder ein Motorradfahrer, der unter die Leitplanke gerutscht war. So was kam im Sommer vor.

Paul machte einen zweiten großen Schluck, und schon war die Kölschstange leer. Er schaute sich um. Die Kellnerin balancierte ihr Tablett draußen durchs Menschengewühl. Wie an jedem schönen Abend war es auch heute draußen eng, während drinnen die meisten Stühle frei blieben.

Platz 16 war eine der vielen Kneipen, die den Wipperfürther Marktplatz umringten wie Kaffeetassen eine gut gefüllte Dröppelminna. Menschentrauben hatten sich vor den Lokalen gebildet und zwangen die Autos zu Schrittempo. Stimmengewirr von allen Seiten. Gelassen blickte der Heilige Engelbert von seinem steinernen Stammplatz auf das Treiben. Das Plätschern, das sein alter Brunnen zu der Geräuschkulisse beisteuerte, fiel niemandem auf. Auch vor dem *Platz 16* nicht. Dort herrschte Volksfeststimmung.

Paul saß als einer der wenigen Gäste drinnen, an der Theke, direkt an der Tür. Mit den Teenagern, die sich da draußen über Techno, Schulprobleme und ihre erste bis fünfzehnte Liebe unterhielten, hatte er nicht viel zu tun. Vor rund zehn Jahren hatte er mit Felix hier ganz ähnliche Dinge besprochen. Nur daß sie damals von Springsteen-Konzerten und nicht von der Love Parade schwärmten. Inzwischen hatten sie sich wie einige andere Stammgäste daran gewöhnt, daß die Leute um sie herum immer jünger wurden. Und daß sie offenbar die einzigen waren, die immer gleich alt blieben.

»Ah, da sitzt ja der Bauer!«

Paul schaute auf. Neben ihm stand eine etwa dreißigjährige Frau mit roten Locken. Ihr Lächeln übertraf sogar noch das von Felix.

»Hallo, Anett.«

»Eben habe ich noch deinen Lieblingsbullen gesehen.«

Paul stutzte.

»Am Holländer-Hof. Er mußte Wache schieben. Sie haben ihn umgebracht, den Holländer.«

»Der Holländer ist tot?« Paul kannte den Mann flüchtig. Der Künstler hatte regelmäßig in seinem Hoflädchen eingekauft.

»Der lag schon ein paar Tage da rum. Wahrscheinlich 'ne Drogengeschichte, vermutet die Kripo. Mord unter Dealern oder so was. Der Herr Künstler soll ganz gute Mengen Koks auf seinem Hof zwischengelagert haben.« Plötzlich klang sie wie ein Zeitungsjunge: »Lesen Sie die sensationellen Einzelheiten morgen in der Bergischen Landeszeitung! Mit exklusiven Fotos vom Tatort!«

»Und Felix ist noch da?«

»Keine Ahnung. Ich komm gerade aus der Redaktion.«

»Wir sind verabredet.«

»Na klar! Der Bauer und der Bulle. Das unzertrennliche Paar.« Sie grinste wieder.

»Junge Frau, das ist Beamtenbeleidigung, dafür könnte ich Sie einbuchten lassen.«

Felix stand im Türrahmen, jetzt in Zivil, und machte ein strenges Gesicht. Dann wandte er sich zu Paul. »Nur Ärger hat man mit diesen Rothaarigen. Alles Verbrecher. Gehören alle in den Knast.«

»Höppeldipöpp!«

»Na, na, passen Sie auf, Gnädigste! Alles, was Sie jetzt sagen, kann vor Gericht gegen Sie verwendet werden!«

Die blonde Kellnerin stellte ihnen drei Bier auf die Theke.

»Na, denn man Prost!« Felix nahm ein Glas und trank es in einem Zug aus. »Du hast ja schon ganz gut vorgelegt, Paul. Mal sehen, ob ich dich noch einhole.« Er setzte sich neben Paul auf einen Hocker.

»Sechs Bier«, sagte Paul. »Dürfte ein Problem für dich sein.«

»Ich konnte leider nicht früher. Mußte mich mit so 'nem Affen von der Mordkommission rumärgern.«

»Auf dem Holländerhof?«

»Ach, die Abendausgabe der BLZ hat die Neuigkeiten vom Tage schon vermeldet?«

»BLZ gelesen, dabei gewesen«, sagte die rothaarige Abendausgabe.

»BLZ getroffen, dabei gesoffen«, konterte Felix. »Prost, Anett.« Er schien einen Exklusivvertrag mit der blonden Kellnerin zu haben. Sie hatte ihm schon wieder ein Kölsch hingestellt.

»Prost, Herr Wachtmeister!« Anett nahm ihr Bier vom Tresen. »Ich muß euch zwei Hübschen leider verlassen. Mona wartet auf mich.« Mit dem Kölschglas in der Hand verschwand die Fotografin nach draußen.

Paul und Felix sahen ihr nach und saßen einen Moment schweigend auf ihren Barhockern.

»Und?« Felix merkte, daß Paul an den toten Bullen denken mußte. »Immer noch sauer auf meine Kollegen?«

»Was heißt sauer.«

Paul trank einen Schluck. »Aber ... « Er machte eine Pause und hielt sich an seinem Bierglas fest.

Felix kannte das. Paul brauchte immer eine Anlaufzeit. Er sagte nichts und wartete einfach ab, bis sein Freund einen Anfang gefunden hatte.

»Das ist doch einfach nicht gerecht! Irgend so ein Arschloch fährt meinen Bullen über den Haufen, noch dazu in einem geklauten Auto, und nichts passiert! Ist das Gerechtigkeit?«

»Paul, natürlich macht dich das fertig mit Hugo. Das versteh ich ja auch. Aber du kannst nicht sagen, daß nichts passiert. Wir arbeiten doch an dem Fall. Nur haben meine Kollegen auch noch andere Dinge zu tun.«

»Andere Dinge. Klar. Schulkinder, Falschparker und Ladendiebe. Jetzt auch noch ein Mord. Da kommen dann sogar welche aus Köln, die sich darum kümmern.«

»Jetzt bist *du* ungerecht. Mord spielt ja nun wirklich in einer anderen Liga. Und ob der schneller aufgeklärt wird als die Sache mit Hugo und deinem Unfall, das ist auch noch nicht ausgemacht. Wenn er überhaupt je aufgeklärt wird. Wußtest du, daß nur dreiundvierzig Prozent aller Mordfälle jemals gelöst werden? Sagt die Statistik.«

»Und was sagt die Statistik über Fahrerflucht? Wieviel Prozent werden da aufgeklärt? Ich sage dir, der Mörder von Hugo wird in fünfzig Jahren noch frei rumlaufen. Und wer weiß, wieviele Tiere er bis dahin noch totfährt? Oder vielleicht auch Menschen!«

»Paul, was willst du denn tun. Hugo ist tot. Das ist schlimm, aber du kannst es nicht mehr rückgängig machen. Passiert ist passiert. Manche Sachen kann man eben nicht mehr ändern. Das brauche ich *dir* doch nicht zu sagen!«

Paul schwieg. Auch Felix sagte nichts mehr. Ohne darüber zu reden, wußten sie, daß die Ereignisse, die zwölf Jahre zurücklagen, plötzlich alle anderen Gedanken überschatteten. Erst nach ein paar Minuten durchbrach Felix das Schweigen.

»Damals warst du stark und hast mir geholfen. Ohne dich wäre ich vor die Hunde gegangen, Paul.«

»Ohne dich wäre ich auch vor die Hunde gegangen.«

Sie schwiegen wieder.

Schließlich fand Felix, daß sie lange genug im Gefühl ihrer Freundschaft geschwelgt hatten, und sprang von seinem Hocker.

»So.« Er schlug Paul auf die Schulter. »Ich muß mich mal eben mit Zigaretten eindecken, und dann geht's los. Ich hab noch ein paar Bier aufzuholen.«

»Dann würde ich aber langsam mal die Schlagzahl erhöhen.«

Kaum war Felix weg, stellte die Kellnerin wieder zwei Bier auf die Theke. Der Mann mußte sich mit der Frau über eine Geheimsprache verständigen, anders konnte Paul sich das nicht erklären. Sein Blick fiel auf den Zeitschriftenberg, der immer noch vor ihm lag. Zeit, das mal wieder wegzuräumen. Als er aufstand, schlängelte sich die Blonde gerade an ihm vorbei. Wieder ein volles Tablett nach draußen. Paul, den Zeitschriftenpacken in beiden Armen, konnte nicht anders. Er schaute ihr wieder nach. Wirklich eine hübsche Fr... aauuaahh...!

Weiter konnte er nicht denken und auch nicht gucken. Seine Perspektive hatte sich grundlegend geändert. Er lag auf dem Boden. Sein linker Arm schmerzte. Rings um ihn herum lagen die Zeitschriften verstreut auf dem Fußboden. Einige Leute schauten neugierig herüber, die meisten aber tranken ungerührt ihr Bier weiter. Mein Gott, wie blöde. Ein Motorradhelm. Er war über einen Motorradhelm gestolpert, den irgend so ein Idiot vor der Theke auf den Boden gestellt hatte.

Paul rappelte sich auf und ging in die Hocke, um die Hefte wieder einzusammeln. *Stern*, *Spiegel*, *Bunte* ... Der Stapel in seinem Arm wuchs wieder auf die alte Größe. Fast hätte Paul das *Coolibri*-Heft übersehen, das da aufgeschlagen auf einem Stuhl lag.

Felix glaubte seinen Augen nicht zu trauen, als er aus dem Durchgang zur Toilette zurückkam, in dem der Zigarettenautomat hing. Paul saß nicht mehr an der Theke. Er hockte am Boden, hatte einen Stapel Illustrierte im Arm und starrte auf die Sitzfläche eines Stuhls. Kein Wunder, daß Paul wiederum von sämtlichen Leuten angestarrt wurde, die noch in der Kneipe saßen. Felix mußte noch einmal hinschauen. Kein Zweifel. Das war sein Freund, der einfach da hockte und sich nicht rührte. Und aussah wie ein Bescheuerter.

Paul hätte nicht gedacht, daß er dieses Gesicht jemals wiedersehen würde. Aus der Zeitung heraus blickte es ihn an: ernst und nachdenklich, als hätte es die Schuld der ganzen Welt auf sich geladen und würde dafür um Verzeihung bitten. Ein hagerer Schönling, in dessen Gesicht der Fotograf eine dramatische Vermählung aus Licht und Schatten gezaubert hatte. Der Mann lag bäuchlings auf dem Boden, im Dreck, und stützte sich mit beiden Armen auf. Auch der nackte, dreckverschmierte, muskulöse Oberkörper war perfekt fotografiert. Doch für solche Feinheiten hatte Paul jetzt keinen Sinn. Er sah einem Mann ins Gesicht, dem er vor zwei Tagen noch persönlich gegenübergestanden hatte. Dem Mann, der seinen Bullen auf dem Gewissen hatte, da gab es gar keinen Zweifel.

»He, was ist denn mit dir los?«

Felix mußte Paul ein paarmal rütteln, ehe der reagierte.

»Ich, ähh ... « Paul stand auf und legte die Zeitschriften weg. »Ich muß dir was zeigen.« Er nahm das *Coolibri*-Heft vom Stuhl und ging mit Felix wieder zur Theke.

»Da schau«, sagte er und zeigte triumphierend auf das Foto. »Weißt du, wer das ist?«

»Ich denke, ein Tänzer.«

»Ein Tänzer? Wieso?«

»Na, Boxer wird er wahrscheinlich nicht sein, wenn er beim Tanztheater ist.«

Erst jetzt sah auch Paul die Bildunterschrift: »Tanztheater Wuppertal«.

»Nein, ein Boxer wohl nicht, aber ein Mörder!«

»Mörder?«

»Felix, jetzt haben wir ihn! Das ist der Mann, der Hugo auf dem Gewissen hat!«

»Paul, du siehst Gespenster.«

»Ich bin mir hundertprozentig sicher. Ich hab den Mann doch gesehen am Sonntag. Ich hab ihm genau in die Augen gesehen. Das Gesicht werde ich noch in hundert Jahren wiedererkennen!«

»Ich glaub nicht, daß du hundertdreißig Jahre alt wirst.«

»Jetzt mach keine Witze. Hier, nimm das Bild mit. Dann gibst du es morgen deinen Kollegen, die fahren nach Wuppertal ins Tanztheater, und schwupp, haben sie den Mann.«

»Paul, das geht doch nicht.«

»Wieso geht das nicht?«

»Erstens würden keine Wipperfürther dahin fahren, das würden die Wuppertaler Kollegen übernehmen. Und zweitens, wenn einer von uns da morgen anruft, lachen die sich doch kaputt in Wuppertal. Mit einer Autogrammkarte oder so ins Theater gehen und sagen: ›Entschuldigen Sie, aber Ihr Tänzer hier, das ist ein Autodieb. Außerdem hat er einen Bullen auf dem Gewissen. Dürften wir mal eben die Vorstellung unterbrechen?‹ Kein Polizist in Wipperfürth würde sich lächerlich machen und die Wuppertaler auf so eine Fährte setzen.«

»Auch du nicht?«

»Nein, auch ich nicht. Nicht als Polizist. Höchstens als Privatmann würde ich da nachfragen.«

»Privatmann bin ich auch. Das kann ich auch selber.«

»Na, dann mach's doch. Fahr nach Wuppertal und find heraus, ob das da wirklich der Unfallfahrer ist. Ich bin sicher, wenn du dem Tänzer erst gegenüberstehst, siehst du selbst, daß du dich da ganz schön verrannt hast. Und wenn der Mann es tatsächlich doch sein sollte, und du seinen Namen hast und so, dann kannst du sicher sein, daß wir da sofort jemanden hinschicken, der den Typen in die Mangel nimmt.«

»Wenn ich den Mörder von Hugo kriege, dann nehme ich ihn erst mal selber in die Mangel, bevor er zur Polizei darf, da kannst du deinen Sheriffstern drauf verwetten. Der wird sich ärgern, daß er sich nicht längst freiwillig gestellt hat!«

»Das hört sich an, als hättest du ihn schon.«

»Hab ich auch! Ich muß nur morgen nach Wuppertal fahren.«

»Paul ... «

»Ja?«

»Laß den Mann am Leben.«

»Du nimmst mich nicht ernst. Aber du wirst dich noch wundern!«

»Und du kannst dich jetzt schon wundern.« Felix leerte sein Kölschglas mit einem Zug. »Schlagzahl erhöhen war ein guter Tip. Ich hab dich.«

»Wie?!«

»Ich hab dich eingeholt.«

Strahlend zeigte Felix einen Bierdeckel. »Paul« und »Felix« stand dort mit schwarzem Stift. Unter jedem Namen waren exakt neun Striche gemalt.

»Die Buchführung ist von Meike. Und die ist unbestechlich«, sagte Felix und zwinkerte der blonden Kellnerin zu, die ihm gerade wieder ein Bier hinstellte. Und noch einen Strich unter »Felix« machte. Pauls Glas war noch halbvoll.

Luisenstrasse

Das *Café du Congo* platzte aus allen Nähten. Es gab ohnehin nicht viel Platz in dem schmalen, dunkelroten Raum, also räumte, wer nichts essen wollte, freiwillig seinen Sitzplatz und drängte die Masse der Stehenden ein bißchen enger zusammen. Zigarettenqualm stieg über die Köpfe hinauf zu den vergilbten schwarzweißen Plakaten früherer Aufführungen des Tanztheaters, die das Café als einen regelmäßigen Treffpunkt des Ensembles auswiesen. Als Katharina und Isabella sich in den Raum schoben, gab es großes Hallo. Alle anderen waren bereits versammelt. Ein bleicher, eilfertiger Mensch vom Kulturamt, dessen Namen Katharina sich nie merken konnte, und der glaubte, überall dabei sein zu müssen, sprang eilig auf und lächelte Katharina freundschaftlich an. »Großartig, Frau David! Ich habe Sie nie eindrucksvoller gesehen! Möchten Sie sich setzen?«

Isabella zog – nur für Katharina sichtbar – eine Grimasse und ließ ihr den Vortritt. Aber Katharina schaute sich im Raum um und merkte nicht, daß das Kulturamt ihr den Stuhl hielt. Sie tauschte mit Isabella einen Blick und verschwand in der Menge. Isabella setzte sich auf den Stuhl und bedankte sich herzlich bei dem Kavalier, der verwirrt hinter Katharina herschaute.

Als Katharina Alexej im *Congo* nicht fand, ging sie quer über die Straße zum *Katzengold*. Wie immer an warmen Sommertagen war die Luisenstraße ein lärmendes Gewimmel. Sie schob sich auf dem schmalen Bürgersteig durch die Entgegenkommenden, und erst, als ein einparkender VW-Bus einen Verkehrsstau verursachte, konnte sie über die Straße gehen. Beinahe wurde sie dann doch noch von einem gasgebenden Mercedes überfahren, aus dessen offenen Fenstern so laute Musik dröhnte, daß man sie nicht einmal hätte schreien hören. Der Fahrer und seine braungebrannten Freunde riefen ihr lachend irgend etwas zu, aber sie hatte nicht die geringste Lust, ihnen auch nur den Finger zu zeigen.

Im Eingang des *Katzengold*, der mit Plakaten übersät war, kamen ihr ein paar von irgendwoher bekannte Gesichter entgegen. Sie grüßte kurz zurück und schob sich schnell vorbei. Im *Katzengold* war es nicht so voll, aber dafür um so stickiger. Sie ging eine Runde, aber weder an einem Tisch noch an der Theke sah sie Alexej. Dafür saß auf dem Fensterbrett eines offenen Fensters ein Mensch, den sie vom Theater her kannte. Irgendein Bühnenarbeiter oder so was.

»Entschuldige, hast du Alexej gesehen? Alexej Nijinski?«

»Nijinski?«

»Dieser schwarzhaarige Requisiteur, der immer so muffig guckt!«

»Ach so, nein. – Doch! Der war vorhin irgendwann hier. Keine Ahnung, wo er hin ist, vielleicht ins *Congo*!«

Als nächstes ging Katharina ins *Köhlerliesl.* Der Plüsch-Elch über der Theke schaute wie immer gleichmütig geradeaus. Als sie das große Wandbild mit dem Bären sah, der einen Lachs beim Schwanz gepackt hielt, der wiederum den Bärenkopf verschluckt hatte, konnte sie sich zum ersten Mal gut vorstellen, wie sich der Bär fühlte ...

Unter dem Bären stand Alexej. Er drehte sich schnell weg, als er sie sah.

»Ich muß mit dir sprechen!«

»Hallo, Katharina, wie geht's?«

Eigentlich hatte Katharina vorgehabt, »unauffällig« vorzugehen. Aber plötzlich lagen ihr die direkten Worte wie Torpedos auf der Zunge. Und ein Gefühl sagte ihr, daß sie sie abschießen sollte. Sie beachtete die aufgedonnerte Frau neben Alexej nicht weiter.

»Wo ist Wassilij?«

»Was? Ich hab keine Ahnung!«

»Lüg mich nicht an!«

»Hast du sie nicht mehr alle? Weshalb sollte ich dich anlügen?« Er trank sein Bier leer, um Zeit zu gewinnen.

Plötzlich war da ein neuer Torpedo, ein kleiner Trick: »Du hast auf unseren Anrufbeantworter gesprochen. Du hast gesagt, ruf mich an, wenn du zurück bist! Woher zurück?«

»Das habe ich nicht gesagt!«

Er hatte es wirklich nicht gesagt, aber Katharina riß sich zusammen. Wenn sie jetzt überzeugend genug war, dann hatte er es gesagt!

»Alexej, das hier ist wichtig! Woher zurück?«

Die Frau neben Alexej war irritiert. Natürlich begriff sie kein Wort von dem, was hier vorging. Aber Katharina bezweifelte, daß sie auch sonst viel verstand. Es sei denn, sie wäre in der Lage, mit ihren prall eingepackten Titten zu denken.

Alexej stellte sein Bierglas ab und ging, irgend etwas vor sich hin murmelnd, zur Toilette. Katharina war so perplex, daß sie einen Moment lang nicht wußte, was sie tun sollte. Dann marschierte sie schnurstracks hinterher.

Seit sie mit vierzehn Jahren zum ersten Mal hier gewesen war, waren die Toiletten beschriftet mit »Stewardessen« und »Kardinäle«. Katharina war noch nie zu den Kardinälen reingegangen. Jetzt tat sie es.

Als sie die Tür aufzog, polterten ihr drei Jeansjacken entgegen, die sie lautstark anlachten. »Heh, Schwester! Du bist hier falsch!«

»Oder stehst du beim Pinkeln?«

Das fing ja gut an! Katharina ließ sie vorbei und ging rein. Vor dem Spiegel stand ein Junge mit langen Haaren, der sich ausgiebig kämmte. Er schaute kurz herüber und beachtete sie nicht weiter. Alexej stand am Pissoir und hatte sich gerade den Reißverschluß aufgezogen, als er sie sah. »Heh! Spinnst du?« Eilig machte er seine Hose wieder zu.

Langsam gewöhnte sie sich daran, als Spinnerin tituliert zu werden.

»Alexej, ich muß es wissen!«

»Ich kann dir nichts sagen.«

»Woher soll er zurückkommen?«

»Katharina!«

»Woher?« Der langhaarige Junge ging gleichmütig an ihnen vorbei. Als er die Tür öffnete, wurden das Stimmengewirr und die Musik aus der Kneipe für einen Moment laut.

»Ehrlich, ich hab keine Ahnung. Es ist nur ... Er hat sich halt Geld geliehen von mir. Und wenn er zurück ist, will er's mir wiedergeben.« Er wollte sich an Katharina vorbei zur Tür schieben, aber sie stellte sich ihm in den Weg. Er hätte schon handgreiflich werden müssen.

»Wozu braucht er Geld?«

»Was weiß ich! Ich hab's ihm halt gegeben!«

»Wieviel?«

»Das ist doch wohl meine Sache!«

»Wieviel?«

»Zweitausend Mark.«

»Du gibst ihm zweitausend Mark und weißt nicht, wofür?«

Alexej starrte Katharina verwirrt an. Langsam wurde er wütend. Katharina roch seinen bitteren Geruch, den sie so haßte. Die Situation stand auf der Kippe. Wenn sie jetzt richtig vorging, würde er ihr sagen, was er wußte.

»Alexej, hör zu. Ich weiß, daß Wassilij wieder reingerutscht ist. Ich will ihn da rausholen. Ich laß ihn nicht vor die Hunde gehen. Wenn es sein muß, gehe ich zur Polizei. Wenn es sein muß, erzähle ich ihnen, daß du mit zweitausend Mark in den Drogengeschäften drinsteckst.«

Gleich würde er wirklich handgreiflich werden ...

»Ich mache mir Sorgen, Alexej!«

Sie spürte, daß er seinen Widerstand aufgab. Vielleicht aus Feigheit, denn offensichtlich glaubte er ihr, daß sie imstande war, zur Polizei zu gehen.

»Ich weiß wirklich nicht genau, wo er hin ist. Irgendwo in die Nähe von Aachen. Nach Holland oder so. Ich mache mir auch Sorgen. Er wollte abends wieder zurück sein. Und jetzt ist er seit zwei Tagen weg.«

»Du machst dir Sorgen um dein Geld!«

»Das ist doch jetzt nicht wichtig! Vielleicht brauchst du gar nicht mehr zur Polizei zu gehen ... Jedenfalls hat er mir nicht gesagt, wo er hin ist. Er hatte irgendeine Verabredung, wo er was abholen wollte.«

»Drogen!«

»Nein ... ja ... was weiß ich ... «

»Und die wollte er dann zu uns nach Hause bringen?«

»Bist du verrückt? Nein, es gibt da irgendeine Adresse im Bergischen, wo er es nur abliefern muß.«

»Oh, verdammt!« Katharina war nach Schreien zumute. Was kam jetzt noch alles?

»Danach hat er damit nichts mehr zu tun! Es kann gar nichts passieren!« Die Tür ging auf, und Alexejs Begleiterin mit dem engen T-Shirt stand im Rahmen.

»*Was läuft hier eigentlich?*« fragte sie mit einer aggressiven, piepsigen Stimme.

»Welche Adresse?«

»Du bist ja schlimmer als der KGB!«

»*Alex, wer ist die Frau?*«

»Wohin bringt er es?«

»Das hat er mir nicht gesagt.«

»*Laß die Verrückte und komm endlich! Wir wollen gehen!*«

Plötzlich schrie Alexej sie an: »Gleich!! Mach, daß du rauskommst!! Ich komme gleich!« Sie war dermaßen erschrocken, daß sie rückwärts taumelte und die Tür zufallen ließ. Alexej atmete tief durch.

»Ich hab da nur so 'ne Idee ... Vor einer Weile habe ich ihn mal nach Radevormwald gefahren. Damals wußte ich nicht, was er da machte. Er hat mich nur gebeten, ihn zu fahren, und ist fünf Minuten alleine reingegangen. Eine Autowerkstatt irgendwo an der B 229, ein Stück hinter Beyenburg, in Dahlhausen. Und da gibt es noch einen Typen, den er den Holländer nannte. Aber ich weiß nicht mal, ob das der richtige ist. Ist nur so 'ne Idee.«

Katharina hatte das Gefühl, daß er wirklich nicht mehr wußte. Als er ging, sagte er noch: »Laß mich draußen aus der Sache. Ich habe damit nichts zu tun!«

Sie blieb alleine stehen. Langsam wurde ihr klar, was sie gerade alles gehört hatte. Wassilij hing tiefer drin, als sie sich jemals hätte träumen lassen. Er führte ein regelrechtes Doppelleben! Er war ein Krimineller! Plötzlich sah Katharina sich im Spiegel. Da stand eine blonde Frau blaß, verängstigt und fassungslos in einer Herrentoilette und verlor gerade den Boden unter den Füßen.

Tanztheater

Es war kaum zwölf Uhr, als Paul am Opernhaus ankam. Verbissen hatte er den ganzen Vormittag über auf dem Hof geschuftet, um so schnell wie möglich nach Wuppertal zu kommen. Seine Hektik hatte sich auf die Kühe übertragen. Nervös rieben sie sich aneinander, als er sie mit Heu bewarf, mit der leeren Schubkarre gegen den Türpfosten donnerte und sie zum Melken mehr schob als trieb. Als er der alten Trine aus Versehen mit dem Gatter den Schwanz einklemmte, fuhr sie aufgebracht mit dem Kopf herum und muhte ihn protestierend an.

Im Stall, im Melkraum, in der Milchkammer: Überall tauchte das Gesicht des Tänzers vor ihm auf. Mal das schöne, schwarzweiße Gesicht aus der Zeitschrift und dann wieder das andere, das ihn bleich und verstört durch die spiegelnde Windschutzscheibe anstarrte.

Paul lief einmal rund ums Opernhaus, aber nirgendwo fand er eine offene Tür. Die Vorhänge hinter den Kartenverkaufsfenstern waren zugezogen, und auch, als er durch die Frontscheiben spähte, sah er nirgendwo auch nur ein Licht brennen. Zumindest informierte ihn ein großes Transparent an der Fassade, daß heute die Premiere des neuen Stücks stattfände. Er patschte mit der Ausgabe des *Coolibri*, die er inzwischen ziemlich durchgeknetet hatte, gegen die Scheibe.

»Scheiße! Hier muß doch irgendwo einer sein!«

Im letzten Moment sah er über die Schulter den alten Mann, der eine Tür in dem großen Tor aufschloß und dahinter verschwand.

»Heh, Sie! Hallo!!« Paul rannte los. Er hämmerte mit der Hand gegen die Tür, bis sie einen Spalt breit aufging. Der Alte starrte ihn feindselig an. »Sind Sie verrückt?«

Paul schaute fast entschuldigend auf seine breite und schwielige Bauernhand, als hätte sie sich gegen seinen Willen so ungezogen benommen und gegen die Tür gepocht.

»Wo finde ich die Tänzer?«

»Was?«

Paul hielt ihm das Foto unter die Nase. »Ich suche den hier. Wo kann ich den finden?«

»Gehen Sie heute abend in die Vorstellung.«

»So lange kann ich nicht warten. Ist denn noch niemand hier?«

»Niemand hier. Wenn Sie ein Autogramm wollen, kommen Sie nach der Vorstellung an den Künstlerausgang.«

»Wo ist denn der?« Doch der Alte hatte ihm die Tür schon vor der Nase zugeschlagen. Also setzte sich Paul auf die Stufen und wartete. Obwohl er Hunger hatte, wagte er nicht wegzugehen, um sich etwas zu essen zu holen. Er wollte auf gar keinen Fall den Moment verpassen, an dem er endlich diesem Mistkerl mit der Faust ins Gesicht schlagen konnte, daß es krachte!

Nach und nach kamen Leute, die durch die Tür im Opernhaus verschwanden. Einzeln, zu zweit plaudernd, und später schloß sich die Tür gar nicht mehr, sondern blieb offen stehen, um ganze Gruppen hereinzulassen. Paul fixierte jedes Gesicht. Eine blonde Frau fiel ihm auf, die mit einer kleinen Dunkelhaarigen, vielleicht einer Spanierin, den Bürgersteig entlang kam. Beide waren schöne Frauen, doch die Blonde, ihre Art zu gehen und zu sprechen, ihre Ausstrahlung, fiel ihm besonders auf. Die kleine Spanierin sagte etwas, worauf ihre Freundin lachte und ihr mit der Umhängetasche scherzhaft auf den Rücken schlug. Paul schaute ihnen nach, bis auch sie durch die kleine Tür verschwunden waren. Plötzlich sah er den Kerl. Er sprang auf und rannte los. Der Mann sah ihm erschrocken entgegen.

»Oh ... entschuldigen Sie bitte ... « Der Falsche!

Schließlich kam niemand mehr, der das Theater durch die Seitentür betrat. Vier Uhr ... Paul gähnte. Er lehnte sich an die Glasscheibe, die Verkehrsgeräusche verschwammen zu einem auf- und abwallenden Brummen, zweimal schreckte er hoch, als ihm die Augen zufielen, doch beim dritten Mal merkte er es nicht mehr. Die Passanten machten einen Bogen um den schlafenden Mann in dem groben Hemd und den abgetragenen Jeans und beachteten ihn nicht weiter. Man fand es höchstens ein bißchen unpassend, daß er sich ausgerechnet hier, auf den Stufen des Opernhauses, zum Schlafen hinsetzte.

Paul schreckte hoch, als unmittelbar neben ihm eine Frau rief. Verwirrt sah er sich um. Wo ... Theater! Um ihn herum standen Menschen in kleinen Grüppchen und unterhielten sich. Wenigstens rennen die hier nicht im Frack und in Abendkleidern rum, dachte Paul.

An der Kasse erfuhr er von einer freundlichen alten Dame, daß er Karten für eine Aufführung in vier Wochen bekommen könne.

»Vier Wochen?!«

Sie lächelte ihn an.

»Sie wollen sagen, das Ding hier ist vier Wochen lang ausverkauft?«

»Tut mir leid.«

»Wenn Ballett so gut läuft, sollte ich meinen Kühen das Tanzen beibringen.«

»Wie bitte?«

»Ach nichts ... «

Als Paul sich umdrehte, stürmte eine grellbunte Dame auf ihn zu. Sie hatte sich eine glänzende rote Stola umgeworfen, und sogar Paul sah, daß ihre schwarzen Haare gefärbt waren. Und ihr Lippenstift hatte Risse.

»Brauchen Sie noch eine Karte?« Sie hielt ihm eine Karte hin. »Sechzig Mark!«

Paul drehte sich zurück und sah sich die Preistafel noch einmal an.

»Aber die teuersten kosten fünfzig Mark!«

»Sie brauchen sie ja nicht zu nehmen.«

»Haben Sie eine Karte zu verkaufen?« Ein langer, flachsblonder Jüngling, der aussah wie ein Student, eilte herbei. Paul war schneller: »Ich nehme sie.« Wütend zählte er der Frau sechs Zehnmarkscheine in die Hand und nahm die Karte.

»Wenn mein Mann nicht krank geworden wäre, hätte ich sie gar nicht verkauft!« tröstete sie ihn und ließ ihn stehen.

Paul saß als einer der ersten auf seinem Platz. Nervös faltete er seine Eintrittskarte immer kleiner zusammen und hörte seinem Magenknurren zu. Alle Leute schienen sich hier wohl zu fühlen. Nur er wußte nicht, wohin er sich wenden sollte, wo er stehen konnte und was er bei all dem mit seinen Händen anfangen sollte. Er hatte das Gefühl, daß ihn alle verstohlen ansahen. Und bevor er sich für teures Geld im Foyer etwas zu trinken kaufte, hatte er lieber schon einmal seinen Platz gesucht.

Der Sitz knarrte ächzend, als Paul sich darauf fallen ließ. Paul hatte erwartet, einem roten Vorhang gegenüberzusitzen, der beim Beginn der Vorstellung schwungvoll aufgezogen werden würde, aber es gab keinen Vorhang. Die Bühne war offen wie ein Scheunentor. Sie lag im Halbdunkel, und viel gab es nicht zu sehen: Schwarze Wände, hinten standen drei Pfähle, die Paul an Marterpfähle erinnerten, vorne lagen parallel aufgereiht einige Schalbretter, wie sie auf jeder Baustelle gebraucht werden, und auf der gesamte Bühne war eine dicke Schicht Erdboden aufgeschüttet worden. Paul schüttelte den Kopf. Wer ist hier verrückt? Andererseits freute ihn der Geruch. Die frische Erde verbreitete ihren guten, lebendigen Duft durch den ganzen Saal, und zumindest das gab Paul ein heimisches Gefühl.

Vierte Reihe! Paul hätte lieber weiter hinten gesessen. Hier vorne konnte er vielleicht nicht der Versuchung widerstehen, auf die Bühne zu springen und den Mörder von Hugo vor Publikum zu erwürgen. Irgendwo klingelte es, und der Saal füllte sich.

»Igitt! Was stinkt denn hier so?« Die buntbemalte Schabracke mit der roten Stola hatte sich neben ihn gesetzt. Sie sprach zu einer Frau, die nicht viel anders aussah als sie selbst, die aber obendrein noch einen Hut auf dem Kopf balancierte. Die beiden schauten sich nach allen Seiten um und beugten sich dann schnüffelnd zu Paul.

»Das sind ja Sie!«

Paul erschrak. Er roch doch nicht etwa verschwitzt?

»Sie wohnen wohl im Kuhstall!«

Er atmete erleichtert auf. Der Stallgeruch! Das war er gewohnt, seit er denken konnte: Der Geruch der Kühe haftete an ihm wie die Schwielen an seinen Händen. Dagegen ließ sich nichts tun. Wem es nicht paßte, der konnte ja gehen.

»Wenigstens malen sich meine Kühe nicht so bunt an!«

»Also das ist doch ...« Die Damen zogen sich entrüstet zurück, und gleichzeitig erlosch das Licht. Paul hörte noch irgendwo ein Flüstern: »Das ist doch der, der eben auf dem Bürgersteig gepennt hat!« und »Unverschämtheit! Eine Belästigung ist das!« – »Man sollte ihn rauswerfen lassen!« Dann setzte die Musik ein.

Die Idee mit der Erde hatte Paul gefallen, doch was er in den nächsten eineinhalb Stunden zu sehen bekam, war zuviel für ihn. Tanz war in seinen Vorstellungen immer eine romantische Angelegenheit mit Spitzenröckchen und eleganten Bewegungen, mit muskulösen Männern, die grazile Frauen hochheben, und perfekt synchronen Bewegungen einer schnurgeraden Reihe von hübschen Tänzerinnen gewesen. Pas de deux und so. Jetzt sah er schreiende Frauen, die von Männern in schmutzigen Anzügen brutal gejagt wurden, er sah, wie Menschen auf Baustellenbrettern getragen wurden wie auf Totenbahren, er sah die Tänzer im Dreck wühlen, die drei Pfähle hochklettern, um hoch oben krampfhaft zu versuchen, sich gegenseitig mit Tritten und Schlägen zu erreichen, und er sah einen Mann bei lebendigem Leib eingegraben werden. Am häufigsten sah er die blonde Tänzerin, die ihm schon vor dem Opernhaus aufgefallen war. Sie trug ein weißes Kleid und wurde von allen am meisten gequält. Erde klebte überall auf ihren dünnen Armen. Was für ein Hungerhaken! Nichts dran als Haut und Knochen! Paul konnte sich ein Lächeln nicht verkneifen. Wenn meine Kühe in so einem erbärmlichen Zustand wären, würde man mir ruckzuck den Hof dichtmachen! Paul fuhr zusammen, als die Blonde gegen eine hölzerne Wand rannte, von einem stämmigen Kerl aufgehoben wurde und wieder gegen die Wand rannte. Das ganze wiederholte sich mindestens ein Dutzend Mal. Paul mochte gar nicht hinsehen.

Zeitweise wurde er von einer so bedrückenden Stimmung ergriffen, ließen die Schreie der Rasenden seinen Bauch sich so krampfhaft zusammenziehen, daß er am liebsten aufgesprungen und aus dem Saal gelaufen wäre.

Lächerlich, dachte er. Ich lasse mich doch nicht von ein paar herumrennenden Verrückten dermaßen ins Bockshorn jagen! Wenigstens ist die Musik jetzt schön!

Ein ruhiges Lied hatte eingesetzt, eine Art Volkslied mit einer traurigen Melodie, die ihm gefiel. Alle Tänzerinnen schritten langsam in einer langen Reihe über die Bühne und vollführten mit ihren Armen eigentümliche Bewegungen, die Paul an die Gebärden von Taubstummen erinnerten. Das ist schön! Und sie bewegen sich synchron, das ist Ballett! Doch plötzlich blieben die Frauen stehen, hoben ihre Arme hoch, und Männer kamen herbeigerannt, die ihnen – die Kleider auszogen! Paul erstarrte. Beine, Arme, Dekolletés der Tänzerinnen waren verdreckt und dunkel. Doch der Teil ihrer Körper, den vorher das Kleid bedeckt hatte, strahlten ihm weiß und sauber entgegen. Er war nicht gerade prüde, und er wußte auch, daß so was im Theater heutzutage durchaus üblich war. Aber überrascht war er doch. Und ehrlich gesagt war es ihm auch peinlich. Eine Frau war schließlich eine Frau. Theater hin oder her. Besonders vermied Paul es, die Frau, hinter der das weiße Kleid lag, direkt anzuschauen.

Nur den Mann auf dem Foto, den hatte Paul nicht gesehen. Einmal hatte er sich zu seiner Nachbarin gebeugt (die demonstrativ zurückwich und sich den Finger unter die Nase legte) und ihr das Bild im *Coolibri* gezeigt.

»Tritt der nicht auf?« hatte er geflüstert. Aber die Alte zischte nur ein lautes »Pssst!«, bei dem sich einige Leute unwillig umdrehten.

Also stellte sich Paul draußen auf Posten und wartete, daß die Tänzer herauskamen. Irgendeinen würde er sich schon schnappen! Inzwischen stand das große Tor weit offen, und durch eine Tür im Hof konnte er eine Traube von Menschen sehen. Mitten darin der eine oder andere Tänzer. Weil niemand etwas dagegen sagte, ging er hinein. Er drückte sich durch die lautstarke Menge.

»Wo finde ich denn den hier, bitte?« Er hielt einem kleinen blonden Mann mit vom Duschen nassen Haaren das Bild hin.

»Wassilij? Ist 'eut nischt 'ier«, antwortete er mit französischem Akzent.

»Nicht hier? Aber er ist doch für dieses Theaterstück fotografiert worden!«

»Ist ein altes Foto. Spielt im Moment nischt mit.«

»So'n Quatsch!«

Ein zweiter naßhaariger Tänzer, nicht viel größer als der Franzose, kam zu ihnen. »Pierre!« Er nahm Pierres Hand, küßte sie und zog ihn daran fort.

»Entschuldigen Sie ...« Pierre wurde durch eine Gruppe von diskutierenden Jugendlichen gezogen.

»Wer kann mir denn sagen, wo ich ihn finde? Es ist wichtig!«

»Katharina. Seine Frau!«

»Und wo finde ich die?«

»Weiß nischt!«

»Übrigens«, rief Paul hinterher, »Sie haben großartig getanzt!«

»Danke!« Die Menge schloß sich hinter ihm.

»Katharina ...« Paul nickte. »Langsam kommen wir der Sache näher ...«

Er stellte sich ein paar Stufen hoch auf die Treppe, um einen besseren Überblick zu bekommen. Von oben sah er die kleine Dunkelhaarige lachen und ging zu ihr. »Sind Sie Katharina?«

Sie sah ihn an. »Hm! Sie riechen fein! Sind Sie Bauer?«

»Landwirt. Sind Sie Katharina?« Langsam wurde Paul wieder wütend. Er war nicht hergekommen, um den ganzen Abend im Kreis herumzuquatschen. Er wollte endlich den Dreckskerl am Kragen packen und hier rausschleifen.

»Du hast einen Fan, Katharina.« Paul schluckte. Die Blonde schaute ihn direkt an. Weil er eine Zeitung mit einem Bild in der Hand hielt, griff sie danach, um ihm ein Autogramm zu geben.

»Haben Sie einen ...« Sie erstarrte, als sie Wassilijs Bild sah und schaute Paul fragend an.

»Wo ist der?« fragte Paul.

Sie gab ihm die Zeitung zurück. »Weiß nicht.«

»Jetzt laufen Sie nicht auch noch weg! Ich will wissen, wo er ist!«

»Heh, was ist denn mit Ihnen los?« Die Kleine stellte sich vor ihn und schaute zu ihm hoch.

»Er ist ein Mörder! Er hat meinen Bullen umgebracht! Er braucht sich gar nicht zu verstecken. Ich prügel ihn windelweich!«

Paul wurde immer lauter. Er mußte endlich Dampf ablassen und merkte nicht, daß Katharina die falsche Adresse war. Außer Isabella wichen alle Leute um Paul zurück. Niemand wollte den Zorn dieses offenbar betrunkenen Kerls auf sich ziehen.

»Und wenn ich mit ihm fertig bin, wird sich die Polizei um ihn kümmern!«

»Besser, Sie gehen jetzt!« Ein paar Männer hatten sich entschlossen, für Frieden zu sorgen.

»Also sagen Sie lieber gleich, wo er steckt!« Als Paul einen Schritt auf Katharina zumachte, packten sie ihn. »Wir möchten hier keinen Ärger haben!«

Plötzlich wurde Paul bewußt, wie er auf die Leute wirken mußte. Er schaute sich verwirrt um: Alle starrten ihn feindselig an.

Die beiden Katzen miauten, als sich die Wohnungstür öffnete. Neugierig schnüffelten sie den fremden Füßen entgegen. Es wurde kein Licht gemacht. Als das Treppenhauslicht erlosch, war es stockdunkel. Behutsam drückte eine behandschuhte Hand die Wohnungstür zu. »Verpiß dich, Scheißviech!« Die Katze bekam einen derben Tritt in die Rippen, daß sie gegen das Schuhregal krachte. Beide Katzen stoben davon und verkrochen sich im Schlafzimmer unter dem Bett. Zitternd drückten sie sich in den hintersten Winkel.

Schwebebahn

»Ich Trottel!« Paul trat kräftig gegen seinen Autoreifen. »Wegen diesem Scheißkerl mach ich mich zum Idioten!« Aber er sah keinen Grund aufzugeben. Kurz hatte er überlegt, ob er die Sache nicht doch der Polizei überlassen sollte, aber das war unmöglich. Er mußte an Felix denken: »Kein Polizist würde sich lächerlich machen und –« Von der Polizei hatte er nicht viel zu erwarten. Auch wenn er selbst eine Strafe riskierte, er mußte dem Kerl eine Lektion erteilen. Also parkte er seinen grünen Lada vor den Theaterausgang und wartete.

Und wartete.

Als ein vorbeifahrendes Auto hupte, schreckte er aus dem Schlaf auf. Verdammt! Schon wieder eingeschlafen! Ein Bauer ist spätabends nicht gut zu gebrauchen. Ein Landwirt! korrigierte er sich selber.

Dann kam Katharina aus dem Tor. Sie ging an ihm vorbei, ohne ihn zu sehen. Doch leider ging sie in die falsche Richtung. Er konnte sie wohl schlecht im Rückwärtsgang verfolgen. Also fuhr er ein Stückchen vor. Er wollte um den Grünstreifen in der Mitte der Straße wenden und ihr auf der anderen Seite hinterherfahren. Aber er mußte bis zum Alten Markt, wo er auch noch Ewigkeiten an einer roten Ampel stand. Als er dann endlich zurückkam, sah er sie auf der linken Straßenseite nicht mehr. Dabei könnte sie doch noch nicht viel weiter sein als bis zum Friedrich-Engels-Haus ... Plötzlich rannte sie direkt vor ihm über die Straße. Er trat hart auf die Bremse. Hinter ihm quietschten die Reifen eines anderen Wagens. Katharinas Haare flogen herum, sie rief etwas, doch dann lief sie weiter, ohne ihn erkannt zu haben. Hinter sich hörte Paul wüstes Schimpfen. Gleichzeitig mit einer einfahrenden Bahn spurtete Katharina die Stufen zur Schwebebahnstation hoch. Als die Bahn auf der anderen Seite aus der Station herauskam, sah Paul sie am Fenster sitzen. Langsam fuhr er der Bahn hinterher.

Schon nach wenigen Metern verschwand die Bahn hinter den Häusern, und Paul fuhr auf der Allee parallel, ohne sie zu sehen. Erst an der Adlerbrücke blieb er stehen und wartete, bis sie aus der Station rollte. Hinter ihm staute sich der Verkehr. Als die linke Spur endlich frei war und die anderen Wagen ihn zu überholen begannen, gab er wieder Gas. Katharina saß noch auf ihrem Platz!

Am Schauspielhaus kreuzte die Bahn die Straße, und er fuhr direkt unter Katharina hindurch. Wieder verlor er sie aus den Augen. Runter vom Gas! Hört schon auf zu hupen! Da ist sie! Es gelang ihm, genau so schnell zu fahren, daß Katharina wieder über ihn hinwegfuhr. So ging es weiter über Döppersberg, Ohligsmühle und Robert-Daum-Platz. Dort verlor er die Bahn wieder aus den Augen, sie fuhr jetzt links hinter den Häusern. Ein entgegenkommender Opel blitzte aggressiv mit der Lichthupe, als er bei ELBA rasant links abbog, um an der kleinen Wupperbrücke zu kontrollieren, ob Katharinas blonde Haare noch im Neonlicht der Bahn leuchteten.

Sie war weg!

Paul trat hart auf die Bremse, knallte den Rückwärtsgang rein und raste aus der schmalen Gasse rückwärts wieder hinaus. Dann zurück zum Robert-Daum-Platz. Hier mußte sie ausgestiegen sein! Er bog rechts ab, sie war nirgendwo zu sehen. Er schaute in die Seitenstraßen. Nichts!

»Verdammt, verdammt, verdammt!« schrie er und wendete wieder. Geradeaus oder rechts oder war sie schon ganz weg oder – plötzlich sah er sie drüben auf der Briller Straße zwischen dem Taxi-Stand und der großen Sandsteinvilla vorbeigehen. Langsam fuhr er hinterher. Sie überquerte vor ihm die Straße – jetzt mußte er sie überholen, weil wieder ein paar Wagen hinter ihm drängelten. Er wollte nicht riskieren, daß sie hupten und Katharina sich umdrehte. Sobald er konnte, fuhr er auf den Bürgersteig und sah Katharina den Sadowerberg hinaufgehen. Er beschloß, seinen Wagen stehenzulassen und ihr zu Fuß weiter zu folgen. Er hielt sich auf der anderen Straßenseite. Bald blieb sie vor einem hübschen alten gelbgestrichenen Haus stehen und kramte in ihrer Tasche nach dem Hausschlüssel. Die Wohnungen waren alle dunkel, aber Paul sah im Hochparterre deutlich einen Mann hinter dem Vorhang, der Katharina beobachtete und wieder verschwand.

»Da ist das Schwein!« Sein Verdacht wurde bestätigt, als kurz darauf in derselben Wohnung Licht anging.

Katzenallergie

Katharina wunderte sich, daß die Katzen sie nicht begrüßen kamen.

»Kätzchen!« Sie hängte ihre Tasche auf.

»Katzen, wo seid ihr? – Was habt ihr denn mit dem Schuhregal angestellt?« Sie schob die herumliegenden Schuhe und ein herausgefallenes Regalbrett mit dem Fuß beiseite und ging zum Bad. Als sie am Wohnzimmer vorbeiging, packte eine Hand sie brutal am Arm und riß sie ins Zimmer. Bevor sie schreien konnte, griff eine andere Hand ihr ins Gesicht, riß ihren Kopf nach hinten und preßte sie an einen Körper. Sie spürte Leder an ihrer Wange. Eine Stimme sagte leise direkt an ihrem Ohr:

»Deine Kätzchen haben mich schon kennengelernt.«

Direkt vor ihrem Gesicht sprang ein Messer schnappend auf. »Es ist ihnen nicht gut bekommen.«

Katharina riß die Augen auf und stöhnte.

»Deinen Katzen ist nicht mehr zu helfen. Aber du hast noch eine kleine Chance. Also hör gut zu.«

Im Lichtschein, der vom Flur hereinfiel, sah Katharina einen zweiten Mann neben dem Fenster stehen. Er trug einen grauen Anzug. Und trotz der Dunkelheit eine Sonnenbrille. Langsam kam er näher. Als er direkt vor ihr stand, nahm er die Brille ab. Er starrte sie mit einem Auge an. Wo das andere Auge sein sollte, war nur eine grauenhafte leere Höhle.

»Es ist ganz einfach: Wenn du leben willst, beantwortest du uns ein paar Fragen.«

Die Stimme neben ihrem Ohr zischte wieder: »Ansonsten machen wir ein kleines Tänzchen!« Ein behandschuhter Finger preßte sich in ihren Mund.

»Wo ist Wassilij?«

Katharina schüttelte den Kopf. »Ich ... weiß nicht ...«

Der Einäugige schlug ihr mit dem Handrücken ins Gesicht.

»Er hat einen Mann getötet. Einen Freund von uns. Das ist kein Spiel hier. Wir meinen es ernst.«

Plötzlich klingelte es an der Haustür.

Die beiden Männer verständigten sich mit einem schnellen Blick.

»Ein Ton, und ich brech dir das Genick!« Katharina wurde schmerzhaft verdreht.

Der Einäugige schaute vorsichtig aus dem Fenster. Wieder klingelte es. Mehrmals hintereinander.

»Der spinnt! Wer ist das?«

Einen Moment lang hörte das Klingeln auf, der Einäugige sah, daß der Mann draußen etwas in die Gegensprechanlage sagte. Dann ging die Tür auf.

Katharina begann am ganzen Körper zu zittern. Sie begriff nicht im geringsten, was los war. Wassilij ein Mörder? Das konnte doch alles nicht wahr sein! Was war mit den Katzen? Wer war da an der Tür? Hoffnung? Nur eines wußte sie bestimmt: Dies könnten die letzten Augenblicke ihres Lebens sein!

Einen Moment später klingelte es wieder Sturm. Lautsark pochte jemand an die Wohnungstür.

»Aufmachen! Ich weiß, daß du da drin bist! Du Mörder! Hörst du? Mach auf, du Mörder!«

Die beiden Männer starrten sich fassungslos an.

»Was zum –«

»Scheiße! Laß den Kerl endlich rein! Der brüllt ja das ganze Haus zusammen!«

Der Einäugige rannte zur Wohnungstür und machte auf. Katharina hörte eine tiefe Stimme.

»Wo ist er?«

Dann der Einäugige: »Kommen Sie rein.«

Einen Moment später erschien der Verrückte vom Theater im Flur. Sie starrte ihn überrascht an. Dann erschien über seinem Kopf das Brett aus dem Schuhregal, sauste herab und zersplitterte krachend auf seinem Kopf. Seine Beine sackten unter dem stämmigen Körper weg, als wären seine Hosen leere Hüllen.

»Verflucht, warum werden die Sachen immer komplizierter, als sie sein müssen?«

»Wer ist der Kerl? Und wieso erledigt er unser Geschäft? Woher weiß er, daß der Russe unseren Mann abgestellt hat?«

»Weck ihn auf und frag ihn.«

Der Einäugige zog aus einem Trenchcoat an der Garderobe einen Gürtel und fesselte Paul die Hände. Dann stieß er mit dem Fuß so lange gegen seine Schulter, bis er aufwachte, und zerrte ihn hoch zum Sitzen. Er zog eine Pistole aus seiner Jacke und drückte sie Paul an die Schläfe.

»Sag jetzt genau drei Sätze: Wer bist du, was hast du mit dem Mord zu tun, und woher weißt du, daß der Russe damit zu tun hat?«

Er spannte den Hahn der Pistole.

»Mein Name ist Paul Goller. Mir gehört der Bulle. Ich habe den Wassilij erkannt, als er den Bullen totgefahren hat!«

»Also schön, ein vierter Satz: Welcher Bulle?«

»Na, mein Zuchtbulle! Ich bin Landwirt! Er hat ihn totgefahren, mit dem Porsche!«

Der Einäugige drehte sich zu seinem Freund um. »Ich werd verrückt! Der Typ ist im falschen Film! Jedenfalls sagt er die Wahrheit: Er riecht nach Kuhstall!« Er wandte sich wieder Paul zu: »Die Vorstellung ist vorbei, Landwirt! Für dich gibt's hier nichts mehr zu hören!« Er schlug ihm die Faust mit der Pistole auf den Schädel. Da Paul gegen die Wand gelehnt saß, sackte nur sein Kopf nach vorne.

»Hör zu, Mädchen, ich hab die Schnauze voll. Du sagst mir jetzt, wo Wassilij ist!«

»Ich weiß es doch nicht! Er ist seit Tagen verschwunden!«

»Brich ihr die Hand.«

Der Mann mit der Lederjacke zerrte sie zur Tür. Er riß sie herum, so daß sie unter dem Rahmen auf dem Boden kniete, und schob ihre Hand über der Türangel durch den Spalt zwischen Tür und Rahmen.

»Nein!« Katharina wurde panisch. »Ich weiß doch nichts!!!« Die Adern auf ihrem Unterarm traten deutlich hervor, als sie versuchte, ihre Hand freizubekommen. Aber der Mann hielt fest.

Der andere griff hinter die Tür.

Paul rührte sich nicht.

Plötzlich klingelte das Telefon.

»Was ist denn hier los?!« fragte der mit der Lederjacke.

Sofort nutzte Katharina den Moment und zog blitzschnell ihre Hand aus dem Spalt. Es klingelte mehrmals, dann schaltete sich der Anrufbeantworter ein.

»Hallo, hier ist der Anschluß von Katharina und Wassilij, wir sind gerade unterwegs, aber wir freuen uns über jede Nachricht und rufen bestimmt zurück!«

»Katharina, bist du zu Hause? Lastotschka! Mein Täubchen!« Alle drei erstarrten: Wassilij!

»Du mußt doch zu Hause sein! Bitte ... Nimm bitte ab ... « Er klang heiser und außer Atem. Der Einäugige packte Katharina, zog sie zum Telefon und drückte ihr die Pistole schmerzhaft in die Rippen.

»Ich hab schon hundert Mal angerufen, ich hab nie was aufs Band gesprochen, aber ich ... «

»Wassilij?« Sie mußte sich räuspern.

»Katharina!« Wassilij schrie fast vor Erleichterung. »Ich bin ja so froh! Ich brauche deine Hilfe!«

»Wassilij, nein ... « Die Pistole bohrte sich tiefer. Es war zum Verzweifeln!

»Du hast ja recht, Katharina. Es tut mir leid, daß ich einfach abgehauen bin. Ich werde dir alles erklären, aber du mußt herkommen. Kannst du dir einen Wagen besorgen?«

Der Pistolenlauf preßte ihr ein »Ja« heraus.

»Komm zur Neye-Talsperre. Kennst du den Weg noch?«

Ein lautes Brummen übertönte für kurze Zeit seine Stimme. Wassilij mußte so laut sprechen, daß er fast brüllte. »Du kennst den Weg doch noch?«

»Ja ... «

»In einer Stunde kannst du hier sein! Da, wo wir früher immer geparkt haben!«

»Ja ... «

Die Pistole drückte auf die Gabel. »Okay. Unser Tänzchen müssen wir auf ein anderes Mal verschieben. Nutz die Zeit und mach dich erst mal frisch.«

Katharina wurde ins Bad gestoßen und eingeschlossen. Dann hörte sie die Wohnungstür ins Schloß fallen. Das Bad hatte kein Fenster, also begann sie, gegen die Tür zu poltern und zu rufen. Nichts passierte.

Sie tastete nach dem Lichtschalter und sah sich im Spiegel. Sie erschrak: wie entsetzlich sie aussah! Blaß, verschwitzt, die Haare klebten in Strähnen über ihrem Gesicht, der Kajalstift an ihrem rechten Auge war verschmiert, und die Äderchen im Auge waren geplatzt.

Was hatte Wassilij getan? Er hatte doch nicht wirklich jemanden umgebracht! Das konnte nicht sein! Aber wer waren diese Männer? Und warum waren sie hinter ihm her? Was auch immer er getan hatte, Wassilij war in Lebensgefahr!

Plötzlich hörte sie ein Miauen vor der Tür. Und ein zweites!

»Kätzchen!« Katharina weinte vor Glück. Die Katzen! Sie hatten sie nicht getötet! Sie warf sich auf den Boden und redete unter dem Türspalt durch.

»Katzen! Warum könnt ihr mich nicht hier rausholen?« Sie hörte ein leises Schnurren ganz nah bei der Tür. Sie war so glücklich!

Dann hörte sie ein lautes Niesen. Und Fluchen und Schimpfen.

»Hallo!« Wieder trommelte sie gegen die Tür. »Ich bin hier drin!«

»Sind die Kerle weg?« tönte es hinter der Tür.

»Ich bin eingesperrt, Sie müssen die Tür aufbrechen!«

»Gut. Gehen Sie aus dem Weg!« Im nächsten Moment zersplitterte die Tür auf der Höhe der Klinke und schwang auf. Paul stolperte hinterher und konnte sich gerade noch am Waschbecken festhalten. Er nieste Katharina dröhnend entgegen.

»Diese blöde Katzenallergie ... – Sie haben ätzende Freunde«, brummte er und betastete vorsichtig seine Beule. »Alles Künstler?«

»Haben Sie ein Auto?«

Nachtfahrt

Fünf Minuten später raste Pauls Lada die Ronsdorfer Straße hoch. Katharina hatte es sich bei aller Eile nicht nehmen lassen, die Katzen einmal zu kraulen und ihnen eine Dose Futter aufzumachen. Es hatte nicht viel Mühe gebraucht, Paul zu überreden, sie zu fahren. »Der Dreckskerl hat mir zweimal auf den Kopf geschlagen! Das laß ich ihm nicht durchgehen!«

»Jedenfalls weiß ich nicht, wie ich Ihnen danken soll, daß Sie mir helfen.«

»Es ist nicht Ihretwegen. Ich kann solche Typen nicht ausstehen.« Natürlich war das nicht die ganze Wahrheit. Als Katharina ihn gebeten hatte, ihr zu helfen, hätte er alles für sie getan. Eine Frau wie sie hatte er noch nie kennengelernt. Nicht nur, weil sie so attraktiv war mit ihrem feinen ovalen Gesicht und den großen Augen, nicht weil sie sich als Tänzerin in einer ganz anderen Welt bewegte, und auch nicht, weil sie sehnigere und dünnere Arme hatte als jede Frau, die er kannte. Aber es lag etwas Wahres und Aufrichtiges in ihrer Art, das er trotz all des Ärgers und des Durcheinanders dieser verrückten Tage deutlich spürte, und das ihn sehr anzog. Außerdem brauchte sie Hilfe. Und obwohl sie erst vor ein paar Stunden in seinem Leben aufgetaucht war, hatte er das starke Bedürfnis, sie nicht im Stich zu lassen.

»Aber es ist vielleicht gefährlich ...« wandte sie ein.

»Nicht so gefährlich, als wenn ich Sie allein fahren lasse!« Paul beugte sich zum Handschuhfach und kramte ein Päckchen Tempos heraus. »Hier. Ihre Schminke am rechten Auge ist völlig verschmiert.«

»Danke ...«

Der Lada hatte Lichtscheid erreicht. Der Wasserturm hob sich gegen den dunklen Himmel ab. Als sie die Blombachtalbrücke überquerten, war es bereits richtig düster. Die Bäume traten in tiefe Schatten zurück. Paul bog rechts ab und überholte einen Lastwagen.

»Was war das mit Ihrem Bullen?« fragte Katharina. »Stimmt das? Wassilij hat ihn totgefahren?«

Paul nickte.

»Wenn Sie wissen, daß es Wassilij war, warum haben Sie ihn nicht einfach angezeigt?«

Paul dachte einen Moment nach. »Wissen Sie, ich bin Landwirt. Ich habe schon viele Kühe sterben sehen. Kühe werden krank, Kühe werden geschlachtet, vor drei Monaten ist mir ein neugeborenes Kalb gestorben. Vielleicht bin ich nicht zum Bauern geboren, es ist jedesmal schwer. Und Hugo ...«

Einen Moment lang herrschte Schweigen.

»... der Bulle hieß Hugo, wissen Sie ...«

Katharina nickte. Sie mußte sich festhalten, als Paul die scharfe Rechtskurve der Autobahnauffahrt mit quietschenden Reifen nahm.

»... Hugo war eimalig. Wenn Sie viel Zeit mit den Tieren verbringen, dann lernen Sie sie kennen. Jedes einzelne. Aber so einen Bullen wie Hugo habe ich noch nicht erlebt. Ich rede nicht davon, daß er kerngesund war und stark wie eine Eiche – er wäre ein erstklassiger Zuchtbulle geworden, und er hätte mir viel eingebracht. Was soll's! Aber, ich schwöre Ihnen, er hatte mehr Persönlichkeit als die meisten von den Spinnern, die in Wuppertal oder sonstwo rumlaufen! Und dann kommt da so einer von denen und rast hirnlos herum, und dann liegt Hugo im Straßengraben und schaut mich mit seinen großen Augen fassungslos an – er hat mir doch immer vertraut – und versteht gar nicht, warum er unter meinen Händen verbluten muß! Und ich weiß gar nicht, warum ich soviel quatsche, ist ja sowieso egal jetzt.« Paul schaute eine Weile intensiv in den linken Außenspiegel.

»Ich glaube schon, daß Sie zum Bauern geboren sind ...« sagte Katharina.

Paul kurbelte das Fenster herunter, um den Spiegel genauer einzustellen. Ein warmer Wind blies herein. »Seit drei Tagen wünsche ich mir nichts sehnlicher, als dem Kerl gegenüberzustehen und ihm alle Zähne aus dem Maul zu schlagen. Und jetzt kann ich nicht mal mehr das!«

»Warum nicht?«

»Na, er ist doch Ihr Mann!«

Katharina mußte lächeln. Wäre es jetzt höflich, ihn zu ermuntern, ihrem Mann die Zähne auszuschlagen? Sie sagte lieber gar nichts dazu.

»Sie haben klasse getanzt vorhin.«

»Wirklich? Vielen Dank! Ich wußte nicht, daß Sie in der Vorstellung waren.«

»War ich. War 'ne kuriose Sache. Aber toll! Was Sie da so mit Ihren Armen gemacht haben und so ... Wirklich schön.«

»Das hat Ihnen gefallen?«

Plötzlich mußte er an den Moment denken, als sie ohne Kleid dagestanden hatte, und schob den Gedanken schnell beiseite. »Das mit der Wand, wenn Sie immer wieder so dagegenrennen – tut das nicht weh?«

»Doch.«

»Geht das nicht ohne?«

»Nein. Ohne Wehtun geht's leider nicht. Auch nicht in den Proben.

»Warum tun Sie das?«

»Was weiß ich ... Vielleicht bin ich zum Tanzen geboren?«

Sie lächelten sich an.

»Tut mir leid, daß ich mich nach der Aufführung so komisch benommen habe!« Paul hielt ihr die Hand hin.

»Tut mir leid, daß Sie mein Schuhregal auf den Kopf bekommen haben!«

Katharina nahm seine Hand und drückte sie.

»Paul«, stellte er sich lächelnd vor.

»Katharina«, antwortete sie.

Neyetalsperre

Die Scheinwerfer des Lada fanden ihren Weg über immer schmalere Landstraßen. Links und rechts war es rabenschwarz. Die Wipperfürther Lichter lagen hinter ihnen. Vor ihnen tauchte eine Baumgruppe mit einem Wegekreuz auf.

»Gut, daß du dabei bist«, sagte Katharina. »Im Dunkeln hätte ich mich hier hoffnungslos verfahren!«

»Ist nicht mehr weit. Da vorne, das Ommer Kreuz. Da geht's schon links ab Richtung Talsperre. – Jetzt wird's spannend.«

Paul nahm die Kurve und fuhr rasend schnell über die enge Straße. Als es bergab ging, nahm er den Fuß vom Gas. Langsam rollte der Wagen weiter hinab in die Senke. Vorbei an der Gartenwirtschaft, vorbei an den letzten Häusern. Unter den Bäumen wurde es schwarz. Katharina schaute aus dem offenen Fenster in die Dunkelheit. Auch Pauls Blick wanderte suchend hin und her.

»Wenn du ihn siehst, rein mit ihm, und dann nichts wie weg hier!«

»Man sieht überhaupt nichts!«

Die geteerte Straße ging in einen Waldweg über, der sich schmal den steilen Hang hinunter schlängelte. Der Lada rollte im Leerlauf. Kies knirschte unter den Reifen.

»Hoffentlich ist ihm nichts passiert ...«

»Mir gefällt das nicht. Diese Typen hatten Pistolen!«

Plötzlich sahen sie für einen Moment zwischen den Bäumen die Staumauer im Licht der Scheinwerfer liegen.

»War da einer?«

»Ich glaub nicht ...«

Sie kamen an der Mauer an, weiter ging es nicht. Ein weißes Gitter versperrte den Weg. Rechts glitzerte der See im schwachen Licht des Sternenhimmels, links sahen sie nichts. Die Mauer fiel steil ab in bodenlose Schwärze. Paul rangierte ein wenig, um mit dem Fernlicht auf die Mauer zu leuchten, aber aufgrund der weitgeschwungenen Biegung konnten sie nur etwa bis zur Hälfte sehen. Paul blinkte zweimal mit den Scheinwerfern und stellte den Motor ab.

Irgendwo in der Ferne flog schnatternd eine Ente auf.

Dann lag absolute Stille über dem See.

»Soll ich mal aussteigen?« flüsterte Katharina.

»Keine gute Idee ...«, flüsterte Paul zurück.

Sie horchten in die Stille.

Plötzlich ein Schuß!

Katharina fuhr auf ihrem Sitz herum wie getroffen. Ihr Herz setzte einen Schlag lang aus. Dann sah sie drüben auf der anderen Seite in der Ferne Autoscheinwerfer aufflammen und näher kommen.

Schreie ertönten, dann weitere Schüsse. Am anderen Ende der Mauer blitzte Mündungsfeuer auf.

»Da rennt er!« schrie Katharina! »Da!«

Auf der Mauer näherte sich ein Schatten und erreichte den Scheinwerferkegel des Lada.

»Das ist Wassilij!«

Ali

Die Petroleumlampe verbreitete warmes Licht in dem kleinen Raum. Ali saß an dem Tisch in der Mitte des Zimmers, vor sich ein aufgeklapptes Jagdgewehr, dessen doppelten Lauf er mit einem ölgetränkten Lappen gründlich abrieb. Er hatte zwar auch elektrisches Licht in seiner Hütte, doch er liebte die behagliche Schummrigkeit der schlanken Flamme und den leichten Ölgeruch, der aus dem Glaszylinder zog. Das erinnerte ihn an seine Kindheit und Jugend in Lindlar.

Eine glückliche Zeit war das gewesen, obwohl er in ärmlichen Verhältnissen als Sohn eines Steinhauers aufgewachsen war. Eine glückliche Zeit, obwohl er schon als Kind hart hatte arbeiten müssen. Eine glückliche Zeit, die zu Ende ging, als der große Krieg ausbrach und erst seinen Vater und dann auch ihn, kaum war er achtzehn Jahre alt geworden, aus der Heimat und dem bisherigen Leben riß. Nichts wurde danach wieder so wie früher. Als er zurückkehrte, waren sein Vater und seine beiden Brüder gefallen, die alte Mutter schwerkrank. Seine Verlobte war längst mit einem anderen Mann verheiratet. Ali war plötzlich allein auf der Welt und nirgends richtig zu Hause. Nur die Petroleumlampe gab ihm Trost, auch jetzt noch, wo er bereits alt und grau war. Der Schein der Lampe machte die alten Zeiten wieder lebendig und gab ihm zumindest eine Ahnung von dem zurück, was der Krieg ihm ein für allemal genommen hatte.

Auf dem Kanonenofen begann ein zerbeulter Wasserkessel zu pfeifen. Ali stand auf, putzte sich die ölverschmierten Hände an seiner dreckigen Arbeitshose ab und schlurfte zum Herd. Er goß das kochende Wasser in eine Blechtasse, die bereits auf dem Tisch stand, und gab einen ordentlichen Schuß Rum hinzu. Dann noch drei Löffel Zucker. Und noch einen Schuß Rum. Bald würden die Nächte wieder kalt werden, da mußte man rechtzeitig vorbeugen.

In seiner Hütte wurde es schneller kalt als in anderen Behausungen. Sie war fast nur aus Holz gebaut. Ein Blockhaus, das man eher in einem kanadischen Wald als auf einer bergischen Wiese vermutet hätte. Seit fast dreißig Jahren wohnte Ali jetzt hier. Hermann Goller hatte ihm damals eine kleine Ecke der nördlichen Kuhweide überlassen und auch dafür gesorgt, daß er die Baugenehmigung durchbekam. Dann hatte Ali sich am Waldrand die gemütliche kleine Hütte gebaut. Hermann Goller hatte dabei sogar ein paarmal mit angepackt. »Damit du mir ja den Hof nicht im Stich läßt«, hatte er sein Geschenk an den Knecht begründet. Ali spielte damals mit dem Gedanken, nach Nordamerika auszuwandern, und Goller wollte auf seine beste Arbeitskraft nicht verzichten. So schuf Ali sich sein eigenes kleines Stück Kanada auf der Goller-Wiese und blieb. Kurz darauf wurde Paul geboren. Oft besuchte der Junge den damals schon grauhaarigen Mann in seiner Hütte und lauschte seinen abenteuerlichen Erzählungen aus einem anderen Teil der Welt.

Mit einem Schlag wurde Ali aus seinen Träumen gerissen und war plötzlich hellwach. Zuerst sah er den Scheinwerferkegel. Das grelle Licht ließ die Petroleumgemütlichkeit verschwinden. Ein helles Abbild des Fensterkreuzes wanderte schnell von links nach rechts durch Alis Zimmer. Von dem alten Sofa über den Kanonenofen und das Waschbecken bis zu der alten Truhe mit der Wasserpfeife, die er aus Algerien mitgebracht hatte. Mit fieberhafter Hast packte Ali das Gewehr zusammen und rollte es in ein großes Öltuch. Als er an der Truhe war, hörte er bereits das Motorengeräusch. Schnell die Pfeife runter, Deckel auf, einen Stapel Wolldecken aus der Truhe geholt. Das Motorengeräusch wurde lauter. Ali bekam den Boden der Truhe zu fassen und klappte ihn nach oben. Darunter gähnte eine schwarze Öffnung. Dorthinein packte er das Gewehr. Er hatte gerade wieder alles an Ort und Stelle gerückt, die Wasserpfeife schnell noch an ihren Platz gesetzt, da erstarb das Motorengeräusch. Autotüren wurden zugeschlagen. Ali sah sich gehetzt um. »Scheiße!« entfuhr es ihm. Er lief in die andere Ecke des Zimmers und begann in einem Stapel dreckiger Wäsche zu kramen.

Es klopfte an die Tür.

»Herr Kemper? Machen Sie bitte auf! Polizei!«

Ali antwortete nicht. Er suchte weiter.

Wieder klopfte es. Eine zweite Stimme.

»Mensch Alois, mach doch auf! Wir wollen dir schließlich nicht die Tür eintreten.«

»Ja, ja, kleinen Moment noch.« Ali fand, was er gesucht hatte. Eine grüne Leinenjacke. Der rechte Ärmel und die rechte Schulter waren mit getrocknetem Blut besudelt. Er stopfte das Bündel in den Ofen. »Ein alter Mann ist schließlich kein D-Zug«, sagte er Richtung Tür.

Dankbar prasselnd nahmen die Flammen die neue Nahrung auf. Ali schloß die eiserne Ofenklappe. Langsam ging er zur Tür und schob den Riegel beiseite. Durch den Türspalt sah er zwei grüne Uniformen.

»Was ist denn los?« Er rieb sich die Augen, als hätten die beiden ihn bei einem Sofaschläfchen gestört. »Warum weckt ihr einen alten Mann mitten in der Nacht?«

Staumauer

Wieder zwei Schüsse.

»Mach das Licht aus, sonst treffen sie ihn!«

Paul schaltete das Licht aus und startete den Wagen. Er wendete mit aufheulendem Motor, doch als er zurücksetzte, krachte er scheppernd gegen die Mauer. Der Motor erstarb.

»Scheiße!«

»Katharina?!« Wassilij kam näher und schrie verzweifelt ihren Namen.

Paul orgelte hektisch an der Zündung herum. »Komm schon, komm schon, komm ... «

Wieder Schüsse. Noch näher!

Wassilij lief weit nach vorne gebeugt. Er hatte den Wagen fast erreicht. Mit einem Satz hechtete er über die Motorhaube.

»Katharina, mach auf!«

Wassilij hockte an der Beifahrertür und zerrte hektisch am Türgriff.

Katharina fummelte an der Tür und suchte den Riegel, Paul drehte am Zündschlüssel. Nichts tat sich.

ZINNG!!

Eine Kugel pfiff unmittelbar an Pauls Kopf vorbei – durch ein Seitenfenster rein, durchs andere wieder raus.

Der Motor sprang an, Paul gab Gas. Katharina versuchte sich irgendwo festzuhalten und bekam einen Hebel der Tür zu fassen. Die Tür auf flog auf, Wassilij lief ein Stück neben dem anfahrenden Lada her und sprang hinein. Er landete quer auf Katharinas Schoß und schlug mit der rechten Hand gegen den Schaltknüppel.

Der Motor heulte im Leerlauf. Der Lada blieb wieder stehen.

»Mein Gott, paß doch auf!« Paul knallte den Gang wieder rein und gab Gas. Die Scheinwerfer flammten auf.

»Der Baum!«

Im letzten Moment riß Paul das Steuer herum.

Plötzlich war ein Schatten an Pauls Fenster. Ganz nah. Für den Bruchteil einer Sekunde sah er eine wutentbrannte Fratze, einen Arm, eine Pistole.

WAMM!!!

Der Außenspiegel zersplitterte. Sie rasten den Weg hoch, hörten hinter sich noch zwei Schüsse, holperten über Gras und walzten am Waldrand eine kleine Fichte platt, doch dann hatten sie die Teerstraße wieder erreicht. Paul bekam den Wagen in den Griff – bekam vor allem sich selber wieder in den Griff – und hielt alle Räder auf der Straße.

»Sie können uns nicht folgen«, stöhnte Wassilij. Er hockte vor Katharina auf dem Boden, den Kopf zwischen ihren Knien. »Ihr Wagen steht auf der anderen Seite des Sees. Damit können sie nicht über die Mauer!«

Katharina streichelte ihm wie einem kleinen Jungen durchs Haar. »Bist du okay?«

»Glaub schon ...«

»Sie können uns nicht folgen?« schrie Paul plötzlich.

»Nein ...«

»Sie können uns nicht folgen?« Er schrie noch lauter.

»Nein, sie ...«

Paul stieß seinen Fuß auf die Bremse, daß alle drei nach vorn geschleudert wurden. Mitten auf der Straße blieb der Lada stehen. Paul sprang heraus, rannte um den Wagen herum, riß die Beifahrertür auf und packte Wassilij. Mit einem Ruck zerrte er ihn heraus und schlug ihm die Faust ins Gesicht. Stöhnend kippte Wassilij auf die Wiese und zerriß sich im Fallen die Hose am Stacheldraht. Katharina schrie entsetzt auf.

»Paul!«

»Der war dafür, daß du deine ... deine Frau beinahe umgebracht hast.« Er atmete schwer. »Über Hugo reden wir später.« Damit drehte er sich um und stieg wieder ins Auto.

Wassilij drückte sich die Hand stöhnend auf den Bauch. »Wer zum Teufel ist das?«

»Du bist verletzt!« rief Katharina. Seine Hand war dunkel verschmiert von Blut.

»Streifschuß oder so ...«

Als Katharina es sich genauer anschauen wollte, winkte er ab. »Erst mal weg hier!«

»Steigt ein. Wir fahren zu meinem Hof!«

Wenig später bremste der Wagen knirschend auf dem Kies vor Pauls Haustür. Während der Fahrt war nicht ein Wort gefallen. Auch als sie jetzt in die Küche gingen, sprach keiner etwas. Wassilij zog sein Hemd aus und betrachtete die Wunde. Es war tatsächlich ein Streifschuß. Paul stellte einen Kessel Wasser auf den Herd und holte ein frisches Handtuch, das er Wassilij zuwarf. Katharina brach als erste das Schweigen: »Wassilij! Was ist passiert? Wie konnte das alles passieren?«

»Katharina, ich ... ich kann dir alles erklären!«

»Deine Freunde behaupten, du bist ein Mörder!« sagte Paul.

Wassilij starrte ihn an. Die Neuigkeit schockierte ihn offenbar. »Das sagen sie? Ich dachte, es ginge nur um –« Er preßte die Lippen zusammen, als Katharina begann, mit dem nassen Handtuch seine Wunde abzutupfen.

»Um Drogen?« fragte sie.

»Ja! Naja, um Kokain ... Ist ja auch egal. Das braucht euch nicht zu interessieren. – Au!«

»Wassilij, ich will die Wahrheit wissen. Die ganze Geschichte, jetzt sofort! Bist du ein Mörder?« Sie hielt ihm drohend das blutige Handtuch unter die Nase. Wassilij schaute zögernd zu Paul, der einen Laib Brot auf den Tisch legte und Wurst und Bier aus dem Kühlschrank holte.

Katharina sah Wassilijs Blick. »Er kann es ruhig hören.« Und dann traute Paul seinen Ohren kaum: »Er ist ein *Freund.* Und er hat dir eben das Leben gerettet!«

Also erzählte Wassilij: »Es ist eigentlich ganz harmlos. Ich habe ein kleines Geschäft gemacht. Ich bin nach Holland gefahren, habe ein Köfferchen abgeholt, habe es abgeliefert und Geld dafür bekommen. Nichts weiter. Kein Problem!«

»Wie oft?« fragte Katharina.

»Nicht oft. Ein paar Mal.«

»Ich verstehe das nicht! Warum tust du so was?«

»Diesmal ist was schiefgelaufen. Als ich ankomme, liegt der Typ auf dem Boden, mit eingeschlagenem Schädel.«

»Welcher Typ?«

»Das tut nichts zur Sache.«

»Der Holländer!« rief Paul, als er drei Bierflaschen öffnete.

Wassilij starrte ihn ungläubig an. »Weiß hier eigentlich jeder über alles Bescheid?«

Paul zuckte die Schultern: »Wir sind auf dem Land.«

Wassilij wandte sich wieder Katharina zu: »Ich schwöre dir, ich hab den Typen nicht erschlagen! Als ich hinkomme, steht die Tür offen, aber das tat sie fast immer. Ich gehe rein, und da liegt er. Er war noch nicht tot. Er lag mit dem Gesicht in seinem Blut und stöhnte ... Ekelhaft ... Ich hab ihn rumgedreht, er starrte mich an, mit einem Blick ... er wußte, daß er sterben muß ... so ein Entsetzen in seinem Blick! Ein Entsetzen ... und dann redet er etwas von Einbrechern oder Dieben oder so und stirbt.«

Katharina und Paul schauten ihn schweigend an. Paul legte das Schinkenbrot beiseite, das er sich zurechtgemacht hatte.

»Es muß kurz vorher passiert sein. Ich habe den Koffer mit dem Koks gegriffen und bin abgehauen. Eine entsetzliche Scheiße das alles, aber in dem Moment als er starb, wußte ich: Das ist meine Chance! Plötzlich war ich nicht mehr der Laufbursche, der ein Trinkgeld bekommt. Plötzlich gehörte alles mir!«

»Wassilij!« rief Katharina entsetzt.

»Katharina, du kannst dir überhaupt nicht vorstellen, was dieser Koffer wert ist! Niemand wird je rauskriegen, daß ich überhaupt da war!«

»Wenn du nicht auf dem Nachhauseweg meinen Bullen totgefahren hättest ... «

»Hör zu, das tut mir leid, wirklich! Wenn diese ganze Scheiße vorbei ist, kaufe ich dir drei neue Bullen!«

Paul wandte sich ab, um darauf keine Antwort geben zu müssen. Er stand auf und holte sich ein Bier aus dem Kühlschrank.

»Aber diese Typen!« sagte Katharina.

»Ja, an die hatte ich nicht gedacht. Ich hab nicht gedacht, daß jemand außer dem Holländer weiß, wer ich bin.«

»Du hast an so vieles nicht gedacht«, sagte Paul und ging raus. Er hatte genug gehört. Den Rest sollten die beiden unter sich ausmachen.

»Wo hast du in den letzten Tagen gesteckt?«
Wassilij zeigte vage in eine Richtung. »Da oben. Eine Wochenendhütte hinter Wipperfürth.«

»Wessen Hütte?«

»Keine Ahnung. Ich hab ein Fenster aufgebrochen.«

»Du bist eingebrochen? Was denn noch alles!«

»Das ist doch wohl egal.«

»Warum bist du denn nicht zurückgekommen, zu mir? Ich habe mir Sorgen gemacht! Unendliche Sorgen! «

»Ich konnte doch nicht ... Ich mußte hier erst noch was Geschäftliches regeln.«

»Geschäfte? Was für Geschäfte?«

»Hör zu, Katharina!« Wassilijs Augen funkelten. »Ich bin in diesen Mist auf eigenen Füßen reingelaufen, und ich werde auf eigenen Füßen auch wieder rauskommen. Ich kann jetzt nicht stehenbleiben, und ein Zurück gibt es sowieso nicht.«

»Wassilij, diese Männer sind gefährlich! Du wärst heute abend beinahe gestorben!«

»Beinahe! Aber das ist mein Risiko!« Er nahm einen Schluck aus seiner Bierflasche.

Katharina schaute ihn ernst an. Sie schüttelte den Kopf und sagte ruhig: »Als du zu Hause angerufen hast heute abend« – sie hob ihre Hand hoch – »steckte meine Hand in der Tür. Einen Moment später, und sie hätten meine Finger gebrochen. Zerquetscht!«

Wassilij schluckte und schwieg.

»Du mußt dich stellen! Das ist unsere einzige Chance! Diese Männer werden uns nicht in Ruhe lassen! Und außerdem rennt da noch irgendwer rum, der diesen Holländer umgebracht hat.«

»Vielleicht waren's sogar die Russen ... « sagte Wassilij nachdenklich.

»Welche Russen?«

»Geschäftsfreunde.«

»Denen willst du das Koks verkaufen, oder?«

Er zuckte die Achseln.

»Welche Russen?«

Plötzlich wurde er hart: »Vergiß es! Das kann ich dir nicht sagen! Ich hab mich da mit einem Geschäftsmann getroffen. Wer das ist und woher ich ihn kenne, tut nichts zur Sache. Ein wichtiger Mann, und ich habe die Erlaubnis bekommen, ein paar Minuten mit ihm zu reden. – Jedenfalls haben die mit der Schießerei nichts zu tun.«

Katharina packte ihn am Arm und stieß aus Versehen seine leere Bierflasche um.

»Wassilij, wach auf! Du bist für die nichts als Fliegendreck! Die legen dich um wie ... wie ... diese Flasche!«

Er riß seinen Arm los.

»Morgen abend, Katharina! Morgen abend ist alles vorbei! Dann sind wir reich! Denk doch mal! Dann gehen wir irgendwohin und haben ausgesorgt!«

»Wohin willst du denn gehen? Wir sind hier zu Hause!«

»Du vielleicht.«

Entsetzt zog sie ihre Hand zurück.

»Es gibt hier keine Zukunft für mich! Ich bin ein Krüppel! Ich kann nicht einmal mehr tanzen!«

»Natürlich kannst du das!«

»Aber ich werde nie wieder die Nummer eins sein. Nie wieder vorne stehen! Das ist doch keine Zukunft! Laß uns neu anfangen, Katharina. Wir können glücklich werden. Aber wir brauchen dieses Geld!«

»Nein, Wassilij. Wir brauchen dieses Geld nicht. Ich will das Geld nicht! Wie könnten wir damit je glücklich werden?«

»Katharina! Gib mir noch ein paar Stunden!«

»Es hat doch keinen Sinn. Laß uns zur Polizei gehen, gleich morgen früh!«

Er starrte sie reglos an.

»Wenn du ihn nicht umgebracht hast, mußt du doch nichts befürchten.«

»Und das Koks?«

»Das ist doch alles nicht so schlimm. Wenn du wirklich ins Gefängnis mußt, fangen wir danach von vorne an. Ohne das Geld! Das ist unsere einzige Chance. Ohne das Geld!«

»Und alles soll umsonst gewesen sein?«

»Versprich mir, daß wir morgen früh zur Polizei gehen!«

Er war dem Verzweifeln nahe:

»Warum tust du mir das an?«

»Versprich es mir!«

»Oh, Katharina ...«

»Wassilij, ich bitte dich.«

Er nickte.

»Gut ... «

»Versprochen?«

»Versprochen.«

Paul saß auf seiner Bank draußen vor dem Haus, auf der Bank, die sein Vater gebaut hatte, und auf der er ihn von seinem Kinderzimmer aus jeden Abend im Dunkeln hatte sitzen sehen, und schaute zum Sternenhimmel hoch, vor dem sich die Silhouette des großen Windrades abhob. Der Mond stand über den dunklen Schatten der Ställe, in denen Pauls Tiere schliefen: im großen Stall die Kühe, weiter links im hinteren Teil der Scheune die Gänse, dahinter das Häuschen der kleinen Schweinefamilie und natürlich der halbblinde Gaul hinten auf der Wiese, den Paul vor dem Abdecker bewahrt hatte und der so gerne inmitten der Schweine stand.

Die Küchentür öffnete sich, und ein breiter Lichtstrahl fiel heraus, in dem Katharinas Schatten stand. »Hier sitzt du! Ich hab dich gesucht!«

»Habt ihr euch ausgesprochen?«

»Hm. Ich glaube schon ... «

»Und? Wandelt ihr in Zukunft als Bonnie und Clyde durch die Lande?«

»Ha ha!« Katharina setzte sich neben ihn. »Wir gehen morgen früh zusammen zur Polizei.«

Paul erwiderte nichts. »Ich habe euch oben ein Bett bezogen. Die Treppe hoch gleich links.« Er schaute sie nicht an.

»Ich möchte dir noch einmal danken.«

»Ich sag doch, ich hab's nicht für dich getan ... «

»Schon klar. Danke trotzdem.« Sie gab ihm einen Kuß auf die Schläfe und stand auf. Noch einmal fiel der breite Lichtstrahl aus der Küche heraus, doch diesmal wurde ihr Schatten kürzer. Nach einer Weile sah Paul das Licht in seinem alten Kinderzimmer ausgehen. Er trank den letzten Schluck Bier aus und ging hinein. Er zog sich hundemüde am Treppengeländer hoch, doch er wußte, daß er noch lange wachliegen würde.

Auch Katharina konnte nicht einschlafen. Der Geruch des fremden Zimmers, all die Eindrücke dieses verrückten Abends, die

Pistolenschüsse, die man auf sie abgefeuert hatte – zu viel auf einmal, um Ruhe zu finden. Was war nur auf einmal los? Sie war als Tänzerin schon um die halbe Welt gereist: von Schottland bis nach Südafrika, von Moskau bis nach New York. Sie hatte in Mexico City getanzt, in Jerusalem und in Tokio, aber ihr Leben schlug gerade heute abend zum ersten Mal einen wirklichen Salto – und das ausgerechnet in Wuppertal, im Neyetal, in Wipperfürth ... Man hatte auf sie geschossen! Anstatt hier zu liegen und sich Gedanken zu machen, könnte sie jetzt tot sein!

Einfach tot!

Irgendwann verschwamm Wassilijs Schnarchen dann doch noch, entfernte sich irgendwohin in eine andere Welt, und Katharina schlief endlich ein.

Kuhstall

»Ja, ich weiß! Es tut mir ja leid!«

Paul drückte mit aller Kraft gegen den warmen Bauch der Kuh, die ihn im Vorbeigehen gegen die Wand drängte.

»Trine! Jetzt hör schon auf, ich hab mich ja entschuldigt!« Daß diese Kuh immer so nachtragend sein mußte! Nur weil er sich gestern nicht richtig um sie gekümmert und sie auch noch mit Heu beworfen hatte. Wo gibt's denn so was, eine Kuh, die am nächsten Tag noch beleidigt ist! Er klatschte ihr ein paarmal kräftig hintendrauf, um sie wieder zu versöhnen.

»Na, Paul! Führst du wieder Selbstgespräche?« Die krächzige Altmännerstimme konnte nur Ali gehören. Meist redete er so heiser und unterbrochen von so üblen Hustenanfällen, daß man Angst hatte, er erlebte das Ende des Satzes nicht mehr.

»Blödmann! Die Kuh ärgert mich.«

»Wer ist der Blödmann? Junge, wann begreifst du endlich, daß eine Kuh eine Kuh ist! Man gibt ihr zu fressen, man melkt sie, man haut ihr den Kopf ab, man ißt sie auf! Sonst nichts!«

»Und genau das ist der Grund, warum du mit dreiundsiebzig Jahren so alleine lebst wie ein alter Elefant!«

»So. Und was ist der Grund, daß du mit neunundzwanzig so alleine lebst wie ein alter Elefant?«

Die Kühe hatten sich alle an ihren Platz im Melkraum gestellt und warteten geduldig. Paul hatte das Gatter hinter der letzten Kuh geschlossen. »Ich weiß nicht, wieso ich dir überhaupt Arbeit gebe!«

»Weil du jemanden brauchst, der etwas davon versteht.«

Ali lachte und stieg hinunter in die Senke zwischen den Kühen, um ihnen die Schläuche an die Euter zu setzen. »Hast du gesehen, Paul, die Konny hinkt ein bißchen.«

»Ja, hab ich gesehen, scheint aber nichts zu sein. Hat sich wohl irgendwo gestoßen.«

»Guten Morgen!« Katharinas Stimme ließ die beiden Männer herumfahren. Ali starrte sie an, dann starrte er Paul an. »Vergiß das mit dem Elefanten«, flüsterte er und machte sich weiter an der Melkapparatur zu schaffen.

Katharina schaute sich um. »Hier wohnen also deine Kühe«, sagte sie.

»Ja.« Paul zeigte auf die Melkmaschine. »Aber sie arbeiten gerade. Deshalb können sie dich nicht persönlich begrüßen.«

»Aber ich könnte sie persönlich begrüßen«, rief Ali. »Guten Morgen!«

»Guten Morgen!« Katharina winkte ihm zu.

Nach einem Moment des Schweigens redeten Katharina und Paul plötzlich gleichzeitig.

»Ist Wassilij hier bei euch gewesen?«

»Er ist weg, oder?«

Paul schüttelte den Kopf, und Katharina nickte.

Er sah, daß Katharina zum Heulen zumute war.

»Sei froh, daß er weg ist!«

»Jetzt fängst du auch noch an! Könnt ihr mir keine anderen Ratschläge geben?«

»Katharina, der Mann ist gefährlich! Er ist ein Verbrecher! Und er hat dich angelogen!«

»Aber er ist kein Mörder! Und er braucht mich. Wir sind verheiratet!«

Bei dem Wort Mörder hatte Ali aufgehorcht. Paul bemerkte es und erklärte ihm in knappen Worten, daß Katharinas Mann Scheiße gebaut habe, und daß da Leute herumliefen, die behaupteten, er habe einen umgebracht.

»Den Holländer?«

»Was weißt *du* darüber?«

»Ich war zufällig da, als sie ihn gefunden haben. Bis vor die Tür hat der Kerl gestunken. Als er noch lebte, war sein Gestank aber noch ekelhafter!«

»Was meinen Sie damit?« fragte Katharina.

»Ist ja jetzt egal.« Er wandte sich ab und schob mit dem Gummistiefel einen angetrockneten Kuhfladen beiseite.

»Es ist nicht egal.«

»Es wird viel zu viel geredet.«

»Wegen der Drogen?«

Ali lachte. »Drogen? Ist mir doch egal, ob solche Typen sich zu Tode spritzen! Wegen der Mädchen!«

»Was für Mädchen?«

»Na, die jungen Mädchen. Silvia und andere. Manche noch keine siebzehn! Ließ sie da nackt rumspringen, das Schwein!«

»Er war Künstler!« sagte Paul.

»Künstler? Ich weiß nicht, wer ein Künstler ist und wer nicht. Aber wenn ein alter Sack jungen Mädchen Hasch gibt und ihre nackten Körper begeifert, dann braucht er sich nicht zu wundern, wenn er eines Tages mit einem Loch im Kopf auf seinem Küchenfußboden liegt und verblutet!«

Als Ali sah, daß die beiden anderen ihn fassungslos anschauten, fügte er noch hinzu: »Ich sage nicht, daß sein Mörder auch noch eine Belohnung verdient, wer immer es ist. Aber Gott findet sein Werkzeug. Immer!«

»Unheimlich, der Alte«, sagte Katharina, als sie mit Paul auf den Hof hinausging. Düstere Wolken waren am Himmel aufgezogen.

»Ali? Ach was, der ist harmlos! Er redet halt gerne. Und er sieht Gespenster. – Obwohl ich immer wieder überrascht bin, wieviel er wirklich sieht! Woher wußte er, daß es auf dem Holländerhof was zum Gucken gibt?«

»Wäre schön, wenn er wüßte, wo Wassilij steckt!«

»Laß uns zur Polizei gehen. Es muß sein!«

»Bist du verrückt? Damit die ihn wegen Mord einsperren? Am Ende wird er sogar deswegen verurteilt. Er war da, er hatte ein Motiv, er ist davongelaufen ... «

»Ich denke, du bist dir so sicher, daß er unschuldig ist?«

»Meinst du, das interessiert jemanden? Wir müssen ihn selbst finden.«

»Bist du immer so stur? Das darf doch nicht wahr sein!« Er lief ein paar Schritte davon und kam wieder zurück. »Ich sag dir was: Ich habe einen Freund, der ist Polizist.« Als er sah, wie sie bei dem Wort »Polizist« sofort dichtmachte, fügte er hinzu: »Nicht irgendein Freund. Mein einziger Freund. Wir sind so was wie Waisenbrüder. Wir gehen hin und erzählen ihm von deinem Problem. Er wird wissen, was wir tun müssen. Laß uns ihn um Rat fragen.«

»Und er wird uns nicht verraten?«

Paul holte tief Atem und schaute sie verzweifelnd an.

»Schon gut. Ist ja schon gut. Laß uns hinfahren zu diesem Propheten unter den Freunden!«

Felix

»Scheiße, verfluchte!«

Schimpfend tauchte Felix den Lappen in die heiße Seifenlauge und wischte noch einmal über den cremefarbenen Stoff. Immer wieder scheuerte er mit dem Lappen über die Wagendecke, direkt hinter der Windschutzscheibe. In reichlich unbequemer Haltung hockte er da. Die Beine in der offenen Wagentür, saß er schief auf dem Beifahrersitz und wischte. Der alte Ford Mustang, den er eigenhändig aus den USA geholt hatte, war sein ein und alles. Ein Prachtstück unter den Cabrios, die in Wipperfürth herumkurvten. Und das hatte gefälligst sauber zu sein. Felix hielt kurz inne und betrachtete sein Werk. Eine dampfende Schaumspur zog sich schräg über das Wagendach. Als er den Schaum wegwischte, sah er sie immer noch: kleine braune tapsige Abdrücke. So ein Mist! Der Dreck hatte sich in den Vertiefungen des Gewebes festgesetzt. Er wollte gerade weitermachen, da fuhr ihm etwas Feuchtes über die Nase.

»Na, laß das, Clouseau! Weg mit dir! Ab!«

Ein riesiger schwarzer Hund stand mit den Vorderpfoten auf dem Fahrersitz und leckte Felix durchs Gesicht. Das Hinterteil guckte aus der offenen Autotür und wedelte mit dem Schwanz. Der Hund machte keine Anstalten wegzugehen.

»Na los, ab mit dir!«

Clouseau trabte davon und hinterließ zwei schwarze Abdrücke auf dem hellen Polster. Felix seufzte, tauchte den Lappen noch einmal ein und begann wieder zu scheuern. Diesmal auf dem Fahrersitz. Na, *die* Flecken gingen wenigstens sofort raus.

»Da steckst du also!«

Felix hob den Kopf.

Paul stand im offenen Garagentor. Clouseau sprang an ihm hoch. Noch jemand, dem man durchs Gesicht lecken konnte, wenn man nur groß genug war! Und Clouseau war groß genug. Felix hatte Paul gar nicht kommen hören. Der Regen war zu laut. Unaufhörlich prasselte er oben auf das Wellblechdach. Paul kam näher und versuchte, sich den Hund einigermaßen vom Leib zu halten. Zwecklos.

»Mußt du eigentlich jede freie Minute an deinem Wagen rumschrubben? Oder ist das ein verfrühter Sonntagsputz?«

Felix ließ den Lappen in den Eimer plumpsen und setzte sich auf.

»Fast erraten. Verspäteter Sonntagsputz. Am Wochenende war ich mit Patrick im Zoo. Ich hätte dem Kleinen keine Kekse kaufen dürfen. Zumindest keine Schokoladenkekse.«

Paul mußte grinsen. Das hatte Felix also davon, daß er seinen Vaterpflichten nachkam. Patrick lebte bei seiner Mutter in Remscheid und war eher selten in Egen. Paul liebte den Jungen. Er hatte die selben feuerroten Haare wie sein Vater. Und wie sein Vater konnte auch Patrick sich unmöglich benehmen, ohne daß man ihm dafür jemals wirklich böse sein konnte.

Paul setzte sich zu Felix ins Auto. Clouseau wollte hinterher, sah dann aber doch ein, daß für ihn da kein Platz mehr war, hockte sich hechelnd hin und legte den Kopf schief. Paul sah die braunen Abdrücke an der Wagendecke.

»Da hat Patrick aber ganze Arbeit geleistet.«

»Kann man wohl sagen. Und dabei hat er mir nur geholfen, das Verdeck wieder festzumachen.«

»Wie geht's Miriam?«

Paul bedauerte es immer noch, daß Felix sich vor knapp drei Jahren von ihr geschieden hatte, kurz nach dem zweiten Geburtstag des Kleinen. Er mochte Miriam.

»Na ja, ich glaube ganz gut. Sie hat einen Neuen. Sieht so aus, als ob sie zusammenziehen wollen.«

»Wundert dich das? Ist ja auch nicht so leicht als alleinerziehende Mutter.«

»Fang nicht wieder davon an, Paul! Wenn wir uns damals nicht getrennt hätten, dann vielleicht ein oder zwei Jahre später. Wir haben einfach nicht zusammengepaßt.«

»Ich hatte immer den Eindruck, daß ihr sehr glücklich wart.«

»Das darf ja wohl nicht wahr sein! Du redest wie meine Mutter!«

Paul sah ein, daß es Zeit war, das Thema zu wechseln. Wenn er die Zeit mit Miriam ansprach, gab es meistens Streit.

»Felix, ich brauche deine Hilfe.«

»Meine Hilfe?«

»Ich war gestern in Wuppertal ... «

»Du warst tatsächlich da! Sag bloß, der Bullenmörder sitzt bei dir im Auto, und ich soll ihn festnehmen!«

»Der Bullenmörder nicht. Aber seine Frau.«

Felix sah ihn ungläubig an. »Du machst Witze!«

»Nein, wirklich. Seine Frau sitzt bei mir im Auto.«

»Hast du halb Wuppertal gefesselt und geknebelt nach Egen gebracht?«

»Blödsinn. Sie ist freiwillig hier. Das ist eine komplizierte Geschichte. Am besten, sie erzählt dir das selbst. Ihr Mann sitzt richtig in der Scheiße. Sie weiß nicht, ob sie zur Polizei gehen soll. Ich habe ihr gesagt, sie soll erst mal mit dir reden, im Vertrauen. Du kannst am besten einschätzen, was zu tun ist. Wir brauchen deine Hilfe, Felix.«

»*Wir*? Wieso *wir*?«

Paul wurde rot. »Na ja, ich kann sie doch nicht einfach im Stich lassen. Sie kennt sich hier ja gar nicht aus und außerdem ... «

»Das muß ja eine verdammt nette Frau sein, wenn du so um sie besorgt bist. Vor zwei Tagen wolltest du ihrem Mann noch ans Leder.«

»Sie kann ja nichts für das, was ihr Mann anstellt.«

Felix stieg aus dem Wagen. Der Regen prasselte immer lauter auf das Wellblech der Garage.

»Na, dann wollen wir uns diese tolle Frau mal ansehen.«

Katharina saß in Pauls Lada und wartete. Der Regen wurde immer stärker. Ob Pauls Freund überhaupt zu Hause war? Paul hatte erst lange an der Haustür gewartet und war dann ums Haus herum gegangen. Das Regenwasser floß in Strömen über die Windschutzscheibe. Trostloses Wetter! Gut, daß Paul da war. Ohne ihn würde sie sich noch viel trostloser fühlen. Ihr Blick fiel auf den zerschossenen Außenspiegel. Was war nur mit Wassilij los? Er hatte sie alle in Lebensgefahr gebracht, sich selbst, sie und dann auch noch Paul. Er hatte sie in Lebensgefahr gebracht und war einfach wieder verschwunden. Was ging bloß in ihm vor? Katharina verstand ihren eigenen Mann nicht mehr. Hatte sie ihn überhaupt jemals verstanden? Oder hatte sie sich das immer nur eingebildet?

Sie sah zwei Männer um die Hausecke laufen, die Jacken über die Köpfe gezogen, eine Jeansjacke, eine Lederjacke. Ein schwarzer Hund sprang neben ihnen her. Unter der Haustür blieben die beiden stehen. Die Lederjacke gab einen feuerroten Haarschopf frei, die Jeansjacke einen flachsblonden. Paul winkte ihr zu. Katharina stieg aus dem Wagen und lief so schnell sie konnte durch den Regen. So schnell, daß sie Mühe hatte, noch rechtzeitig anzuhalten, doch Paul fing sie mit beiden Armen auf. Der Rotschopf grinste sie an in ihrer unfreiwilligen Umarmung.

»Na, dann kommt mal rein in die gute Stube, ihr beiden Hübschen!«

Das also war Felix.

»Und du bist sicher, daß er unschuldig ist?«

Felix ging im Wohnzimmer auf und ab, eine Hand nachdenklich am Kinn. Clouseau folgte ihm auf Schritt und Tritt. So hatte Katharina sich immer Sherlock Holmes vorgestellt. Auch das Zimmer paßte dazu; es strömte eine durch und durch britische Atmosphäre aus. Rotbraunes Holz überall, hohe Regale an den Wänden. Nur rote Haare hatte Holmes in Katharinas Vorstellung bislang nicht gehabt. Und auch keinen schwarzen Hund. Sie saß neben Paul auf einem dunklen Ledersofa. Beide hielten dampfende Kaffeetassen in den Händen und sahen Felix erwartungsvoll an.

»Also, ich fasse noch mal zusammen: Dein Mann sollte am Sonntag Drogen beim Holländer abliefern. Der aber lag mit eingeschlagenem Schädel da, dein Mann ist in Panik mit den Drogen abgehauen ...«

»Dann hat er meinen Bullen totgefahren« sagte Paul. Schließlich sollte Hugos Tod bei dem ganzen Brimborium um Wassilij nicht ganz in Vergessenheit geraten!

»Und jetzt will er das Zeug an die Russen verkaufen. Die Leute des Holländers sind hinter ihm her. Sie wollen die Drogen zurück, und sie wollen den Tod ihres Chefs rächen. Dabei sind sie nicht zimperlich.«

Bei diesen Worten umfaßte Katharina ihr rechtes Handgelenk.

»Dein Mann wollte heute morgen mit dir zur Polizei, aber jetzt ist er wieder verschwunden ...«

»Wassilij ist stur. Er glaubt, daß das die große Chance für ihn ist. Die Chance, auf einen Schlag reich zu werden und anderswo ein neues Leben anzufangen. Ich dachte, ich hätte ihn gestern abend überzeugt. Daß er keine Chance hat. Daß er in immer größere Schwierigkeiten gerät. Aber er hat mit den Russen schon etwas ausgemacht für heute abend. Und er hat Angst vor der Polizei. Angst, daß die ihn für einen Mörder hält.«

»Nun, da draußen laufen offensichtlich ein paar Kerle rum, die ihn für einen Mörder halten. Vor *denen* sollte er Angst haben und nicht vor der Polizei.«

Clouseau wurde es leid, hinter seinem Herrn herzulaufen, der überhaupt nicht stehenblieb und offensichtlich nicht wußte, wo er hinwollte. Er trabte zu Katharina und leckte ihr durchs Gesicht.

»Clouseau, laß das! Laß die Frau in Ruhe! Komm her!«

Der Hund blickte Felix an und setzte sich auf die Hinterpfoten.

»Zwecklos mit diesem Tier. Er hört zwar aufs Wort. Doch auf was für eins, das weiß der Himmel.«

»Wieso heißt er eigentlich Clouseau?«

»Das war Pauls Idee. Er hält ihn für die Reinkarnation von Peter Sellers. Außerdem gibt es keinen zweiten Hund, der so tolpatschig ist.«

Als wolle er das Gesagte unterstreichen, stand Clouseau auf und fegte mit einem einzigen Schwanzwedeln Katharinas Untertasse von dem niedrigen Tisch.

Felix seufzte.

Der Hund schaute ihn schuldbewußt an.

»Ich habe ihr gesagt, sie soll zur Polizei gehen«, erklärte Paul. Er schob Clouseaus sabbernde Schnauze beiseite, der sein Glück jetzt wieder bei ihm versuchte, und sah Felix an. »Bei euch wäre er doch in Sicherheit?«

Clouseau lief zurück zu Felix und polterte dabei gegen den Tisch. Ein Apfel kullerte aus der Obstschale auf den Teppich.

»Du selten dämliches Riesenbaby«, rief Felix und tätschelte den Hundekopf, »bleibt in deiner Nähe eigentlich überhaupt nichts stehen? Ab in die Küche!«

Er gab dem Tier einen Klaps. Und ausnahmsweise trabte der Hund tatsächlich in die richtige Richtung, durch die offene Küchentür. Ein schepperndes Geräusch, dann lugte der schwarze Kopf wieder ins Wohnzimmer. Felix seufzte noch einmal, gab die Erziehungsversuche auf und wandte sich dann wieder zu Paul und Katharina.

»Paul hat recht. Die Polizei ist seine einzige Chance. Die einzige Chance, da halbwegs heil wieder rauszukommen. Am besten, er stellt sich selbst. Wenn er freiwillig gegen die Drogenhändler aussagt, steht er vor Gericht in jedem Fall besser da, als wenn die Kollegen ihn erst nach einer Großfahndung verhaften. Und was den Mord angeht: Wenn er wirklich unschuldig ist, wird sich das schon klären.«

Felix sah Katharina eindringlich an.

»Du mußt ihn finden und ihm das klar machen. Heute noch. Bevor er die Drogen verkauft hat. Wer weiß, ob diese Russen nicht auch für ihn eine Gefahr sind. Eine Kugel ist immer noch das günstigste Zahlungsmittel für einen Koffer Kokain.«

»Aber Wassilij ist doch selbst Russe.«

»Er steht genau zwischen den Fronten. Er hat für den Holländer gearbeitet, und die Russen wollen in dieser Gegend ins Geschäft kommen, das ist bekannt. Anderswo in Deutschland hat's in solchen Fällen schon mehr als einen Toten gegeben.«

Katharina schluckte. Wassilij wußte überhaupt nicht, in welcher Gefahr er steckte!

»Und wie soll ich ihn finden? Ich weiß doch nur, daß er in einem Wochendhaus irgendwo bei Wipperfürth sein könnte! Ich finde in dieser Wildnis hier doch nicht einmal zur nächsten Telefonzelle!«

Sie klang verzweifelt.

»Und wenn wir alle Wochenendhäuser im Umkreis von fünfzig Kilometern abfahren, wir werden ihn finden!« Paul war plötzlich aufgestanden. Er schaute auf die Uhr. »Noch keine elf. Ich sage Ali, daß er sich heute allein um den Hof kümmern soll. Dann haben wir noch den ganzen Tag. Am besten, wir fahren sofort los.«

Er nahm ihre Hand und zog sie hoch, verwundert über seine eigene Entschlossenheit.

»Mach dir keine Sorgen, wir werden ihn finden.« Erst jetzt merkte Paul, wie oft er »wir« gesagt hatte. Wider Erwarten wurde er nicht rot.

Katharina folgte ihm überrascht, als er sie in Richtung Tür zog. »Und die Polizei erfährt wirklich kein Wort von unserem Gespräch?« fragte sie und drehte sich noch einmal zu Felix um. »Das bleibt alles unter uns?«

Paul blieb stehen und sah Felix kopfschüttelnd an.

Beide hoben gleichzeitig die Hände gen Himmel, verdrehten die Augen und seufzten: »Weiber!«

Kanonenofen

Ali stocherte in der kalten Asche des Ofens. Hatte er es sich doch fast gedacht! Gut, daß er die Arbeit im Kuhstall kurz unterbrochen hatte und noch einmal zu seinem Häuschen gegangen war! An seinem Stocheisen hing ein kleines Stückchen grüner Stoff, an den Rändern schwarz verkohlt. Ali nahm den Stoffetzen in die Hand und untersuchte ihn. Die Blutflecken waren unverkennbar. Ausgerechnet von der rechten Seite mußte ein Stück übrig bleiben.

Er ging zum Tisch und schraubte die Petroleumlampe auf. Vorsichtig träufelte er etwas Petroleum auf den Leinenstoff. Dann spießte er ihn mit dem Eisen auf und zündete ein Streichholz an. WUFF machte es, als der Stoff Feuer fing. Ali öffnete die Ofenklappe und warf den brennenden Fetzen hinein. Er beobachtete, wie er langsam von den Flammen aufgefressen wurde. Gut, daß er daran gedacht hatte. Wer weiß, vielleicht kommen die Polizisten ja doch noch einmal wieder. Vielleicht würden sie sogar die Asche im Ofen untersuchen. Jetzt konnten sie ruhig kommen. Er hatte nichts zu verbergen.

Erst als der Stoffetzen endgültig verbrannt war, schloß Ali die eiserne Klappe wieder. So, jetzt schnell zurück in den Kuhstall! Es gab noch genug zu tun. Gerade heute, wo Paul ihn wegen dieser Frau allein zurückgelassen hatte.

»Doch wirklich. Alle Städter fahren wie die Idioten.«

»Du hast sie nicht mehr alle. Wassilij war in Panik.«

Komisch, dachte Paul, immer wenn wir zu zweit sind, müssen wir uns streiten. Gerade bei Felix waren sie noch ein Herz und eine Seele, doch kaum saß er mit Katharina im Auto, ging's wieder los. Paul sah aber auch nicht ein, einfach nachzugeben.

»Auch so hätte er mich erwischt. Ihr kennt euch doch auf Landstraßen nicht aus. Städter ist Städter. Egal ob Wuppertal oder Moskau ... «

»Leningrad. Wassilij kommt aus Leningrad. Das heißt, eigentlich ja aus St. Petersburg. Wenn er jetzt noch da leben würde.«

»Leningrad, St. Petersburg. Städter ist Städter.«

»Du hast Probleme ... «

»Ich bin ein Baulemann«, sagte Paul.

Katharina sah ihn an, als habe er gerade einen Frosch verschluckt.

»So heißen wir Wipperfürther«, erklärte Paul und freute sich über ihren unbezahlbaren Gesichtsausdruck. Dann schaute er wieder auf die Straße.

»Na und?!« Katharina verstand immer noch nicht ganz, worauf er hinauswollte.

»Ich bin ein Wipperfürther, und wir Wipperfürther sind lieber unter uns. Wir haben Probleme mit dem Rest der Welt. Und der Rest der Welt fängt schon sieben Kilometer von hier an. In Hückeswagen.«

»In Hückeswagen?«

»Ja. Wipperfürther und Hückeswagener können sich auf den Tod nicht ausstehen. Ist vielleicht so wie bei Köln und Düsseldorf. Ja, Köln und Düsseldorf, so ist es auch bei Wipperfürth und Hückeswagen. Nur schlimmer. Früher gab's deswegen richtig Mord und Totschlag. Heute werden nur noch Witze darüber gemacht. Aber eigentlich ist es immer noch ernst.«

»Witze?«

»Ja, Witze. Und gar nicht mal schlechte.«

»Erzähl!«

»Was?«

»Erzähl einen Witz. Einen Hückeswagen-Witz.«

»Ist das dein Ernst?« Paul trat auf die Bremse. Vor ihnen tukkerte ein Heuwagen über die Landstraße.

»Das ist mein Ernst. Ich meine, hoffentlich ist es nicht ernst, sondern lustig. Ich will mal wieder lachen. Wenn es nicht lustig ist, gibt's Ärger.«

»Na gut, wenn du meinst.« Paul lehnte sich zurück und dachte einen Moment nach. Dann legte er los: »Also, paß auf: Ein Wipperfürther geht am Wupperufer spazieren. Da sieht er, wie ein Hü ... – nein, Moment, ein ähh ... «

Katharina lachte.

»He, Moment. Noch nicht lachen, das ist doch noch gar nicht komisch«, entrüstete sich Paul.

»Meinst du?« Katharina prustete schon wieder los. Schließlich beruhigte sie sich und sah Paul mit betont ernstem Blick an: »Erzähl weiter.«

»Also weiter.« Paul räusperte sich. Er war sicher, den Witz jetzt zusammenzubekommen. »Der Wipperfürther geht also am Wupperufer spazieren und sieht einen Mann am Wasser hokken ... «

»Einen Hückeswagener!«

»Einen Mann halt. Der Wipperfürther hat keine Ahnung woher. So, Ruhe jetzt, sonst erzähl ich nicht weiter. Mach mir nicht den Witz kaputt.«

Er schaute sie an. Sie kniff die Lippen zusammen und schwieg.

»So. Da sitzt also ein Mann am Wasser und schöpft mit der rechten Hand andauernd Wasser aus der Wupper und trinkt und trinkt. Da geht der Wipperfürther zu ihm hin und sagt: ›Dat Water kannze doch nich suppen, da krisste die Drieterei van!‹«

»Die wat ... Ähhh, die was?«

»Durchfall. Er sagt, das kannst du nicht trinken, davon bekommst du Durchfall.«

»Ah ja.«

»Ja. Der Mann am Wupperufer reagiert nicht und trinkt weiter. Der Wipperfürther sagt noch mal: ›Dat Water kannze nich suppen, da krisste die Drieterei van!‹ Wieder keine Reaktion. Der Mann trinkt weiter, trinkt und trinkt. Der Wipperfürther warnt ihn ein drittes Mal ... «

»Dat Water kannze nich suppen«, soufflierte Katharina, »da krisste die Drieterei van!«

»Perfekt.« Jetzt mußte Paul grinsen. Diese zierliche Frau und Wipperfürther Platt! Hervorragend! Gerade rollte der Lada wieder auf seinen Hof. Es spritzte, als sie durch eine große, schlammige Pfütze fuhren. Paul hielt an und stellte den Motor ab. Dann erzählte er weiter.

»So. Der Wipperfürther hat ihn also zum dritten Mal gewarnt, da reagiert der Mann endlich: ›Entschuldigen Sie bitte, aber belästigen Sie mich nicht dauernd. Ich bin ein feiner Hückeswagener. Ich verstehe ihre plattdeutsche Ausdrucksweise nicht.‹«

Die Sätze des Hückeswageners hatte Paul mehr geflötet als gesprochen und dabei den kleinen Finger der rechten Hand abgespreizt. Das hatte ihn so in Anspruch genommen, daß er gar nicht mitbekommen hatte, wie Katharina in ihrer Handtasche gekramt hatte. Sie hielt ihm eine kleine blaßgrüne Karte unter die Nase.

»Was ... ?« Paul sah ihren Personalausweis irritiert an. »Schönes Foto«, meinte er dann, »das heißt, im Original siehst du besser aus.«

»Nicht das Foto. Lies vor!«

Er nahm ihre Hand mit der eingeschweißten Karte in seine und las laut: »Katharina Maria David, 4.11.70, Hückeswa – Waaas?«

»Ja«, sagte sie, spreizte den rechten kleinen Finger ab – den linken hielt Paul immer noch umfaßt – und begann zu flöten: »Ich bin eine feine Hückeswagenerin.« Dann sprach sie wieder normal: »Zumindest war ich das die ersten zwei Jahre meines Lebens. Dann zogen meine Eltern nach Oberbarmen. Wahrscheinlich auf der Flucht vor Wipperfürthern.«

Paul hielt immer noch ihre Hand und schaute sie an. Sein Mund blieb offen. Nicht ganz so weit wie bei seinem überraschten »Waaas?«, aber fast. Sie schaute zurück. Ihm wurde heiß. Mein Gott, diese Augen! Grün, goldene Sprenkel um die Pupille. Paul konnte seinen Blick nicht abwenden. Katharina wandte ihren Blick auch nicht ab. Verdammt, guck weg, dachte er. Er schaute nicht weg. Sie auch nicht.

»Der Witz ist noch nicht zu Ende«, sagte er leise.

Sie sagte gar nichts. Statt dessen griff ihre Rechte zu seinem Kinn und drückte sanft seinen Mund zu, der immer noch offenstand. Paul spürte ihre Hand, die halb an seinem Hals und halb auf seiner Wange. Ein leichtes ironisches Lächeln umspielte ihre Mundwinkel.

Verdammt, verdammt, das geht nicht, meldete sich sein Verstand plötzlich. Paul Goller, reiß dich zusammen. Da sitzt eine verheiratete Frau, die du unter nicht gerade normal zu nennenden Umständen vor etwa achtzehn Stunden erst kennengelernt hast. Das geht nicht! Pauls Gefühl sagte komischerweise etwas ganz anderes. Irgendwas stimmte nicht mit ihm ...

Du hast dich verliebt, du Vollidiot, meldete sich sein Verstand. *Du weißt, daß das nicht gut geht, noch nie gutgegangen ist. Daß das alles Illusionen sind. Hormone.*

Halt's Maul, sagte die andere Stimme in ihm. Der Verstand zog sich schmollend zurück. Niederlagen war er nicht gewohnt.

Hinschauen, ihr einfach nur in die Augen schauen.

Katharina schloß ihre Augen. Da machte auch Paul die Augen zu.

Die beiden Wagentüren wurden gleichzeitig aufgerissen.

»Ende der Vorstellung«, sagte eine leicht heisere Stimme an der Fahrerseite.

»Genug geparkt«, kam es von der anderen Seite.

Katharina riß die Augen auf und sah über Pauls Schulter. Der graue Anzug! An der Beifahrerseite sah Paul die kleine, kräftige Lederjacke stehen. Er griff zum Zündschlüssel, der noch im Schloß steckte, da spürte er im gleichen Augenblick etwas Kaltes an seiner linken Schläfe.

»Tss tsss tss«, schnalzte es von links. »Wir sind doch gerade erst angekommen, wir wollen doch nicht schon wieder fahren.«

»Endstation. Alles aussteigen.« Der Kräftige zog Katharina brutal an den Haaren aus dem Wagen. Sie schrie auf und fiel in den Schlamm. Der Hof war vom Regen aufgeweicht. Paul kochte innerlich vor Wut, doch er blieb ganz ruhig und bewegte die Hand langsam vom Zündschlüssel weg.

»Na los!« Die Pistole machte einen unmißverständlichen Wink.

Paul stieg mit erhobenen Händen umständlich aus seinem Lada. Als er draußen war, schlug der Einäugige die Wagentür zu und kratzte mit dem Lauf seiner Pistole über den Lack. Genau dort, wo die rot-gelbe Aufschrift »Gollers Hoflädchen – Alles frisch« stand.

»Die richtige Werbung ist heutzutage das A und O.«

Langsam schabte er das *r* von *Gollers* weg.

»Nur die Wegbeschreibung fehlt.« Nun machte sich der Pistolenlauf an dem großen *G* zu schaffen. »Wir Kunden müssen uns erst mühsam durchfragen. Kein guter Service. Der ist noch verbesserungsbedürftig.«

Er hörte auf zu kratzen und nahm die Pistole von der Wagentür. Das *G* und das *r* waren verschwunden.

»Olles Hofladchen. – Jetzt stimmt wenigstens der Name.«

Der Schlag mit der Pistole kam so schnell und ansatzlos, daß Paul überhaupt nicht reagierte. Das kalte Metall traf ihn mitten auf der Stirn.

Ihm wurde schwarz vor Augen. Dann fiel auch er in den Schlamm.

Wacholderbusch

Als die schwarze Limousine vorfuhr, war Ali gerade dabei, aus dem Kuhstall auf den Hof zu gehen.

Als er den Wagen bemerkte, hatte er unwillkürlich einen Schritt zurück gemacht und war im Dunkel des Stalles geblieben.

Als er dann noch sah, wer aus dem Wagen ausstieg, hatte er sich schleunigst aus dem Staub gemacht. Gut, daß der Kuhstall auch einen Ausgang zum Wald hin hatte.

Nicht, daß Ali ein Feigling wäre. Doch er wußte, vor welchen Leuten man besser Respekt hatte. Wem man besser aus dem Weg ging. Der graue Anzug und die Lederjacke gehörten eindeutig zu dieser Kategorie. Die würden nicht lange fackeln. Schon gar nicht bei so einem alten Knacker wie ihm. Diese Menschenkenntnis hatte Ali in Algerien erworben. 1957.

1957. An diese Zeit mußte er denken, als er sich jetzt in die regennassen Büsche schlug. Ungesehen durchs Gelände robben, das konnte er. Darin hatte er Übung. Mehr als genug.

1957. Das war fast schon ein anderes Leben. Fremdenlegion. Dort war er eingetreten, als er, der Kriegsheimkehrer aus französischer Gefangenschaft, sich im Nachkriegsdeutschland nicht mehr zurechtfand. Gerade als das Wirtschaftswunder sich Bahn brach, hatte er Deutschland wieder verlassen. Mal wieder zum falschen Zeitpunkt das falsche gemacht, wie so oft in seinem Leben. Nun war er in der Legion. Und mit der Legion kam er nach Algerien.

Viele Grausamkeiten hatte er damals erlebt. Im Krieg und unter seinen Kameraden. Kameraden – das Wort erschien ihm eher unpassend. Verbrecher waren dabei und arme Tröpfe, die tatsächlich aus Liebeskummer in die Legion eingetreten waren. Und Leute wie er, Ali. Soldaten, die nichts anderes gelernt hatten als Krieg. Es war immer dasselbe: Die Verbrecher quälten die Tröpfe, wenn es nicht genügend zu kämpfen gab, wenn man sich zu lange in der Kaserne auf der Pelle hing. Quälten die Tröpfe, bis die meisten nur noch einen Ausweg sahen: bei der nächsten Schlacht blindlings ins feindliche Feuer zu laufen. Nicht zuletzt deswegen war die Legion so erfolgreich. Denn hinter den Selbstmordkandidaten, die den Feind beschäftigten, da kamen die kühlen Köpfe, die den Freitod der Kameraden nutzten. Zum Ruhme der Legion. Und zum eigenen Vorteil. Am Leben zu bleiben, war das einzige was zählte, für Soldaten wie Verbrecher. Manchmal gingen die Soldaten dazwischen, wenn die Verbrecher wieder einen quälten. Manchmal aber auch nicht. Wenn es Leute waren, mit denen man sich besser nicht anlegte. Diesen Menschenschlag konnte Ali bald sehr gut erkennen. Der erste Blick genügte ihm. Und er lag immer richtig.

Damals brauchte er diesen Instinkt, denn er verstand sich gut mit den meisten Arabern. Zu gut. Das wurde in der Legion immer mehr zum Problem. Den Spitznamen »Ali« hatte er damals verpaßt bekommen, und er war von den Kameraden damals überhaupt nicht liebevoll gemeint. »Ali l'ami de l'Arabes«. Daß er diese Zeit überlebte, verdankte er allein der Fähigkeit, genau zu wissen, was richtig war: Angriff, Verteidigung oder Flucht. Die Flucht im richtigen Moment brachte ihn schließlich auch zurück nach Deutschland, wo er bei Hermann Goller unterkam, der ihn freundlich aufnahm, und bei dem er als Knecht arbeiten konnte, obwohl das damals eigentlich schon nicht mehr üblich war. So hatte Alois Kemper auf seine alten Tage doch noch so etwas wie eine Familie gefunden.

Als er sich nun in einem dichten Wacholderbusch versteckte, auf der Flucht vor zwei Männern, die unerwartet auf dem Goller-Hof vorgefahren waren, merkte Ali, daß er die Lektionen der Vergangenheit nicht verlernt hatte. Flucht war das einzig richtige gewesen. Er saß in einer höhlenartigen Einbuchtung des Busches, so daß ihn die Stacheln nicht störten, und konnte von dort aus den gesamten Hof gut überblicken. Rechts das Wohnhaus, dann ein Stück freie Fläche, und dann ganz links das Windrad und das Stallgebäude, aus dem er geflohen war. Zum Glück sofort geflohen war, denn der Kleinere der beiden Männer ging direkt zum Stall, während der andere zum Wohnhaus lief. Nach kurzer Zeit kehrten beide zurück zum Wagen und stiegen wieder ein. Ali atmete erleichtert auf. Doch was war das? Die schwarze Limousine wendete nicht, sondern fuhr genau auf das Wohnhaus zu – nein! – am Wohnhaus vorbei. Die Männer parkten ihren Wagen hinter dem Haus. Dann gingen sie zielstrebig auf die Haustür zu und waren nach wenigen Sekunden im Haus verschwunden, obwohl Ali sich sicher war, die Tür abgeschlossen zu haben. Das waren Profis. Eindeutig. Und sie waren wegen der Frau gekommen, die Paul gestern nacht mitgebracht hatte, die Frau, die heute morgen plötzlich im Kuhstall stand.

Paul! Er mußte ihn warnen! Zwei Stunden war es bestimmt schon her, seit Paul mit der Frau weggefahren war. Sie mußten jeden Moment zurückkommen und würden genau in die Falle laufen! Das Waldstück, in dem er sich versteckt hielt, lag genau zwischen dem Goller-Hof und der Straße. Er könnte unbemerkt zur Straße laufen und auf Paul warten. Paul mußte dort vorbei, einen anderen Weg gab es nicht.

Na los, du alter Sack, feuerte sich Ali an, als er rückwärts wieder aus seinem dornigen Versteck kroch, na los, du hast nicht ewig Zeit. Er hatte sich gerade aus dem Busch herausgearbeitet, da hörte er ein allzu bekanntes Motorengeräusch.

Der Lada!

Verdammt!

Ali wagte es nicht, sich zu bewegen. Gebannt starrte er auf den grünen Wagen. Niemand stieg aus. Sollte Paul Lunte gerochen haben? Na los, fahr! Fahr doch endlich! Doch der Lada rührte sich nicht von der Stelle. Statt dessen öffnete sich langsam die Haustür. Zuerst kam der Große nach draußen, dann folgte die Lederjacke. Beide hatten dunkle Gegenstände in der Hand. Ali erkannte es sofort: Pistolen. Jetzt hatten die Männer die Hausecke erreicht. Gleich würde Paul sie sehen können! Aufs Gas treten und ducken, so könnte er ihnen entkommen. Der Große im grauen Anzug lugte schon um die Ecke. Dann winkte er die Lederjacke zu sich. Beinahe gemütlich schlenderten sie zu dem Auto. Mein Gott, war Paul eingeschlafen? Ali verstand nichts mehr. Er rührte sich immer noch nicht. Erst als er sah, wie Paul ausstieg und der Lange ihn mit seiner Pistole niederschlug, kam er in Bewegung.

Er zog es vor, wieder in seinem Versteck zu verschwinden.

Schmerzen

Der Einäugige hatte seine Sonnenbrille wieder abgenommen.

»So, die Spielregeln kennst du ja schon.«

Er spielte mit der schweren Eichentür in Pauls Wohnzimmer, schob sie ein wenig vor und wieder zurück. Vor und zurück. Katharina starrte auf die Türkante. Vor und zurück.

»Oder soll ich sie dir noch einmal erklären? Wir haben das Spiel ja noch gar nicht richtig spielen können. Da vergißt man leicht wieder. So ganz ohne Praxiserfahrung.«

Er knallte die Tür zu. Mit einem lauten Krachen fiel sie ins Schloß. Katharina zuckte zusammen. Aus der hinteren Ecke des Zimmers kam ein Grummeln. Dort saß Paul, mit blauer Wäscheleine auf seinen eigenen Schaukelstuhl gefesselt. Der Kräftige hatte den Fuß auf der rechten Kufe und wippte den Stuhl hin und her, als wolle er Paul in den Schlaf wiegen. Das war nicht nötig. Paul war immer noch nicht bei Bewußtsein. Dünne Blutfäden liefen von der Stirn über das ganze Gesicht, fanden am Mund zusammen und sammelten sich am Kinn zu immer wieder neuen roten Tropfen, die langsam auf sein Hemd fielen.

Der Einäugige machte die Tür wieder auf.

»Also, die Spielregeln. Es ist ganz einfach. Du fängst an. Sagst du uns, wo der Russe ist und wo er das Zeug versteckt hat, ist das Spiel schon aus. Sagst du's nicht, bin ich an der Reihe. Ich breche dir die rechte Hand. Du sagst mir dann, wo der Russe ist – und das Spiel ist zu Ende. Wenn nicht, breche ich dir die linke Hand, den rechten Fuß ... Und so weiter, und so weiter. Das Spiel kann sehr kurz sein, es kann auch sehr lange dauern.«

»Aber ich weiß doch selbst nicht, wo Wass ... «

Der Einäugige schlug ihr mit dem Handrücken so fest ins Gesicht, daß ihre Lippe zu bluten begann und sie zu Boden ging.

»Ach, ich vergaß. Noch eine kleine Regel: Du hältst dein Maul. Es sei denn, du wirst etwas gefragt. Das einzige, was jetzt noch aus deinem süßen kleinen Mund kommt, sind entweder Schmerzensschreie oder Antworten. Richtige Antworten. – Noch irgendwelche Fragen?«

Katharina biß die Zähne zusammen. *Nein, du heulst jetzt nicht! Den Gefallen tust du diesen Schweinen nicht!*

»Keine Fragen? Na, dann können wir ja beginnen.«

Der Kräftige mit der Lederjacke ließ den Schaukelstuhl auswippen und zerrte Katharina zur Tür. Er drückte ihre Finger genau in den engen Spalt zwischen Tür und Rahmen. Der Einäugige setzte die Sonnenbrille auf und begann, wieder ganz leicht mit der Tür zu schwingen.

»Du kennst unsere Frage. Wie lautet deine Antwort?«

Katharina schloß die Augen und biß die Zähne zusammen. Sie sagte nichts.

Der Schmerz war unerträglich. So unerträglich, daß der Kopf zu zerspringen schien. Solche Kopfschmerzen hatte Paul noch nie gehabt. Er versuchte, die Augen zu öffnen. Die klebten. Nur langsam bekam er die Lider auf. Endlich sah er was. Diese Kopfschmerzen! Er wußte zunächst nicht, was los war. Wo war er? Da auf dem Boden lag Katharina in seiner Wohnzimmertür. Und da, diese Typen, das waren doch ... Was machten die da?

»Laßt die Frau in Ruhe! Ihr Feiglinge! Laßt sie sofort in Ruhe, laßt die Finger von ihr!! Laßt sie los, hört ihr!! Ich schlage euch die Zähne ein, ihr stinkenden Schweine!!! Ihr perversen Mistkerle, ich stülpe euch die Nasen auf links!!!!«

Mit jedem Satz war Paul lauter geworden. Einer seiner berühmten Wutausbrüche. Die waren selten, aber intensiv. Er zerrte so stark an seinen Fesseln, daß der Stuhl wie wild schaukelte. Plötzlich hatte er die rechte Armlehne abgerissen, an die sein Unterarm gebunden war.

Der Einäugige und der Kräftige schauten ihn entgeistert an. So etwas hatten auch sie noch nicht erlebt. Der Einäugige schüttelte den Kopf.

»Stell doch bitte mal den Landfunk ab. Das Programm nervt.«

»Besser, ich zieh ihm direkt den Stecker raus.«

»Wie du willst. Aber mach keine Sauerei.«

»Nee, bestimmt nicht.« Der Kräftige zog einen dünnen Draht aus der Lederjacke, der zwischen zwei Holzstäbchen befestigt war. »Gleich ist's wieder ruhig.« Er stellte sich hinter Paul, der immer noch schrie und tobte und mit dem Stuhl wackelte. Dann spannte er den Draht zwischen seinen Händen ganz straff.

»Neeiiin!!!« Jetzt war es Katharina, die schrie.

»Nicht Paul! Nicht ihn! Er hat doch mit der ganzen Sache am allerwenigsten zu tun!«

Sie war aufgesprungen und schlug mit ihren schmalen Fäusten verzweifelt auf den Einäugigen ein. Der umklammerte ihre Handgelenke mit eisernem Griff und blieb ungerührt.

»He, Moment mal«, sagte er zu der Lederjacke. »Warte mal 'nen Augenblick.« Katharina zappelte in seinem Griff. »Warte mal. Mir kommt da gerade die Idee für ein ganz neues Spiel. Da darf dann auch der Güllebrauer mitmischen.«

Paul und Katharina waren still geworden und lauschten gebannt seiner heiseren Stimme.

»Du magst ihn, den Gummistiefel-Casanova, was?«

Katharina sagte nichts.

»Würdest du ihn auch noch mit zerschmetterten Kniescheiben mögen? Mit abgeschnittener Zunge? Oder ...« Er nahm die Sonnenbrille wieder ab. »... als Einäugigen?«

Katharina drehte ihren Kopf zur Seite, als er mit seiner leeren Augenhöhle ganz dicht an sie herankam. So ein Mist! Jetzt liefen doch noch Tränen über ihre Wangen. Reiß dich doch zusammen, du blöde Heulsuse, reiß dich zusammen!

»Siehst du, sie mag ihn«, sagte der Einäugige zu der Lederjacke. Triumphierend, als habe er gerade einen mathematischen Beweis erfolgreich zu Ende geführt.

»Hör zu«, sagte er, wieder zu Katharina gewandt, »vielleicht weißt du ja tatsächlich nicht, wo sich dieses feige Russenaas versteckt hält. Obwohl ich dir Flittchen so wenig glaube wie einem tibetanischen Teppichhändler. Aber ich bin sicher, du wirst ihn finden. Wenn wir dir vierundzwanzig Stunden Zeit lassen, wirst du ihn bestimmt finden. Und dann wirst *du* uns den Koffer bringen. Was sollen wir uns unnötige Arbeit machen.«

»Ja, unnötige Arbeit«, echote der Kräftige, der wohl auch mal wieder etwas sagen wollte. Sein Blick machte offensichtlich, daß er im Moment nicht ganz folgen konnte. Er stand immer noch mit dem Draht zwischen seinen Händen hinter Paul. Der böse Blick, den der Einäugige ihm zuwarf, wirkte um so eindrucksvoller, da er nur aus einem Auge abgeschossen wurde. Von der Lederjacke schwenkte das Auge wieder auf Katharina.

»Vierundzwanzig Stunden müßten dir reichen, Schätzchen. Dann lieferst du uns den Koffer. Deinen Bauern nehmen wir so lange in Pflege. Wir werden jedes Gramm Koks abwiegen, das du uns bringst. Und wenn nur ein Gramm fehlt, schlagen wir dem Bäuerlein nicht nur die Kniescheiben zu Brei. Wir schneiden ihm auch nicht nur die Zunge ab. Wenn wir einmal angefangen haben, können wir so schnell nicht aufhören. Er wird es jedenfalls nicht überleben. Und wenn wir mit ihm fertig sind, dann werden wir dich auch noch finden und deinen feinen Russen. Aber was rede ich ... « Er machte eine kunstvolle Pause. »Das wird doch alles gar nicht nötig sein. Du wirst uns den Koffer selbstverständlich bringen, nicht wahr?«

Katharina zögerte. Dann kam ein dünnes »Ja« über ihre Lippen.

»Ich verstehe dich nicht. Du mußt schon etwas deutlicher reden!«

»Ja!« Katharina schrie es hinaus. »Ich werde euch die Drogen bringen. Ich werde sie herbringen. Aber tut Paul nichts! Laßt ihn am Leben.«

»Das liegt ganz in deiner Hand.«

Jetzt kam Paul in seinem Schaukelstuhl wieder in Bewegung. Er zerrte an seinen Fesseln und spuckte aus.

»So was Niederträchtiges wie ihr Brüder ist mir mein Lebtag noch nicht untergekommen!«

Der Kräftige verpaßte ihm eine kräftige Ohrfeige.

»*Du* hältst den Mund!«

»Nummer vier«, knurrte Paul leise durch die geschlossenen Zähne.

Sorgen

Es dauerte lange, bis die Kerle wieder aus dem Haus kamen. Stunden, wie Ali fand. Scheißkerle. Der Regen hatte wieder eingesetzt.

Völlig durchnäßt und klamm saß Ali in seinem Wacholderbusch. Er hatte es nicht gewagt, sein Versteck zu verlassen. Sein untrüglicher Instinkt sagte ihm, daß es besser wäre auszuharren. Schließlich erschienen die Fremden wieder in der Haustür. Sie trugen einen zusammengerollten Teppich zu ihrem Auto. Erst als sie die schwere Rolle in ihrem Kofferraum verstauten, erkannte Ali Pauls Stiefel, die an einem Ende herauslugten.

Was hatten sie mit Paul gemacht! Wo brachten sie ihn hin?

Die Männer stiegen in den schwarzen Wagen, der langsam davonrollte, als hätte er es gar nicht mal so eilig, zu verschwinden.

Aber Ali hatte es eilig. Flink wie eine Ringelnatter kroch er rückwärts aus dem Busch.

Was war mit Paul? Wo war die Frau? Ob sie ...

Er dachte nicht weiter darüber nach, sondern lief los. Lief, wie er seit Jahren nicht mehr gelaufen war. Lief durchs Unterholz und duckte sich vor den herabhängenden wasserschweren Ästen. Lief über den vom Regen aufgeweichten Hof. Schließlich hatte er die Haustür erreicht. Sie stand einen kleinen Spalt auf.

Alis Bewegungen wurden schlagartig wieder langsam. Was war mit der Frau?

Vorsichtig öffnete er die Tür. Es war dämmrig in der Diele, doch er machte kein Licht. Rechts ging es in die Küche, vor ihm war die alte Holztreppe und links die Tür zum Wohnzimmer. Nur angelehnt. Ali zögerte einen Moment, dann ging er nach links. Er gab sich einen Ruck und machte die Tür ganz auf. Er war auf alles gefaßt. Nur nicht auf das, was dann passierte. Ein Schatten von rechts, eine blitzschnelle Bewegung. Seine wachen Sinne, geschult im jahrelangen militärischen Drill, erfaßten die Situation sofort. Der Reflex diktierte seine Bewegungen ganz automatisch. Weg! Weg mit dem Kopf!

Ali war nicht mehr so schnell wie früher. Etwas Hartes traf seine rechte Schulter. Er ging zu Boden.

»Oh Gott! Ich dachte ... Ich wußte nicht, daß Sie ... Ich meine, ich habe nicht gesehen, daß *Sie* das sind.«

Vor ihm stand die Frau von heute morgen. Ihr Kleid war schlammverschmiert. In der Hand hielt sie die kleine schwarze Schaufel, mit der Paul immer die Asche aus dem Kamin holte.

»Mädchen, du willst einen alten Mann doch wohl nicht erschlagen wie eine Ratte?« Ali hielt sich die schmerzende Schulter.

»Es tut mir leid. Es ist nur ... Ich dachte, die Männer wären wiedergekommen.«

»Die beiden Galgengesichter, die Dreckskerle.«

»Sie haben sie gesehen?«

»Ich habe sie wegfahren sehen. Mit ...« Er unterbrach sich. »Was ist mit Paul? Was haben sie mit ihm gemacht? Ist er ... Lebt er noch?«

»Sie haben ihn mitgenommen. Sie haben ihn geschlagen und ihn dann mitgenommen. Aber er lebt. Sie tun ihm nichts. Wenn ich ...« Sie stockte. Plötzlich wurde ihr Körper durchgerüttelt. Von einem Schluchzen, das gar nicht mehr aufhören wollte. Ali stand auf und nahm sie in den Arm.

»Ist ja gut«, sagte er immer wieder, »ist ja gut.« Ali war ein wenig ratlos. »Ist ja gut«, sagte er auch immer, um Pauls Kühe zu beruhigen, wenn der Tierarzt kam. Doch seine Litanei hatte Erfolg. Die Frau hörte auf zu heulen.

»Ist ja gut«, sagte Ali ein letztes Mal. »Wir sollten uns erst mal setzen. Dann erzählst du mir in Ruhe, was passiert ist.«

Sie folgte ihm in die Küche und setzte sich an den Tisch. Ali griff in den Holzschrank über dem Herd. Er holte zwei dickwandige Gläser und eine Flasche hervor, stellte alles auf den Tisch und setzte sich zu ihr. Der Wind peitschte die Regentropfen gegen das Fenster, als Ali die beiden Gläser füllte.

»Trink erst mal.«

Sie zögerte und schaute zweifelnd auf die klare Flüssigkeit in ihrem Glas.

»Probier mal. Das tut gut. Hab ich selbst gemacht. Aus Hagebutten.« Ali hob sein Glas. »Alois«, sage er. »Ich heiße Alois. Also Prost, Mädchen!« Er kippte den ganzen Inhalt in sich hinein.

»Katharina«, sagte Katharina und trank. Für einen Moment wurden ihre Augen riesig groß, dann aber entspannte sich ihr verweintes Gesicht.

»Puuuuhh«, sagte sie.

»Ich sag ja, das tut gut.«

»Hagebutten kenn ich sonst nur als Tee.« Sie lachte.

»Na siehst du, es geht dir schon wieder besser.«

Ali fand, es sei an der Zeit, endlich zu erfahren, was los war.

»Was wollen diese Männer von Paul? Wohin haben sie ihn gebracht?«

»Ich weiß nicht, wo sie mit ihm hin sind. Paul hat mit der ganzen Sache doch eigentlich gar nichts zu tun. Er wollte mir nur helfen.«

Katharina hielt Ali ihr leeres Glas hin.

»Kann ich noch einen haben?«

Ali machte beide Gläser noch einmal voll.

»Die beiden Männer wollen etwas von *mir*. Das heißt, eigentlich von meinem Mann.«

Ali sah sie fragend an. Katharina trank einen Schluck und erzählte ihm das Wichtigste so knapp wie möglich. Sie versuchte, Wassilij bei der Geschichte nicht ganz so schlecht aussehen zu lassen, und merkte, daß das gar nicht so einfach war. Aber alles mußte dieser alte Mann ja nicht wissen, zum Beispiel, daß Kokain in dem Koffer war. Daß diese Männer Wassilij für einen Mörder hielten, hatte er ja ohnehin schon erfahren. Doch jetzt mußte er vor allem eines wissen: daß Paul in Gefahr war und nur sie ihm helfen konnte. Daß sie ihm nur helfen konnte, wenn sie Wassilij fand.

»Und du weißt wirklich nicht, wo dein Mann steckt?«

»Nein, er ist doch einfach so wieder verschwunden heute morgen. Ich weiß nur, daß er irgendwo hier in der Gegend sein muß. In einem Wochenendhaus.«

»In einem Wochenendhaus? Davon haben wir hier mehr als eins.« Ali überlegte. »Sonst hat er dir nichts gesagt?«

Bevor Katharina antworten konnte, meldete sich ihr Magen. Er knurrte. Kein Wunder, seit gestern mittag hatte sie nichts mehr gegessen.

»Ich habe Hunger«, sagte sie.

Ali stand auf. »Ich mach uns was zu essen.« Er stellte eine große Pfanne auf den Herd und holte einen ganzen Korb Eier nebenan aus dem Hofladen. »Denk so lang mal nach. Vielleicht fällt dir doch noch irgendwas ein.«

Katharina sah ihm zu, wie er unglaubliche Mengen Speck in die Pfanne gab und dann noch eine Zwiebel hineinschnitt. Als es leise zu zischen begann, griff der alte Mann in den Korb und schlug ein Ei nach dem anderen auf. Und noch eines und noch eines. Es sah nicht so aus, als wolle er jemals damit aufhören.

»Wird das ein Mittagessen oder eine Cholesterinvergiftung?«

»Eine was?« Ali sah sie entgeistert an.

»Ach, schon gut. Nur so 'ne Redensart.«

Es dauerte keine Viertelstunde, und Ali stellte zwei große Teller und die dampfende Pfanne auf den Tisch. Als letztes hatte er noch kleingeschnittene Salzkartoffeln unter sein Menü gemischt. Er lud Katharinas Teller großzügig voll.

»Äähh, danke, das reicht ... « Katharinas Ernährungsplan sah eigentlich anders aus. Vorsichtig probierte sie eine Gabel. Alle Achtung! Das schmeckte nicht schlecht, was der alte Mann da aus den einfachen Zutaten zusammengezaubert hatte.

»Waren Sie mal Koch?«

»Nee, Soldat«, sagte Ali mit vollem Mund, kaute in Ruhe zu Ende und schluckte. »Ewiger Junggeselle und Soldat. Und Landarbeiter. Sonst war ich nicht viel in meinem Leben. Schmeckt's?«

»Mmhh!« Katharina nickte kauend.

Eine zeitlang löffelten sie schweigend vor sich hin.

»Sagen Sie mal, gibt's hier Flugzeuge?«

»Flugzeuge?«

»Ist vielleicht 'ne blöde Frage, aber ich habe da ein Geräusch gehört, als Wassilij gestern abend angerufen hat. Einen kurzen Moment habe ich ihn kaum verstehen können. Hörte sich an wie ein Propeller, wie ein Flugzeug eben.«

Ali legte die vollbepackte Gabel, die er sich gerade hatte in den Mund schieben wollen, wieder zurück auf den Teller und schaute Katharina an.

»Elberhausen«, sagte er nur.

Eingewickelt

Schwärze, nichts als Schwärze. Wo war er hier?

Paul spürte etwas zwischen seinen Zähnen. Er bekam den Mund nicht mehr zu. Was hatten sie mit ihm gemacht? Irgend etwas war in seinem Mund, so groß, daß er es nicht herausbekam. Seine Zähne hatten sich hineingegraben. Speichel floß ihm aus dem Mundwinkel. Was war das? Dieser säuerliche Geschmack ... Ein Apfel! Paul konnte kaum noch atmen, und das bißchen Luft, das er durch die Nase einsaugen konnte, roch muffig und staubig. Seine Stirn schabte an etwas Rauhem. Nicht nur die Stirn. Er war komplett darin eingewickelt! Paul versuchte sich zu bewegen, doch man hatte ihn so fest verschnürt, daß er sich keinen Millimeter regen konnte. Sein Schädel brummte. Langsam kam die Erinnerung. Diese Schweine hatten ihm schon wieder eins übergezogen! Nummer fünf, wenn er richtig mitgezählt hatte. Auf jeden Fall einige Male zuviel. Einem Paul Goller schlägt man nicht ungestraft fünfmal auf den Kopf! Auch nicht einmal. Wenn er diese Kerle jemals zwischen die Finger kriegen würde, dann gnade ihnen Gott!

Doch im Moment hatte Gott andere Sorgen. Und Paul sowieso. Je länger er sich seiner Situation bewußt wurde, desto breiter machte sich das Gefühl der Panik, das langsam in ihm aufstieg. Er spürte seinen Körper kaum noch, und das, was er spürte, tat höllisch weh. Zudem kam er sich vor wie lebendig begraben. Allein die rumpelnde Bewegung, die ihn permanent durchschüttelte, gab ihm die Hoffnung und schließlich die Sicherheit, daß die Kerle ihn nicht tatsächlich irgendwo eingebuddelt hatten.

Paul versuchte, ruhig zu bleiben. Die fahren dich irgendwohin, sagte er sich immer wieder. Die fahren dich irgendwohin. Irgendwann ist die Fahrt zu Ende, und sie werden dich wieder auspakken. Und du wirst wieder richtig Luft holen können. *Wenn* sie dich auspacken. Vielleicht lassen sie dich auch jämmerlich hier verrecken! Aber nein, Paul Goller, was nützt diesen Männern deine Leiche. Nichts. Gar nichts. Und wenn sie dich vergessen? Wenn sie so blöd sind und dich einfach vergessen?

Das Hin und Her seiner Gedanken hörte erst auf, als er nicht weiter durchgeschüttelt wurde. Da tat sich doch was. Paul lauschte nun nicht mehr nach innen, sondern nach außen. Was passierte jetzt? Er hörte undeutliche Stimmen und dann ein quietschendes, rumpelndes Geräusch. Na klar, ein Tor! Paul spürte, wie der Wagen wieder ein Stück rollte. Dann noch einmal dieses metallene Rumpeln. Und ein leises Knarren, ganz in seiner Nähe. Sollten sie den Kofferraum geöffnet haben? Aber es war immer noch stockfinster. Und er bekam immer noch kaum Luft. Paul spürte, wie er angehoben wurde.

»Meine Güte, dieser Schweinebauer ist ja wirklich kein Leichtgewicht!«

»Los, zu den Schrottmühlen! Da ist er am sichersten.«

Paul spürte, wie er kopfüber nach unten sauste. Den Aufprall dagegen merkte er kaum. Er mußte gut gepolstert sein. Bei den

Füßen hielten sie ihn gepackt und schleiften ihn über den Boden. Paul hörte das Quietschen und Knallen einer Eisentür. Schließlich polterten auch seine Füße auf den Boden.

»Na los, wickel ihn aus!«

Paul wurde im Kreis gedreht. Immer wieder. Rund und rund. Ihm wurde speiübel. Plötzlich konnte er wieder sehen. Ein hoher, düsterer Raum. Ohne Fenster. Die beiden Kerle standen über ihm. Der Kräftige hielt einen Teppich. Den kannte er doch! Das war doch seiner!

»Sieht gar nicht gut aus, unser Fahrgast. Vielleicht bekommt ihm das viele Reisen nicht.«

Der Einäugige bückte sich und nahm ihm mit einem PLOPP den Apfel aus dem Mund. Paul lag auf dem Betonboden und japste nach Luft wie ein Fisch auf dem Trockenen. Langsam wurde sein Atem wieder ruhiger. Erst jetzt merkte er, wie schlecht ihm wirklich war. Nur mit Mühe konnte er den Brechreiz unterdrücken.

»Wie still unser Bäuerlein auf einmal ist! So kennen wir ihn ja gar nicht!«

»Ja, so kennen wir ihn gar nicht«, echote der Kräftige. Er trat Paul in die Seite und ließ ein meckerndes Lachen hören.

Scheißkerle, dachte Paul und würgte. Lacht nur! Feige Scheißkerle! Wartet nur, bis ich wieder auf den Beinen bin!

Elberhausen

Katharina fuhr langsam die gewundene Straße hinauf. Wenn sie sich nicht verfahren hatte, endete hier Alis Wegbeschreibung mit den Worten: »Und dann stehen auf der linken Seite ein paar Hütten. Vielleicht ist es eine von denen!«

Vielleicht ...

Da war eine Hütte! Das Gartentörchen war geschlossen, die Fensterläden waren zugeklappt, nichts deutete darauf hin, daß hier jemand war. Sollte sie aussteigen und einmal drumherum gehen? Ein Stückchen weiter sah sie ein zweites Häuschen, und hinter den Bäumen schimmerte es weiß: noch eine Fassade. Sie konnte doch jetzt nicht um jede einzelne Hütte herumschleichen! Sie entschied sich dafür, gefühlsmäßig vorzugehen: Sie selbst würde sich zum Verstecken nicht gerade eine der ersten Hütten aussuchen. Also fuhr sie ein Stückchen weiter. Da! Eine offene Tür! Sie ließ den Wagen bis vor das Haus rollen und hielt an. Im Giebel waren drei kleine Geweihe angebracht, neben der Haustür ein kleines Fassadengemälde, das in ungelenken Pinselstrichen bewaldete Berge und einen See darstellte. Durch die offene Tür konnte Katharina nichts erkennen. Drinnen war es zu dunkel. Sie kniff die Augen zusammen ... Plötzlich kam ein Mann heraus und schaute sie feindselig an. Sie beeilte sich, ihn freundlich zu grüßen und fuhr weiter. Schließlich gelangte sie an den Waldrand, wo sich der Weg gabelte. Rechts oder links? Rechts ging es leicht bergauf, der Weg führte zu den Wiesen dort oben. Links schien es tiefer hinunter in den Wald und ins Tal zu führen. Ich würde mich links halten, wenn ich ein Versteck suche, dachte Katharina und fuhr links.

Ein paar Meter nur, da sah sie es schon zwischen den Bäumen hindurch: Warum dachte sie bei diesem Häuschen gleich an Wassilij? Ein kleines Haus, teils aus Holz, teils aus Stein, mit dem üblichen Rauhputz an der Fassade. Geschlossene Fensterläden, ein karges Gärtchen mit einem Jägerzaun, ein goldenes Schild am Tor: Vorsicht bissiger Hund! Die Birken! Im Garten stand eine Gruppe Birken! Wassilij liebte die weißen Stämme. Wann immer sie an Birken vorbeikamen, fing er an, von Rußland zu reden, wo es riesige Wälder, ganze Landschaften davon gab. Katharina ließ den Wagen stehen und ging zu Fuß weiter. Warum die Suche nicht hier anfangen?

Sie schaute sich nach allen Seiten um, und erst als sie sah, daß niemand in der Nähe war, stieg sie über das niedrige Gartentor. Die Läden auf der Vorderseite sahen in Ordnung aus, und da Wassilij erzählt hatte, er hätte ein Fenster aufgebrochen, ging sie leise ums Haus herum. Auf der Rückseite waren zwei Fenster. Ein kleines Badezimmerfenster und ein etwas größeres – der Fensterladen war nicht ganz zu!

Vorsichtig zog sie ihn auf. Sie sah, daß der Haltehaken herausgebrochen war. Eine der Scheiben war zersplittert. Katharina legte die Hände um ihr Gesicht und spähte vorsichtig hinein. Ein Schlafzimmer. Auf einem Doppelbett lagen zwei unbezogene Matratzen, ein billiger Bauernschrank, eine alte Deckenlampe, Nachttische. Nichts Auffälliges. Katharina griff durch das Loch in der Scheibe – langsam und vorsichtig, damit sie sich nicht schnitt.

Plötzlich hatte sie die Vision, daß jemand von innen ihre Hand packt, sie brutal festhält und hineinzieht, sie spürt, wie die Glasscherben ihren Unterarm zerschneiden, ihre Pulsadern öffnen, Blut, Gezerre, splitterndes Glas, Schreie!

Eine Gänsehaut zog ihren Rücken hinab. Sie konnte kaum dem Zwang widerstehen, ihren Arm schnell herauszuziehen. Vorsichtig drehte sie den Griff und schob die Fensterflügel leise auf. Sie hielt den Atem an und horchte.

Nichts.

Lautlos hob sie sich auf die Fensterbank. – Wozu ein jahrelanges Tanztraining doch gut sein konnte! – Sie ging in die Hocke und stieg auf der anderen Seite wieder herunter. Leise knarrte der Fußboden. Sofort verharrte Katharina in der Bewegung. Gleich würde sie von irgendeinem wildfremden zu Tode erschreckten Penner eine leere Weinflasche über den Schädel bekommen!

Zur Tür schaffte sie es ohne Knarren. Sie legte ihr Ohr an das Holz und horchte.

Nichts.

Soll ich diese Tür hier jetzt aufmachen? Soll ich aufmachen und mir von den Gorillas des russischen »Geschäftsmannes«, die gerade Wassilijs Leiche unkenntlich machen, ins Gesicht schießen lassen? Sie drückte die Klinke herunter und zog die Tür auf. Plötzlich stutzte sie. Ein Schnarchen! So schnarcht Wassilij! Sie trat auf den winzigen dunklen Flur und hielt sich links. Hinter einer angelehnten Tür lag ein kleines Wohnzimmer, schwach beleuchtet durch die Ritzen in den Fensterläden. Auf dem Sofa lag jemand und schlief. Den Arm hatte er über den Kopf gewinkelt, so daß sie ihn nicht sehen konte, aber sie erkannte Wassilijs lange schwarze Lederjacke. Behutsam schlich sie näher. Beugte sich zu ihm runter.

»BAMM!«

Mit einem Aufschrei fuhr Wassilij herum, sein Körper jagte hoch, er rollte über das Sofa und stürzte hinter dem Fußende dumpf zu Boden.

»Du bist tot!« rief Katharina.

Mit wahren Scheinwerfern von Augen starrte er sie an. Hektisch schaute er sich um und gewann erst langsam die Orientierung.

»Wie kommst du hierher?«

»Du solltest dich freuen, daß *ich* dich gefunden habe und nicht deine russischen Geschäftspartner.«

»Wie hast du mich gefunden?«

»Glück. – Du hättest auch Pech haben können!«

»Ich ... ich bin im Sitzen eingeschlafen ...«

Eine Weile später saßen sie am Tisch, und Wassilij goß aus einer rustikalen Kanne Tee in Emailtassen.

»Siehst du jetzt endlich ein, daß es keinen Sinn hat?« fragte Katharina.

»Sieh du ein, daß es keinen Sinn hat, mich zu überreden!«

»Es geht nicht mehr um ›überreden‹, Wassilij. Die Lage hat sich leider verändert.«

»Was meinst du?« Wassilij schlürfte von seinem heißen Earl-Grey-Tee.

»Diese Männer, sie sind auf Pauls Hof gekommen.«

»Wer ist Paul?«

»Unser neuer Freund! Der Mann, bei dem du dich letzte Nacht verstecken durftest!«

»Hast du was mit ihm?«

Katharina war sprachlos. »Das meinst du nicht im Ernst!«

»Nein, natürlich nicht. Entschuldige ...«

»Sie haben ihn entführt!«

»Ihn entführt? Warum? Was hat er mit der Sache zu tun?«

»Er ist ihre Geisel. Sie wollen innerhalb von vierundzwanzig Stunden ihre Drogen zurückhaben. Dann lassen sie ihn wieder frei.«

»Ich soll das Kokain rausrücken?«

»Wo hast du es?«

»Immer langsam! Ich wüßte nicht, wieso ich für einen wildfremden Menschen bezahlen sollte. Daß sie ihn entführt haben, ist nicht mein Problem! Ich habe ihn nicht gebeten, mich zu verstecken! Wie haben sie ihn überhaupt gefunden?«

»Er hat einen Laden. Der Name steht auf seinem Wagen.«

Wassilij lachte laut auf.

»Wie bitte? Also, entschuldige, aber dann ist er wirklich selber schuld. Wenn einer so doof ist! Außerdem bluffen die Kerle sowieso nur. Die halsen sich doch keinen Mord auf! Wenn die ihr Koks nicht bekommen, lassen sie ihn in ein paar Tagen wieder laufen.«

Katharina knallte wütend ihre Tasse auf den Tisch. Heißer Tee spritzte auf ihre Hand, aber das war ihr jetzt egal: »Herrgott, begreifst du nicht, daß das Spiel aus ist, Wassilij? Du hast keine Wahl mehr! Ich werde alles tun, um Paul zu retten. Alles! Wenn du mich zwingst, gehe ich zur Polizei. Die Geschichte ist hier zu Ende! Wo ist das Kokain?«

Sie stieß ihren Stuhl um und stürmte zum Schrank. Sie riß die Türen auf, wühlte überall herum und wandte sich, als sie nichts fand, der Couch zu.

»Katharina, hör auf, ich hab's sowieso nicht hier!«

»Dann gehen wir's jetzt holen!«

»Es muß doch eine Möglichkeit geben ...«

»Es gibt keine Möglichkeit! Unsere einzige Möglichkeit ist, alles zu versuchen, mit heiler Haut aus dieser Geschichte rauszukommen! – Und Paul zu retten!«

Plötzlich sah sie, daß Wassilij den Tränen nah war. »Bitte!« sagte er. »Ich kann nicht ... Ich habe einen Zipfel vom Glück in der Hand.« Er griff mit der Hand vor sich in die leere Luft. »Ich habe das Glück in der Hand, und ich habe mir geschworen, es nicht mehr loszulassen ... Und jetzt?«

Sie ging zu ihm und stellte sich vor ihn. Als er seinen Kopf an ihren Bauch lehnte, legte sie die Arme um ihn.

»Es war nicht das Glück. Verstehst du? Es ist nie ein Zipfel vom Glück gewesen, was du in die Hand bekommen hast. Laß es wieder los!«

Sie schwiegen eine Weile. Plötzlich fragte er: »Er ist dir wichtig, der Bauer, oder?«

»Ja.«

Dunkelheit

Jetzt stand er da. Er war wieder auf den Beinen, das konnte man nicht anders sagen. Doch es nutzte ihm nicht viel. Paul zerrte an seinen Fesseln. Nichts zu machen. Die Mistkerle hatten ganze Arbeit geleistet.

Er schaute sich in seiner neuen Umgebung um. Nur durch eine kleine runde Öffnung ganz oben über einem großen metallenen Rolltor fiel ein schmaler Lichtstrahl in den Raum. Langsam hatten sich seine Augen an das Schummerlicht gewöhnt. Der Raum war vollgestopft mit undefinierbarem Gerümpel. Undefinierbar, weil eine riesige Plane darüber geworfen war. Nur die Deichsel eines Anhängers lugte darunter hervor. Und einen Stapel Autoreifen konnte Paul noch erkennen. Das war's dann auch schon. Unter der Plane mußte ein riesiger Berg mit ähnlichem Zeug stecken.

Sie hatten Paul an ein Heizungsrohr gebunden, das vom Boden bis an die Decke reichte. Immer noch mit seiner eigenen Wäscheleine. Ein paar Meter vor ihm lag sein Wohnzimmerteppich halb umgeschlagen auf dem öligen Beton. Und selbst der Apfel, den der Einäugige achtlos auf den Boden geworfen hatte, nachdem er ihn aus Pauls Mund genommen hatte, selbst der Apfel stammte aus Pauls Obstschale. Seine eigenen Sachen waren es, mit denen sie ihn gedemütigt hatten, diese Schweine! Noch als sie ihn festgebunden hatten, unten mit den Fußknöcheln und weiter oben mit den Handgelenken, die sie ihm hinter den Rücken und hinter das Rohr gebogen hatten, hatten sie sich über ihn lustig gemacht, als er noch ganz mit sich selber beschäftigt war und nicht wußte, ob er seinen Mageninhalt bei sich behalten würde.

Erst nach und nach, einige Zeit, nachdem die schwere Eisentür zugeschlagen war und er als letztes das Drehen des Schlüssels und das Verhallen der Schritte hörte, bevor die große Stille begann, hatte Paul sich wieder gefangen. Jetzt konnte er seine Wut kaum unterdrücken. Mit Mühe beherrschte er sich, weil die Wäscheleine sonst zu tief in sein Fleisch schnitt. Diese Feiglinge! Sie hatten ihn auf den Kopf geschlagen! Fünfmal! Und wie sie mit Katharina umgesprungen waren! Diese feigen Ratten! So einfach würde er sie nicht davonkommen lassen. Die würden ihre verdiente Abreibung schon noch bekommen!

Doch für Rache war Pauls Lage denkbar ungünstig, das mußte er bei all seiner Wut einsehen. Er konnte sich kaum rühren. Und er hatte immer noch mit den Nachwirkungen der Hiebe zu kämpfen. Auch wenn die Kopfschmerzen etwas nachgelassen hatten. Wenigstens war ihm jetzt nicht mehr schlecht. Er hatte sogar Hunger. Und einen höllischen Durst. Es war zum Verzweifeln.

Der Koffer

Wieder fuhr der grüne Lada über die Landstraße. Diesmal waren sie zu zweit, und auf dem Boden vor dem Rücksitz lag in einem dreckverschmierten Koffer Kokain im Wert von knapp einer Million Mark. Katharina schaute beim Fahren starr geradeaus. Wassilij kratzte an seinen Fingernägeln herum, unter denen noch brauner Waldboden steckte. Seit sie im Auto saßen, hatten beide nicht gesprochen.

»Katharina ... « sagte Wassilij jetzt, ohne sie anzusehen. »Ich weiß nicht, wie ich es sagen soll ... Ich weiß auch nicht, was für mich schlimmer wird: Wenn ich es jetzt sage, oder wenn ich den Mund halte ... «

Sie schaute ihn an.

»Du wirst mich einfach nur für einen Feigling halten, aber ... «

»Was meinst du?«

»Diese Jungs denken, ich habe ihren Kumpel umgebracht, und ... vielleicht sollte ich jetzt nicht mit zu denen fahren ... «

»Du willst, daß ich alleine fahre?«

»Denk doch mal nach! Die wissen doch, daß du nichts mit der Sache zu tun hast! Die wollen doch nur ihren Stoff! Das sind keine Dummköpfe, die in der Gegend herumfahren und sich Morddezernate auf den Hals hetzen. Euch lassen sie einfach wieder laufen, aber mich ... «

Die Straße war kurvig, deshalb sah Katharina den Wagen nur für einen Moment im Rückspiegel. Aber es durchfuhr sie brennend heiß wie ein Blitz. Da sie sich nicht sicher war, sagte sie noch nichts.

»Warum antwortest du denn nicht? Verstehst du nicht? Es hilft niemandem, wenn ich mitkomme. Im Gegenteil!«

Da war er wieder!

»Ein Polizeiwagen.«

»Wo?«

»Hinter uns. Er kommt näher.«

»Fahr schneller!«

»Bist du verrückt? Genau das Gegenteil werde ich tun.« Sie kontrollierte mit einem Blick die Tachonadel und ging ein bißchen vom Gas. »Keinen Strich über siebzig werde ich fahren.«

Wie quälend langsam siebzig Stundenkilometer sein konnten!

Langsam holte der Polizeiwagen auf.

»Jetzt bloß nicht auffallen ...«

»Werd nicht gleich nervös«, rief Wassilij.

»Ich soll nicht nervös werden? Unter meinem Sitz liegen Drogen! Wenn die uns anhalten, wandern wir in den Knast!«

Plötzlich gab der Polizeiwagen Gas und fuhr dicht auf.

»Scheiße!«

Er klebte förmlich an ihrer Stoßstange.

»Warum sollten die uns anhalten?« fragte Wassilij noch.

»Achtung, Achtung! Hier spricht die Polizei! Ihr Lada ist umstellt, kommen Sie mit erhobenen Händen heraus!« Der Außenlautsprecher des Polizeiwagens tönte direkt hinter ihnen.

»Was soll das? Spinnt der?« Wassilij wagte immer noch nicht, sich umzudrehen.

»Anhalten! Oder wir setzen die Panzerfaust ein!«

»Gib Gas!« rief Wassilij, der jetzt wirklich panisch wirkte.

»Goller, du alter Sack! Fahr rechts ran! Fußballinformationen für Samstag!«

»Verdammte Scheiße! Das sind Kumpels von deinem Bauern!«

»Jetzt werd *du* nicht nervös. Die wollen gar nichts von uns ...« Langsam ließ sie den Lada am Straßenrand ausrollen. Sie bewegten sich nicht – sie atmeten kaum! – sie warteten nur, was als nächstes passierte.

Zwei Polizisten stiegen aus und kamen rechts und links vom Wagen nach vorne.

»Paul! Gut daß wir dich ...« Der Polizist an der Fahrerseite, ein untersetzter Mann mit blondem Stoppelhaar, der keine Dienstmütze trug, hatte Katharina gesehen. Er starrte sie erstaunt durch das geöffnete Fenster an. »Wer sind Sie? Das ist nicht Ihr Wagen!«

Der andere, der direkt neben Wassilij an der Beifahrertür stand, ein dünner dunkelhaariger mit Brille, trat einen Schritt zurück. Auch er trug keine Dienstmütze. Sie hatten nicht damit gerechnet, so plötzlich offiziell im Dienst zu sein.

»Das ist nicht Ihr Wagen ...«

»Nein ...« Katharina lächelte ihn an. Sie spürte genau – sie sah sich förmlich von außen! –, wie falsch ihre Mimik war. Sie grinste gequält und verlogen. Beruhige dich, Katharina! Hör auf zu grinsen und sei einfach natürlich! »Wie bitte?«

»Ich habe Sie gefragt, wem dieses Fahrzeug gehört!«

»Paul! Paul ... Goller! Wir sind befreundet.«

»Wir auch. Nett, Sie kennenzulernen. Darf ich bitte mal die Wagenpapiere sehen und Ihren Ausweis?«

»Nein ... ich fürchte ... «

Paul hatte noch ihren Ausweis! Sie wischte sich ihre schweißnassen Hände an der groben grauen Cordhose ab, die ihr Ali aus Pauls Kleiderschrank gekramt hatte. Jede Menge graue Cordhosen und dunkelrot karierte Flanellhemden hatten sich dort gestapelt. Paul hatte einen ziemlich eindeutigen Geschmack, was seine Arbeitskleidung anging.

»Wissen Sie, ich habe meinen Ausweis bei Paul Goller liegenlassen und ... «

»Darf ich *Ihren* Ausweis bitte einmal sehen?« fragte er Wassilij.

Wassilij begann, seine Taschen zu durchsuchen. »Einen Moment bitte.« Plötzlich merkte er, daß der andere Polizist, der auf seiner Seite stand, ihn unverwandt anstarrte.

»Ich ... glaube, ich habe ihn zu Hause vergessen ... «

»Nun, dann dürften Sie wohl nichts dagegen haben, wenn wir einmal gemeinsam zu Pauls Hof fahren fahren und nach Ihren Papieren schauen ... «

»Nein!« entfuhr es Katharina. Bloß das nicht! Wenn *sie* wieder da wären! Plötzlich sah sie vor ihrem inneren Auge den Polizeiwagen hinter dem Lada auf Pauls Hof fahren. Zunächst ist es totenstill. Doch dann, wenn sie sich der Tür nähern, wenn sie nah genug sind, geht das Schießen los! Splitterndes Glas, zusammenzuckende Körper, Schreie – und viele Tote.

»Tom!« sagte der Polizist auf Wassilijs Seite auf einmal. Alle drei sahen ihn an, da er vorher noch kein Wort gesprochen hatte. »Tom«, sagte er und zog im selben Moment seine Pistole aus der Ledertasche. »Das Fahndungsfoto! Der Russe!« Er ging ein wenig in die Hocke und zielte auf Wassilijs Gesicht. Blitzschnell – man hätte ihm eine so geschickte Bewegung nicht zugetraut – zog auch der andere seine Waffe.

»Also gut. Beide aussteigen. Schön langsam. Legen Sie sich da ins Gras. Beine und Arme abgespreizt. Auf dem Bauch!«

Katharina schaute Wassilij nicht mehr an, bevor sie aus dem Wagen stieg. Kurz darauf lag sie im Gras, spürte die kühlen Grashalme an ihrer Wange und kam sich unsagbar erniedrigt vor, weil hinter ihr, hinter ihren gespreizten Beinen, einer der Polizisten stand und mit der Pistole auf sie zielte, während der andere den Lada durchsuchte.

»Tom! Volltreffer! Wenn das hier Mehl ist, kannst du schon eine Menge Kuchen draus backen!«

Der Apfel

Es funktionierte! Tatsächlich!

Langsam rutschte Paul an dem Heizungsrohr herunter. Zentimeter für Zentimeter. Er ging Stück um Stück in die Knie und zog die Hände, die sie ihm hinter das Rohr gebunden hatten, langsam nach. Das war das schwierigste, die Hände nachziehen. Ganz schön stramm hatten sie die Wäscheleine um die Handgelenke gezogen, aber es ging. Mit dem Handrücken schabte Paul Millimeter für Millimeter an dem kalten Kupferrohr vorbei. Der Apfel kam langsam näher. Na siehste!

Ein unsäglicher Durst hatte Paul zu dieser seltsamen Turnübung getrieben. Ausgetrocknet wie ein Stück Löschpapier, so fühlte sich seine Zunge an. Und direkt vor ihm auf dem Boden lag dieser saftige Apfel. Er *mußte* es einfach versuchen. Wenn er ganz unten angelangt wäre, bräuchte er sich nur ein wenig mit dem Oberkörper zur Seite zu beugen und würde den Apfel mit dem Mund erreichen. Und dann reinbeißen ...

Das größte Stück hatte er bereits geschafft. Er war jetzt schon richtig in der Hocke. Eine unbequeme Haltung. Egal, er war kurz vor dem Ziel. Plötzlich ging es nicht mehr weiter. Die Hände hingen fest, er konnte sie nicht mehr nachziehen. Da war irgendein Hindernis. Mist! Paul zog mit beiden Händen, mal vorsichtig tastend, dann wieder etwas heftiger, ruckartiger, doch es tat sich nichts. Und das jetzt! Der Apfel war nicht mehr weit von seinem Mund entfernt! Paul sah aus wie Quasimodo, der sich nach einer Schüssel Wasser bückt. Doch es reichte noch nicht. So würde er da nicht rankommen. Nie im Leben würde er so da rankommen.

Na, dann eben mit Gewalt!

Paul machte die Knie wieder etwas gerade, stand fast aufrecht, so weit, wie es die Hände zuließen, und hängte sich dann mit seinem ganzen Körpergewicht an das Rohr.

Es gab einen Ruck, Paul rutschte ein kleines Stückchen nach unten.

Ein stechender Schmerz durchzuckte seinen Körper, jagte vom Handrücken über den Arm bis hinauf in den Kopf.

Eingesperrt

Draußen holperte ein Auto vorbei. Dann wurde es wieder ruhig. Katharina blickte auf die nackte Wand. Durch das kleine Fenster oben unter der Decke fiel wenig Licht. Und hier drinnen hatten sie ihr das Licht bereits abgedreht. Es war zum Wahnsinnigwerden! Sie hatten sie in die Arrestzelle gesperrt, als sei sie eine Schwerverbrecherin. Nur an ihren Personalien waren sie interessiert, von ihrer Geschichte wollten sie nichts hören. Nicht heute abend. Natürlich werde man sich mit ihr unterhalten, hatte die Polizistin gesagt. Der Kommissar freue sich gewiß schon auf das Gespräch. Morgen früh. Dann hatte sie die Tür hinter Katharina verriegelt: »Jetzt schlafen Sie sich erst mal aus.«

Seitdem lief Katharina in dem kleinen Raum rastlos auf und ab. Was hatte sie hier zu suchen? Nichts. Rein gar nichts! Sie mußte hier raus. *Morgen früh!* Da draußen irgendwo steckte Paul in Lebensgefahr, und sie saß hier fest! Vierundzwanzig Stunden. Viel war davon nicht mehr übrig. Wie spät mochte es jetzt sein? Bis morgen mittag hatte sie noch Zeit. Hatte Paul noch Zeit. Verdammt! Sie trat mit dem Fuß gegen die Betonpritsche, auf deren Holzauflage die bereitgelegte Wolldecke immer noch akkurat zusammengefaltet lag. Verdammt! Verdammt! Sie lief wieder zu der Stahltür und polterte mit beiden Fäusten dagegen.

»Hören Sie mich? Ich *muß* mit jemandem reden! Sofort! Hören Sie doch! Heute abend noch! Hallo!«

Sie horchte in die Stille. Nichts. Keine Stimmen, keine Schritte, gar nichts.

»Felix! Ist Felix da? Ich muß ihn sprechen!«

Sie drückte ihr Ohr an die kalte Tür und lauschte. Immer noch nichts. Das darf doch wohl nicht wahr sein! Die rühren sich einfach nicht! Lassen sie hier schmoren.

»Ihr sturen Kerle! Muß man erst die Tür eintreten, damit ihr einen anhört!«

Sie trat noch ein paarmal gegen die Stahltür. Das donnernde Geräusch verhallte in der beginnenden Nacht, es wurde wieder still.

Katharina nahm ihre rastlosen Runden wieder auf und vergrub die Hände in den großen Taschen von Pauls Cordhose. Plötzlich hielt sie etwas in der Hand. Was war das denn? Sie zog ihre Rechte aus der unergründlichen Tiefe der Hosentasche und schaute sich an, was sie da gefunden hatte: ein Feuerzeug. Ein kleines Sturmfeuerzeug. Hatte die Polizistin beim Filzen doch noch etwas übersehen.

Das Metall war mit rostigen Stellen überzogen. War wohl mitgewaschen worden. Auch Paul hatte das Feuerzeug offensichtlich übersehen. Katharina spielte mit ihrem Fund und drehte an dem kleinen Rädchen. Als sie die Funken sprühen sah, kam ihr eine Idee. Na sicher, das hatte sie doch schon hundertmal im Kino gesehen. Funktionierte immer. Jetzt war die Gelegenheit gekommen, das Kino einmal auf seine Realitätstauglichkeit zu testen.

Sie legte die Wolldecke genau vor die Zellentür. Es dauerte lange, bis der dicke Stoff endlich Feuer fing. Aber dann begann er gleich gewaltig zu qualmen.

»Feuer!« rief sie. »Hilfe, es brennt! Hilfe!!«

Wenn man etwas ansteckte in der Zelle, kamen sie immer. Im Kino auf jeden Fall. Hier dauerte es offensichtlich etwas länger.

»Hiiilfe, Feeuueer!! Zu Hilfe!! Verdammt, das ist kein Witz!!«

Ihre Rufe klangen energischer. So langsam war es echte Panik, die sich unter die gespielte mischte. Der Qualm wurde dichter. Katharina mußte husten. Sie zog sich das Flanellhemd übers Gesicht und versuchte, die brennende Decke mit den Füßen auszutreten. Zu spät! Das Feuer war bereits zu groß. Sie zog sich zum Fenster zurück und versuchte, da noch ein wenig Sauerstoff aufzuschnappen. Viel war nicht mehr da.

Schnittwunde

Blut, das war Blut! Paul merkte, wie es ihm warm über die Hand lief. Er hatte sich geschnitten! Er hatte sich an diesem verdammten Rohr die Hand aufgeschnitten! Das hatte ihm gerade noch gefehlt. Er fluchte. Nur wegen dieses blöden Apfels machte er so ein

Heckmeck! Und jetzt hing er hier wie ein Idiot auf halb sieben und hatte sich auch noch die Hand aufgeschnitten.

Hand aufgeschnitten ...

Aufgeschnitten!

Geschnitten!!!

Na klar, das war's doch! Paul vergaß den Apfel und die blutende Hand und wanderte langsam wieder nach oben. Schrabbte seine Hände zurück über das Rohr, bis sie wieder an den Widerstand stießen. Da war's! Jetzt mußte er nur an die richtige Stelle kommen. Paul versuchte, wieder vorbeizurutschen. Von unten war das leichter als von oben, merkte er. Er hielt inne und tastete ein wenig mit dem Handrücken. Da, das mußte er sein, der scharfe Grat, an dem er sich die Hand aufgeschnitten hatte. Ja, das war er.

Langsam und stetig begann Paul, seine Fesseln an der scharfen Kante hin und her zu reiben.

Waldlichtung

Das mußte die Stelle jetzt aber sein. Verdammt, das *mußte* sie sein. Ali setzte den Spaten noch einmal an, sein Stiefel trieb das Metallblatt tief ins weiche Erdreich. Zwei Löcher hatte er schon in den Waldboden gegraben. Beide Male Fehlanzeige. Dabei war er hundertprozentig sicher, daß dies der richtige Baum war. Er hatte sich die leicht krummgewachsene Fichte genau gemerkt. Sie fiel schon auf unter ihren vielen schlanken, schnurgerade in den Himmel schießenden Artgenossen. Ali kannte sich aus im Wald, und so viele krumme Fichten gab es hier nicht.

Es dämmerte bereits. Ali stieß den Spaten hektisch immer wieder in den mit braunen Fichtennadeln übersäten Waldboden. Er hatte nicht mehr viel Zeit! Gleich würde es stockfinster sein. So wie in der Nacht, als er zum ersten Mal hier gewesen war. War wirklich schon verdammt spät! Doch früher hatte er es heute nicht geschafft. Die Arbeit auf dem Goller-Hof war ganz schön hart für einen alten Mann. Ganz schön hart für einen allein. Ob Katharina Paul zurückbringen würde? Ja, das würde sie. Ali hatte beschlossen, ihr zu trauen. Sie würde Paul zwar den Kopf verdrehen, wahrscheinlich hatte sie das sogar schon, ja, sie würde ihn sicher unglücklich machen. Aber sie holte ihn auch da raus. Selten hatte er eine Frau so entschlossen gesehen wie heute nachmittag diese Katharina. Eine Tigerin. Diese Kerle würden Paul wieder freilassen. Wahrscheinlich würde er ihn morgen schon wiedersehen.

Das Erdloch wurde tiefer und tiefer. Ali war jetzt fast genauso weit gekommen wie bei den beiden anderen Gruben. Er wollte schon aufgeben, da stieß der Spaten auf einen Widerstand. Ein dumpfer metallischer Klang.

Na bitte! Das war kein Stein.

Ali bückte sich und begann, mit den Händen in der Erde zu buddeln. Wie ein Hund wühlte er und warf Dreckhaufen um Dreckhaufen hinter sich. Schließlich hielt er inne und förderte einen bizarr geformten Gegenstand aus dem dunklen Loch. Er hielt ihn hoch. Das letzte Licht, das der altgewordene Tag noch durch die Baumkronen schickte, schien auf das eiserne Abbild eines jungen Mädchens, kaum einen halben Meter groß. Ebenso verführerisch, aber scharfkantiger und spitzer als ihr Vorbild. Die metallene Schönheit war mit Erde bedeckt, die überall in den Vertiefungen der unregelmäßigen Oberfläche saß. An ihren Brüsten klebte ein Büschel blonder Haare, aus denen noch ein paar braune Erdbrocken auf den Waldboden rieselten.

Lange Nacht

Katharina kochte vor Wut. Wenn sie gekonnt hätte, sie hätte diese jämmerliche Zelle komplett auseinandergenommen. Doch sie konnte nicht. Festgeschnallt! Sie hatten sie einfach festgeschnallt! Auf dieser dämlichen Pritsche. Immer noch lag der Brandgeruch in der Luft. Es hatte lange gedauert, bis sie gekommen waren. Länger als Katharina sich das vorgestellt hatte. Länger als es im Kino immer dauerte. Auch Wassilij, der zwei Räume weiter untergebracht war, hatte bereits zu schreien begonnen, da erst hallte der Betonboden von den klappernden Schritten wider.

Sie hatten die Tür aufgerissen. Mindestens fünf Mann standen da im Licht, das vom Gang hereinfiel. Einer sprühte sofort den kompletten Inhalt eines Feuerlöschers auf die brennende Decke. Einen Moment lang füllte dichter Nebel den kleinen Raum.

»Frau David, sind Sie verrückt geworden?«

Katharina hustete.

»Wollen Sie uns die Bude anstecken?«

Katharina drängte ihr Husten zurück. Der Nebel lichtete sich.

»Ich muß hier raus, verstehen Sie denn nicht?«

»Das wollen alle, die hier einmal drin sind.«

»Ich muß den Koffer wegbringen, es geht um Menschenleben.«

»Aber sicher! Sie fahren Drogen spazieren, um damit Menschenleben zu retten. Eine barmherzige Samariterin.«

»Mutter Theresa vom Heiligen Kartell«, sagte ein Witzbold. Die anderen Polizisten lachten.

»Nein, hören Sie mir doch endlich einmal zu! Lassen Sie sich doch erklären, wa –«

»Hören *Sie* jetzt einmal zu, Frau David. Sie legen sich jetzt hin und machen uns keinen Ärger mehr. Morgen können Sie dem Kommissar alles erzählen, in aller Ruhe. Bis dahin haben Sie auch genug Zeit, um sich eine bessere Geschichte einfallen zu lassen.«

Katharina verlor die Fassung.

»Hat man euch Hornochsen die Köpfe total zugenagelt? Ich muß hier raus!«

Sie stürmte auf den kleinen untersetzten Beamten zu, der ganz vorne stand, und schlug auf ihn ein. Sofort waren zwei Mann da und hielten sie fest. Dann hatten sie sie auf die Pritsche geschnallt. »Auch zu Ihrem eigenen Schutz«, hatte man ihr gesagt, »nachher tun Sie sich noch was an.«

Katharina zog und zerrte, doch es half nichts. Vor morgen früh würde sie hier nicht mehr rauskommen. Ihre ohnmächtige Wut hielt sie noch lange wach. Erst spät in der Nacht nickte sie vor Erschöpfung ein.

Der Personalausweis

Frei! Er hatte beide Hände frei! Noch ein wenig gefühllos, aber Paul merkte bereits, wie das Leben kribbelnd zurückkehrte. Diese Kerle würden sich noch umsehen. Bald würde Paul Goller wieder bei Kräften sein! Bald würde er sich wieder zur Wehr setzen!

Zunächst aber griff er nach dem Apfel, der vor ihm auf dem Boden lag, rieb ihn an seiner Hose sauber und biß krachend hinein. Dann begann er, auch die Wäscheleine an seinen Knöcheln zu lösen.

Paul rieb sich die schmerzenden Gelenke. Langsam kehrten die Lebensgeister in seinen Körper zurück. Mit der wiedergewonnenen Freiheit wurde er unternehmungslustig. War doch an der Zeit, sich mal in seinem düsteren Verlies umzuschauen. Viel Licht kam von draußen nicht mehr rein. Das war kein Tageslicht, das war eine Straßenlaterne oder so was. Er mußte doch irgendwo ein Feuerzeug haben. Paul kramte in den Hosentaschen. Das Feuerzeug fand er nicht. Statt dessen geriet ihm ein kleine Karte zwischen die Finger.

Katharinas Personalausweis! Er hatte ihn immer noch bei sich.

Paul setzte sich an die Rückwand des langgestreckten Raumes, dorthin, wo das Licht der Ventilatoröffnung einen runden Fleck an die Wand warf, und betrachtete das kleine Schwarzweiß-Foto.

Katharina!

Wie schön ihr Gesicht doch war! Wo sie jetzt wohl war? Ob sie ihn hier rausholen würde? Ob sie ihren Mann aufspüren würde? Und dann? Paul schaute in das spärliche Licht, das durch die Maueröffnung drang, als könne er so alles sehen, was da draußen passierte. War sie womöglich mit ihrem Mann durchgebrannt und ließ ihn hier im Stich? Wahrscheinlich eher das. Warum sollte sie sich auch um Paul kümmern, Paul, mit dem sie eigentlich gar nichts zu tun hatte? Er sollte nicht so naiv sein und glauben, daß sie dasselbe für ihn empfand wie er für sie. Paul schaute in ihre Paßfoto-Augen, doch die blieben undurchdringlich. Keine Antwort auf seine Fragen. Nicht von diesem Stück Papier.

Du mußt selbst sehen, wie du hier rauskommst, Paul Goller, sagte er sich. Du weißt doch, auf Frauen ist kein Verlaß.

Kommissar Höller

»Das ist eine ganz schön abenteuerliche Geschichte, die Sie mir da aufgetischt haben, Frau David. Und das gleich zum Frühstück. Schwer bekömmlich so was.«

Kommissar Höller lehnte sich zurück und klimperte mit dem Löffel in seiner Kaffeetasse. Er sah nicht viel wacher aus als Katharina, die ihm mit müden Augen gegenübersaß. Er hatte ihr auch einen Kaffee hingestellt, aber erst, nachdem er sie fast eine Stunde verhört hatte.

»Ist es meine Schuld, wenn die Wahrheit so abenteuerlich ist? Sie müssen mir glauben! Paul Goller ist in höchster Gefahr. Wenn die ihre Drogen nicht kriegen, bringen sie ihn um. Ich muß da raus, und zwar schnell. Ich habe schon genug Zeit verplempert in dieser blöden Zelle.«

Katharina strich sich eine Haarsträhne aus der Stirn und atmete heftig aus. Zerzaust sah sie aus, die langen Haare zerwühlt und wirr, dunkle Ränder unter den Augen. Sie stand unter Hochspannung, doch sie versuchte ruhig zu bleiben. Noch einmal so ausflippen wie letzte Nacht, das konnte sie sich nicht erlauben.

»Sagen Sie bloß, Sie wundern sich, daß man Sie eingesperrt hat? Sie stehen immerhin unter einem schweren Verdacht. Für das Kokain, das Sie spazieren gefahren haben, bekommt man auf dem Markt über eine Million Mark. Und dann ist Ihr Mann dringend des Mordes verdächtig, von Drogenhandel und Autodiebstahl ganz zu schweigen. Das sind alles keine Kleinigkeiten. Da werde ich Sie bestimmt nicht einfach so mit einem Koffer voll Kokain in die Freiheit entlassen, nur weil Sie mir jetzt diese Geschichte erzählt haben. Was glauben Sie, was für Geschichten ich mir schon anhören mußte in meinem Job? Ihre ist da nur eine von vielen.«

»Aber sie stimmt!«

»Nach unseren Recherchen stimmt bislang nur eines: Paul Goller scheint tatsächlich seit gestern verschwunden zu sein. Niemand, den wir befragt haben, weiß, wo er steckt. Aber wer sagt mir, ob er nicht einfach eine kleine Sauftour gemacht hat und irgendwo versackt ist? Vielleicht aber ist er auch umgebracht worden – von Ihnen, von Ihrem Mann ... Immerhin ist Goller ein wichtiger Zeuge. Er hat Ihren Mann gesehen, als er vom Tatort flüchtete.«

Katharina war kurz davor, wieder aus der Haut zu fahren, doch sie beherrschte sich. Besser logisch vorgehen. Argumentieren.

»Herr Kommissar!« Sie holte tief Luft. »Sehen Sie die Sache doch mal anders herum. Mal angenommen, ich sage die Wahrheit, und Sie halten mich weiter hier fest, dann haben *Sie* Paul Goller auf dem Gewissen. In knapp zwei Stunden ist die Frist zu Ende, Dann muß ich wieder auf dem Hof sein.«

Der Kommissar trank in aller Ruhe einige Schlucke von seinem Kaffee. Der Löffel klimperte in der Tasse. Ganz langsam beugte sich Höller über seinen Schreibtisch und schaute Katharina an.

»Sie *werden* rechtzeitig auf dem Hof sein, machen Sie sich da mal keine Sorgen. Aber *wir* bestimmen, welches Spiel da gespielt wird, und *wir* bestimmen auch die Spielregeln. Und Sie werden das Spiel gefälligst nach unseren Regeln spielen.«

»Sie sind der Boß. Machen Sie, was Sie für richtig halten, aber hören Sie mir bloß auf mit Ihren *Spielregeln*. Das Wort kann ich nicht mehr hören.«

»Was?«

»Vergessen Sie's.«

Schrott

Was hier alles unter dieser Plane steckte. Jede Menge Gerümpel. Doch was Brauchbares, um eine Tür aufzuhebeln, hatte Paul noch nicht gefunden. Auch sonst kein geeignetes Ausbruchswerkzeug. Wenigstens war es wieder heller geworden. Draußen schien gerade die Sonne aufzugehen. Dann war er jetzt schon die ganze Nacht auf den Beinen. Vielleicht sollte er sich in diesem Schrottberg verstecken, bis die Kerle zurückkamen. Und ihnen dann eins überbraten. Vielleicht mit diesem Wagenheber. Paul wog das rostige Gerät in der Hand. Das reicht, um einem ein Loch in den Kopf zu schlagen, aber eine Tür bekommt man damit nicht auf. Schon gar kein Eisentor.

Paul hatte das Rolltor untersucht, das eine Längswand seines Gefängnisses begrenzte. Es ging direkt nach draußen auf eine Art Vorplatz, das hatte er schon erkundet. Viel konnte man nicht erkennen durch die Ventilatoröffnung, zu der er sich mit Hilfe eines alten Kühlschranks und eines leeren Ölfasses hochgehangelt hatte. Er hatte nur einen kleinen, kreisrunden, von gelblichem Licht beschienenen Ausschnitt von der Welt sehen können: einen Platz aus Matsch und Schotter, rechts die Ecke eines Wellblechdaches und ganz hinten eine Straße, von der auch das Licht kam, dahinter einzelne Bäume und dann nur noch Schwärze. Sehr aufschlußreich war das nicht. Aber immerhin wußte er, da geht's nach draußen. In die Freiheit.

Fieberhaft suchte Paul weiter. Wann war Sonnenaufgang? So um sieben? Nur noch ein paar Stunden bis Mittag. Wenn Katharina ihn wirklich im Stich ließe, dann gute Nacht. Dann kämen die

Kerle wahrscheinlich stinksauer zurück und würden sich an ihm austoben. Bis dahin mußte er hier raus sein. Oder sich zumindest angemessen zur Wehr setzen können. Wenigstens konnte er jetzt wieder etwas sehen. Viel Licht war es nicht, doch seinen an die Dunkelheit gewöhnten Augen reichte es. Dahinten, das Auto, das er schon in der Nacht ertastet hatte, war also ein rostiger Daimler. Mindestens aus den Sechzigern, wenn nicht noch älter. Leider ohne Räder. Dahinter ein Anhänger, mit Rädern. Ein ausgebauter Motor. Eine altmodische Kartoffelsortiermaschine. Und dazwischen jede Menge Fässer und Kisten, alles unglaublich vergammelt. Aber hinten in der Ecke stand, zugebaut von altem Gerümpel, noch etwas, das hatte er in der Nacht noch gar nicht bemerkt. Was es war, konnte er nicht erkennen, es war verhüllt.

Erst als er die schwere, dreckige Plane ganz beiseite geschoben hatte, sah er, was sich darunter verbarg. Ein Dieselroß! Ein altes, rostiges Fendt-Dieselroß. Paul kannte die Marke. 16 PS. Unverwüstlich, diese Dinger. Auf so einem hatte ihm sein Vater Trekkerfahren beigebracht. Mit zehn Jahren schon durfte er auf dem Dieselroß über die Felder brettern und sich wie ein König fühlen. Wie die anderen Jungs Paul damals beneidet hatten!

Transport

»Hey Tom, geh mal ein bißchen vom Gas!«

»Na komm, du bist ja strenger als die Polizei erlaubt. Bis zum Starenkasten in Weiden ist es noch ein Stück.«

»Gleich kommt Tempo siebzig, da gehst du aber vom Gas.«

»Schaun wer mal.«

Der grün-weiße Opel Vectra raste über die Bundesstraße. Hinten im Fond saß ein Mann mit Handschellen, der kein Wort sagte.

»Wo bringen wir den Russen eigentlich hin, direkt nach Ossendorf oder erst zum Waidmarkt?«

»Du hast den Befehl doch entgegengenommen.«

»Du etwa nicht?«

»Ich bin der Fahrer. Du sagst, wo's langgeht. So was nennt man Arbeitsteilung.«

»Arbeitsteilung? Das sagt meine Frau auch immer, wenn's ums Spülen geht.«

»Sie spült, und du trocknest ab?«

»Nein. Sie gibt mir die Spülbürste, und ich spüle.«

Beide lachten.

»Na, da wird's wohl Zeit für 'ne Spülmaschine, was, Karl-Heinz?«

»Meine Frau sagt, so 'nen Luxus brauchen wir nicht. Wir haben 'ne Küchenmaschine, 'nen elektrischen Wäschetrockner, sogar 'nen Bügelautomaten. Nur keine Spülmaschine. Brauchen wir nicht. *Ich* bin die Spülmaschine. Jeden Sonntag.

»Ach, deshalb reißt du dich immer so um den Wochenenddienst.«

»Solange der VfR kein Heimspiel hat, hab ich nichts dagegen.«

»Gehst du am Sonntag hin?«

»Kommt drauf an. Wenn ich den Sonntag noch erlebe, werde ich wohl hingehen.«

»Was?«

»Wenn du uns nicht in den Tod fährst, gehe ich zum Spiel. Nun geh schon vom Gas, Tom. Wir sind gleich in Lamsfuß.«

Tom ging nicht nur vom Gas, er trat sogar auf die Bremse, als sie sich der ersten Verkehrsinsel näherten. Die Tachonadel zeigte auf fünfundvierzig.

»Geht's bei dir nur in Hunderter-Schritten? Entweder hundertvierzig oder vierzig? So langsam mußt du nun auch wieder nicht fahren. Siebzig ist erlaubt.«

»Ich muß nicht, aber ich will.«

Tom zeigte nach rechts, wo ein junges Mädchen in knappen Shorts auf dem Seitenstreifen radelte. »Es gibt viele gute Gründe, das Tempo zu drosseln. Das hier ist einer davon. Ist doch viel besser als ein Verkehrsschild.«

»Für dich vielleicht, du bist noch jung. Für mich ist das nichts. Ich bin kurz vor der Pensionierung. Und verheiratet. Mich hat so was nicht zu interessieren.«

»Ist aber ein Jammer.« Sie waren jetzt auf gleicher Höhe mit der Radfahrerin. Tom starrte an Karl-Heinz vorbei durch das Beifahrerfenster. »Das Rad sieht mir nicht ganz verkehrstauglich aus. Sollten wir mal überprüfen.«

»Laß den Blödsinn. Wir haben einen Mordverdächtigen nach Köln zu bringen, da können wir nicht zwischendurch eine Radfahrerin kontrollieren, nur weil du auf ihren Hintern abfährst.«

»Ist aber schade. Zumindest die Personalien sollte man feststellen. Wetten, die kommt aus Wipperfeld? Ah, ich liebe die Wipperfelder Mädchen!«

»Jetzt reicht's aber! Guck wieder auf die Straße!« Karl-Heinz wurde langsam böse. Seit Tom den Russen und diese Frau mit dem Koffer Kokain auf die Wache gebracht hatte, war er ein wenig zu übermütig geworden, fand Karl-Heinz.

»Jaja, schon gut. Nur einen klitzekleinen Moment noch.« Tom schaute in den Rückspiegel, bis die Radlerin nach Wipperfeld abbog und aus seinem Blickfeld verschwand. Den schmächtigen pockennarbigen Mann, der vor dem Restaurant *Zum Napoleon* an einem silbergrauen Mercedes lehnte und ein Handy aus seiner Jackentasche zog, den sah er nicht. Flink flogen die Finger über das Zahlenfeld.

Der Schatten einer Wolke zog über die Wiese. Der dornige Busch am Waldrand wurde im gleichen Moment dunkel, als sich ein Gewehrlauf aus ihm hervorschob. Ein störrischer Zweig störte noch. Vorsichtig schob eine Hand ihn beiseite. Eine schwarze Augenklappe wurde heruntergeklappt. Das freie Auge näherte sich dem Zielfernrohr. Ruhig wanderte das Fadenkreuz über den Hof: das Windrad, die Ställe, das Haupthaus. An der grünen Haustür blieb es schließlich stehen, gerade in dem Moment, als die blonde Frau in den Kreis des Fernrohrs trat. Einen kurzen Moment zielte das Gewehr genau auf ihren Rücken, dann lag das Fadenkreuz auf dem Koffer, den sie in der Hand trug, schließlich blieb es knapp neben ihrem Kopf auf der grünen Tür liegen.

Goller-Hof

Die Haustür war nur angelehnt. Katharina schaute auf die Uhr. Drei Minuten vor zwölf. Gerade noch rechtzeitig. Sie betastete den dicken Stoff von Pauls dunkelrotem Flanellhemd, das sie immer noch trug. Das Mikrofon war an seinem Platz. Na denn los! Sie holte noch einmal tief Luft, umfaßte den Koffer mit festem Griff und trat in die dunkle Diele des Goller-Hofes. Wie die Bande sie wohl in Empfang nehmen würde? Obwohl sie wußte, daß die Polizei jeden ihrer Schritte beobachtete, war ihr mulmig zumute. Lockvogel war kein leichter Job. Was wäre, wenn die Gangster zu früh merkten, daß sie kein echtes Kokain mehr im Koffer hatte? Oder wenn sie den Peilsender fänden, der in einem der Tütchen versteckt war? Und die Polizei dann nicht rechtzeitig eingreifen würde. Oder wenn die Scharfschützen alle erschießen, und Paul in irgendeinem finsteren Gefängnis vermodert und niemand ihn findet, weil niemand mehr lebt, der weiß, wo er versteckt ist, vergraben ist ...

Katharina versuchte, diese Gedanken zu verscheuchen und konzentrierte sich auf das hier und jetzt. Ruhig bleiben! Klaren Kopf behalten! Sie ging nach links zum Wohnzimmer. Dort hatten sie ihr erstes Treffen gehabt, dort würden sie wahrscheinlich wieder auf sie warten. Ob sie Paul dabei hatten? Sie schluckte. Hoffentlich würde alles gutgehen.

Langsam öffnete sie die Tür. Die Lampen im Wohnzimmer brannten nicht, aber durch das große Fenster an der Stirnseite fiel Tageslicht in den Raum. Vor dem Fensterkreuz zeichnete sich eine Silhouette ab. Katharina erstarrte.

Da hing jemand!

Ein lebloser Körper in grauen Cordhosen und dunkelrot kariertem Hemd baumelte an einem Seil von der Zimmerdecke.

»Paul!«

Katharina ließ alle Vorsicht fahren, machte Licht und stürzte in den Raum. Mein Gott, was war hier passiert! Es waren tatsächlich Pauls Sachen, aber es war nicht Paul, der da hing. Eine Strohpuppe! Diese Kerle hatte eine Strohpuppe gebastelt! Ein makabrer Scherz! Die Puppe roch nach Stroh und Waschmittel. Offensichtlich hatten auch die Gangster Pauls Kleiderschrank geplündert. Katharina und die Puppe trugen Partner-Look.

Ihr Herz schlug langsam wieder ruhiger. Sie schaute die Strohpuppe an. Die Puppe schaute zurück und piepte.

Katharina fuhr zusammen. Was war hier bloß los? War sie ein Versuchskaninchen, dessen Adrenalinpegel getestet wurde?

Sie stellte den Koffer ab und durchsuchte den Stroh-Gehenkten. Aus der rechten Hosentasche zog sie das piepende Etwas. Ein Handy.

Sie drückte den grünen Knopf.

»Ja?«

»Na, sieh mal an! Pünktlich wie die Maurer. Glück für deinen Bauern. Sonst wäre die erste Kniescheibe fällig gewesen.«

»Wagen Sie es bloß nicht! Lassen Sie ihn in Ruhe! Wenn Sie Ihre scheiß Drogen zurückhaben wollen, tun Sie ihm besser nichts!«

»Damit hier keine Mißverständnisse aufkommen, Schätzchen: Die Bedingungen in diesem Spiel stellen wir! Du hast den Koffer?«

»Ja.« Katharina fiel ein Stein vom Herzen. Was für ein Glück! Sie hatten nicht nach Wassilij gefragt; es ging ihnen nur um die Drogen.

»Na, wunderbar! Ich wußte, ich kann mich auf dich verlassen. Dann hör gut zu: Du setzt dich jetzt ins Auto. Nimm das Telefon mit. Und den Koffer. Alles weitere erfährst du dann.«

Er mußte erst den rechten Knopf seines Mini-Kopfhörers aus dem Ohr nehmen und die lange Haarmähne beiseite schieben, bevor er telefonieren konnte. »Und?« sagte er, ohne sein schmatzendes Kaugummikauen zu unterbrechen, als er das Piepen mit einem Knopfdruck stoppte und das Handy ans Ohr hielt.

»Sie kommen«, knarzte es aus dem Hörer. – »Alles klar, kleiner Bruder, die Sache rollt an«, sagte der Langhaarige und hob die rechte Hand. Im Hintergrund sprang ein schwerer Dieselmotor rasselnd an.

Truck Stop

Mit Tempo hundertdreißig fuhr Tom vom Oberbergischen in den Rheinisch-Bergischen Kreis. Links lag der Entenring, die Rennstrecke der Kürtener Modellautobastler. An weiteren Radfahrerinnen war der Polizeiwagen nicht mehr vorbeigekommen. Kein Grund mehr zum Langsamfahren. Wenn die B 506 frei war, konnte man wunderbar Gas geben. Karl-Heinz hatte seine Nörgeleien inzwischen eingestellt. Noch ein paar Stunden, dann war das Wochenende erreicht. Und so eine Dienstfahrt nach Köln war nicht das Schlechteste.

»Trinken wir noch einen Kaffee in der Waidmarkt-Kantine?«

»Ich denke, den haben wir uns verdient. War 'ne ereignisreiche Woche.«

»Du, Tom ...« Karl-Heinz räusperte sich. »Meinst du, du könntest auf dem Rückweg mal kurz an der Theaterkasse am Rudolfplatz vorbeifahren? Weißt du, ich wollte mit meiner Frau zu Millowitsch und ...«

»SCHEISSE!!!«

Tom trat so abrupt auf die Bremse, daß alle drei Insassen des Polizeiautos schmerzhaft nach vorne geschleudert wurden. Gut hundert Meter vor ihnen, an der Abzweigung nach Wermelskirchen, stand ein schneeweißer Lastwagen quer auf der Fahrbahn. Mit quietschenden Reifen brachte Tom das Auto gerade noch rechtzeitig zum Stehen. Karl-Heinz saß bleich auf dem Beifahrersitz und sagte nichts mehr. Auch der Gefangene auf dem Rücksitz war kalkweiß geworden. Nur Toms Gesicht hatte sich rot gefärbt.

»Was ist denn mit dem los? Spinnt der? Na warte, Freundchen, das ist Verkehrsgefährdung höchsten Grades! Das gibt Ärger!«

Er setzte den Wagen zurück auf den Seitenstreifen, machte das Blaulicht an und stieg aus.

»Wir sollten die Kollegen über Funk anfordern«, meinte Karl-Heinz zaghaft.

»Nichts da!« Tom war immer noch wütend. »Den knöpf ich mir selber vor. Der muß von der Straße. Und wenn der keine gute Erklärung für diese Scheiße hat, dann kann er was erleben.«

Tom knallte die Tür zu und stiefelte zum Führerhaus des Lasters. Breitbeinig baute er sich vor der Fahrertür auf.

»Hey Sie! Darf man fragen, was das hier werden soll?«

Statt einer Antwort schlug ihm die schwere Lkw-Tür mit voller Wucht vor den Kopf.

Karl-Heinz sah, wie Tom taumelte und dann wie ein nasser Sack auf den Asphalt klatschte. Was war denn da los?! Er stieg aus dem Wagen und lief zu dem Lkw.

Aus der Fahrerkabine sprang ein hochgewachsener braungebrannter Mann mit schwarzem Zopf. Vor das Gesicht hatte er ein rotes Tuch gebunden. Karl-Heinz bekam nicht die Gelegenheit zu reagieren, denn plötzlich sah er in den Lauf einer Neun-Millimeter-Pistole. Instinktiv nahm er die Hände hoch. Hinter dem Lkw tauchte ein zweiter Langhaariger auf. Dunkelblond, lässig die Daumen in den Gürtelschlaufen. Er trug eine Art Walkman und kam kaugummikauend näher. Und so was ein Jahr vor der Pensionierung, dachte Karl-Heinz noch. Dann spürte er einen Schlag, und ihm wurde schwarz vor Augen.

Elektro Meyer

Die Kopfhörer hatte Kommissar Höller auf seine Knie gelegt. Er sah aus dem Fenster des kleinen Lieferwagens mit dem Kölner Kennzeichen. »Mach dir keine Sorgen, Elektro Meyer kommt gleich morgen« holperte der Reim, der in blau-roten Buchstaben auf die Seitenwände des Wagens gemalt war. Im Moment gab es nichts Interessantes zu hören für den Kommissar. Die Ortsnamen, die Katharina David durchgab, wurden ohnehin von dem Beamten wiederholt, der neben dem Kommissar am Empfangsgerät saß.

»Kaffeekanne«, sagte der Polizist jetzt.

»Also dafür hatte sie doch vorhin genügend Zeit!« raunzte ihn der Kommissar an. »Jetzt ist wohl wirklich ... « Er unterbrach den Satz, als er sah, wie der zweite Beamte, der alle Ortsangaben auf einer Landkarte des Oberbergischen Kreises prüfte, einen Namen unterstrich und ihm die Karte demonstrativ hinhielt.

»Oh, 'tschuldigung. Hab ich ja noch nie gehört, so einen Ortsnamen ... Kaffeekanne ... «

Klebeband

»Du bist ganz schön begehrt, mein Lieber! Alle wollen dich haben, das Ballett, deine Frau, die Polizei ... « Der Langhaarige mit dem Walkman nahm den Kaugummi aus dem Mund und klebte ihn Wassilij auf die Stirn. »Aber jetzt gehörst du mir.«

Wassilij zitterte am ganzen Körper. Mit Klebeband zusammengeschnürt saß er neben dem Langhaarigen auf dem Rücksitz. Jetzt hatten sie ihn doch noch. Die würden ihn eiskalt umbringen! So eiskalt, wie sie die beiden Polizisten niedergeschlagen und mit Klebeband umwickelt hatten. Blitzschnell war das gegangen. Dann hatten sie ihn aus dem Polizeiauto geholt und in den roten Alfa Romeo gepackt. Gut versteckt hatte der hinter dem Lkw gestanden. Und jetzt fuhren sie schon über Dhünn in Richtung

Wermelskirchen. Keine halbe Minute war seit dem Überfall vergangen. Die machten sich gar nicht die Mühe, ihm die Augen zu verbinden oder so was. Die würden ihn umbringen, keine Frage! Und das nur, weil er auf Katharina gehört hatte. Hätte er gestern abend an die Russen verkauft, säße er jetzt schon im Flieger und nicht gefesselt im Auto mit zwei Killern.

»Sollen wir unserem Baby schon ein paar Fragen stellen?«

»Überlaß das lieber Marcel«, sagte der Schwarzhaarige hinter dem Steuer, der bislang geschwiegen hatte. »Du weißt, daß dein Bruder das nicht mag, wenn du seinen Job machst.«

»Und dein Job ist es zu fahren und nicht, Reden zu schwingen!«

Vor dem querstehenden Lastwagen und dem Polizeiauto auf dem Seitenstreifen der B 506 bildete sich nach und nach eine lange Autoschlange. Nach fünf Minuten fingen die ersten an zu hupen. Fast zehn Minuten dauerte es, bis ein Autofahrer ausstieg und erst zu dem Laster, dann zu dem Streifenwagen hinüberging, auf dem sich immer noch das Blaulicht drehte. Es war ein Tierarzt, unterwegs nach Kürten, zu einem Kalb mit Tollwutverdacht. Noch einmal drei Minuten vergingen, bis der Tierarzt das Poltern der gefesselten Polizeibeamten im Kofferraum bemerkte.

Futterkrippe

Katharina fuhr über Straßen, von denen sie bis dahin nicht gewußt hatte, daß sie überhaupt existierten. Sie hatte vollkommen die Orientierung verloren. »Gaststätte Eierkaal« – War sie hier nicht schon einmal vorbeigefahren? Wie hieß das hier? Dörperhöhe ... Kam ihr irgendwie bekannt vor. Nein, eigentlich doch nicht. Es war zum Verzweifeln. Forsten, Rädereichen, Remlingrade, Kormannshausen, Engelsburg ... Irgendwann hatte sie es aufgegeben, sich die Ortsnamen zu merken. Nur Kaffeekanne, das hatte sie noch behalten. Doch all diese Namen nutzten ihr wenig – sie hatte keine Ahnung, wo diese Orte lagen, die manchmal nicht mehr als drei Häuser hatten. Und auch die Straßenschilder verwirrten sie mehr, als daß sie ihr sagten, wo sie gerade herfuhr. Mal war es an einer Kreuzung links nach Remscheid und rechts nach

Radevormwald gegangen, an einer anderen war es dann wieder genau umgekehrt. Das einzige, was sie noch wußte: daß sie so ziemlich am Anfang ihrer Irrfahrt – über eine Stunde war seitdem schon vergangen – auch durch Hückeswagen gekommen war. Ein paar Mal war sie an einer Talsperre vorbeigefahren. Mal am Ufer vorbei, mal auf einer Brücke drüberweg. Oder waren es mehrere Talsperren gewesen? Sie hatte keine Ahnung. Sie hatte alle Ortsnamen, die sie las, brav heruntergebetet. Hoffentlich konnte Kommissar Höller ihre Worte über das Mikrofon mithören. Sicher war sie sich da nicht. Ob wenigstens die Polizei noch wußte, wo sie sich befand? Katharina jedenfalls wußte es nicht mehr. Die knappen Befehle, die sie zwischendurch immer wieder aus dem Handy erhielt, lauteten nur: »Jetzt links« oder »Gleich an der großen Scheune rechts in die schmale Straße«. Und so weiter, und so weiter ... Die Route war verdammt gut gewählt, um eine ortsunkundige Wuppertalerin total in die Irre zu führen.

Gerade fuhr sie mitten durch einen Wald auf einer schmalen Straße. Auch hier war sie noch nie in ihrem Leben gewesen. Wieder klingelte das Handy, das sie auf den Beifahrersitz gelegt hatte.

»Ja?«

»Wir sind gleich da. Gleich hört der Wald auf, da geht dann links ein Weg rein, den fährst du so weit, bis du eine Futterkrippe siehst. Dort fährst du den Wagen in den Wald.«

Tatsächlich, da hinten war der Waldrand. Katharina ging vom Gas. Langsam bog sie in den vom Regen aufgeweichten Forstweg ein. Den schmalen Fahrspuren folgend holperte sie den Waldrand entlang. Rechts erstreckte sich eine weitflächige Wiese, die in sanftem Schwung ins Tal abfiel. Das Gras stand grün und saftig. In einiger Entfernung, weit unten an der dunklen Schlangenlinie eines Baches, standen ein paar schwarzweiße Kühe. Katharina mußte an Paul denken. Was gäbe sie darum, wenn sie ihn endlich aus dieser schrecklichen Geschichte herausbringen könnte; ihn, der nur aus Pech und aus Gutmütigkeit mit hineingerutscht war, und der jetzt am tiefsten im Dreck steckte. Und wenn er nun überhaupt nicht mehr lebte ...? Der Gedanke ließ Katharina schwindelig werden. Schnell schüttelte sie ihn ab und konzentrierte sich auf die holprige Fahrt. Ständig erwartete sie, daß plötzlich jemand von links aus dem Wald käme – hinter einem Baum hervor oder einem der dichten Büsche. Doch niemand war zu sehen. Auch das Telefon blieb still; also bieb es bei der letzten Anweisung. Jeden Moment mußte im Wald die Futterkrippe sichtbar werden. Weit konnte es nicht mehr sein ...

Da! Die Bäume standen hier lichter, zwischen den Büschen tat sich eine breite Lücke auf, und eine kaum sichtbare Fahrspur führte leicht bergab zu einer Futterkrippe. Es lag kein Futter darin, das kleine Dach beschirmte die leere Bretterkonstruktion. Zu sehen war immer noch niemand. Fast hoffte Katharina, daß auch keiner der Kerle auftauchte. Sie würde eine halbe Stunde warten, vielleicht eine dreiviertel Stunde, und dann könnte sie nach Hause fahren, ein Bad nehmen und guten Gewissens alles vergessen, dann hatte sie wenigstens ihre Pflicht erfüllt ...

Netter Traum, Katharina! Und was wird aus Paul? So leicht kommst du aus der Geschichte nicht mehr raus!

Sie fuhr noch ein paar Meter weiter, dann blieb sie stehen und stieg aus. Gerade als sie die Autotür zuschlagen wollte, klingelte noch einmal das Telefon.

»Ja?«

»Tänzerin, was ist los mit dir? Bis hierhin hat doch alles so schön geklappt. Schon vergessen, daß du den Wagen in den Wald fahren solltest? Also steig jetzt schön wieder ein und sei ein gehorsames Mädchen!«

Katharina startete den Lada wieder, setzte ihn zurück bis zu der Stelle, wo die Fahrspur in den Wald führte, und bog rückwärts ein. Wie aus dem Nichts standen plötzlich die beiden Kerle neben dem Wagen. Diesmal trugen beide Lederjacken.

»Hallo Schätzchen«, fistelte der Kräftige und zog den Reißverschluß seiner Jacke ganz auf. Katharina sah eine Pistole seitlich in der Hose stecken. »Hast du gut hergefunden?«

»Tut mir leid«, sagte der andere, »daß wir dich ein paar Umwege lotsen mußten. Aber schließlich soll niemand unser kleines Treffen stören.« Er schaute in den Wagen. »Wo ist der Koffer?«

»Wo ist Paul?«

»Das interessiert doch keinen. Du gibst uns den Koffer und kommst mit uns, wie wir es geplant haben.«

»Wir haben überhaupt nichts geplant!«

»Na, na, bislang hat unsere Zusammenarbeit doch prima geklappt. Jetzt werd doch nicht patzig, Katharina!«

»Woher kennen Sie meinen Namen?«

Lauschangriff

Kommissar Höller rieb sich die Hände. »Hab ich's mir doch gedacht«, zischte er dem Beamten zu, der die Technik bediente. »Ich hab mir doch gleich gedacht, daß da was nicht stimmt. So reden doch keine Geiselgangster! Ihre Drogenfreunde begreifen offenbar nicht, daß sie verkabelt ist.«

Er lauschte weiter in seinen Kopfhörer und schüttelte den Kopf. Er stieß den Beamten mit dem Ellenbogen an, um sicherzugehen, daß der ihn trotz seines Kopfhörers verstand: »Sind Sie sicher, daß Sie alles aufnehmen?«

»Ich mach das nicht zum ersten Mal, Herr Kommissar!«

»Gut. Noch werd ich aus der Sache nicht schlau. Aber das Mädel knöpf ich mir noch mal vor ... «

Wassilij

»Du begreifst es immer noch nicht, Russe: Niemand *scheißt* in meinen Vorgarten! Wenn es um Geld geht, bin ich empfindlich.«

Wassilij kniete auf dem Betonfußboden und starrte auf einen Speicheltropfen im Mundwinkel des pockennarbigen Gesichts über ihm. Die Brillengläser des kleinen Mannes waren schmierig und staubig.

»Mach dir folgendes klar: Du bist im Grunde schon tot. Über dir sind zwei Meter Erde und ein billiger Grabstein mit deinem verdammten russischen Namen drauf. Vielleicht hast du noch eine winzige Chance. Aber die wird mit jeder Minute kleiner und kleiner. Also, mach endlich das Maul auf.«

Der Muskulöse mit den langen blonden Haaren zerrte brutal an den Polizeihandschellen, mit denen Wassilij immer noch gefesselt war.

Wassilij schrie vor Schmerzen auf. »Aber es ist doch die Wahrheit! Ich weiß nichts von irgendeiner russischen Mafia! Ich kenne niemanden!«

»Ich bin schon lange in dem Geschäft. Also erzähl mir nichts. Du hast uns für über eine Million Koks geklaut. Irgendwem mußt du es verkaufen. Jeder Idiot weiß, daß ihr Russen untereinander Geschäfte macht. Warum auch nicht? Eure Geschäfte interessieren mich einen Scheißdreck! Solange ihr sie in Berlin oder in Hamburg oder in Leipzig oder sonstwo macht. *Aber nicht hier in meiner Gegend!*« Plötzlich schrie er Wassilij an, packte ihn an den Haaren und riß ihm den Kopf nach hinten. »Ich lasse nicht zu, daß ihr euch hier ins Geschäft drängt. Ich lasse mir von euch verdammten Scheißern hier nicht alles kaputt machen! Wer sind deine Leute?«

»Ich weiß es doch nicht. Ich hab nur diese Telefonnummer bekommen. Wirklich! Da hab ich angerufen und konnte ein Treffen ausmachen. Ich hab denen erzählt, was ich zu verkaufen habe, und die haben gesagt, sie melden sich wieder. Das ist alles. Ich schwör's!«

Der kleine Mann richtete sich auf und schaute auf Wassilij hinab. »Ich glaube, du verstehst meine Sprache nicht. Da brauchen wir wohl einen Dolmetscher.« Er schaute zu dem braungebrannten schwarzhaarigen Zopfträger, der vorhin den Wagen gefahren und jetzt teilnahmslos auf einem Tisch saß. Er hatte Wassilij vorhin an den Haaren vom Auto bis hierher geschleift. »Gerit, würdest du bitte einmal mit dem Mann reden und ihm verständlich machen, was ich von ihm will.«

Gerit legte den Apfel beiseite, an dem er die ganze Zeit gekaut hatte, und rutschte von der Tischkante. Als Wassilij die Spitze seines Cowboystiefels in den Magen bekam, bereute er alles.

»Ich hab ja von Anfang an gesagt, wir dürfen keine Russen für uns arbeiten lassen. Nicht mal als Kurier.«

»Halt's Maul und mach weiter.«

Beim nächsten Tritt knackte es fürchterlich in Wassilijs Brust. Als er umkippte, riß ihn der andere brutal wieder hoch und kugelte ihm dabei fast den Arm aus.

»Und?«

»Ich weiß nichts ...«, wimmerte Wassilij.

Der Braungebrannte wollte wieder zutreten, doch der Kleine winkte ab. »Laß gut sein. Bindet ihn da an die Heizung. Ich will, daß er hört, was ich ihm noch zu sagen habe.« Er ging neben Wassilij in die Hocke.

Als Wassilij die ersten beiden Worte hörte, wich alles, seine Angst, seine Schmerzen, alles wich wirklichem Entsetzen. Zwei Worte, die ihn noch härter trafen und tiefer in ihn drangen als die Cowboystiefel.

»Deine Frau«, hörte er die Stimme des Kleinen. »Deine Frau! Denk mal nach. Offenbar macht es dir Spaß, Schmerzen zu erleiden. Aber du solltest dir folgendes klarmachen: Genau jetzt, in diesem Moment treffen zwei unserer Leute deine Frau. Zwei Dinge bezwecken wir mit diesem Treffen. Erstens wollen wir unsere Ware zurückhaben, wie du sicherlich verstehen wirst. Sollte sie den Koffer nicht dabei haben, werden Pablo und Hartwig ziemlich sauer, wie ich die beiden kenne. Aber richtig sauer werden sie, und damit sind wir bei Punkt zwei, wenn ich ihnen mitteile, daß hier ein störrischer Russe sitzt, der uns noch keinen einzigen winzigen Namen verraten hat. Wenn die beiden das hören, werden die richtig wütend, das kann ich dir versprechen. Also, um es kurz zu machen: Wenn du in fünf Minuten nicht alle Namen und Adressen ausgeplaudert hast, wird deine süße Frau erschossen. Und das wäre doch schade ...«

»NEEIIN!!!«

»Es liegt ganz an dir, wie diese Geschichte ausgeht. Wir tun alles, um euch Russen aus unseren Geschäften rauszuhalten. Verstehst du? *Alles!*«

Schnappmesser

»So, jetzt aber Schluß mit dem Gequatsche!« Der Einäugige rückte seine Brille gerade. »Wo ist die Ware?«

Katharina schaute von einem zum anderen. Was sollte sie tun? Offenbar hatten die beiden Paul nicht dabei. Der Kommissar hatte ihr eingeschärft, auf jeden Fall auf alle Bedingungen der Männer einzugehen. Schließlich saßen die in jeder Beziehung am längeren Hebel. Und außerdem war ja in einem der Tütchen mit dem weißen Pulver der Peilsender versteckt. Hauptsache also, sie nahmen das falsche Koks mit. Aber Paul! Katharina hatte das Gefühl, daß sie irgend etwas anders machen sollte als geplant. Der Kommissar hatte ihr so einfach vorgerechnet, was passieren würde, aber das klang *zu* einfach. Gar nicht wie die verrückten Zufälle, die ihr Leben in den letzten Tagen bestimmten.

»Zuerst muß ich Paul sehen.«

Der Einäugige gab dem anderen einen Wink, und der öffnete ohne zu zögern die Beifahrertür des Lada und klappte den Sitz nach vorn. Er beugte sich in den Wagen und zog den Koffer unter dem Rücksitz hervor.

»Da steck ich's auch immer hin«, sagte er und legte den Koffer auf die Kühlerhaube. Die Verschlüsse schnappten auf. Der Einäugige blieb dicht bei Katharina an der Wagentür stehen. Der Kräftige zog ein Schnappmesser aus seiner Lederjacke. Blitzschnell war die Klinge aufgesprungen, einer der Plastikbeutel aufgeschlitzt und das Messer wieder zusammengeklappt in der Jacke verschwunden. Er leckte sich über die Kuppe des kleinen Fingers und steckte ihn in das Pulver. Katharina erstarrte vor Angst. Was sollte sie nur tun? Alles lief schrecklich schief! Gleich würde er sagen: »Gips!« oder »Mehl!« oder was sonst die Polizei da reingepackt hatte. Und dann?

Der Kräftige schob sich den Finger tief in den Mund, wobei er Katharina spöttisch in die Augen schaute. Langsam zog er den Finger wieder heraus. Er sagte nichts.

»Und?« fragte der Einäugige.

Statt einer Antwort drehte der andere langsam den aufgeschlitzten Beutel um und verschüttete das weiße Pulver auf den Waldboden. Der Wind trug es in einer feinen Wolke davon.

Bevor Katharina reagieren konnte, hatte der andere sie aus dem Lada gezerrt und griff ihr ins Hemd. Katharina war so überrascht – sie hätte alles andere erwartet, nur das nicht –, daß sie nicht einmal schrie. Sie hörte den dicken Stoff reißen, aber schon hatte der Einäugige seine Hand wieder draußen und hielt das Mikrofon zwischen seinen Fingern. Er legte es auf einen Stein und trat so lange mit seinem Stiefelabsatz darauf, bis es in alle Einzelteile zersplittert war. Niemand hatte währenddessen ein Wort gesprochen.

»Tänzerin, ab sofort reden wir Klartext«, sagte der Einäugige jetzt.

Auch der Kräftige stand inzwischen neben ihr.

»Du hast die Bullen mit reingezogen, darauf steht Todesstrafe.«

Katharina hörte die Klinge des Schnappmessers wieder herausspringen. Dann rannte sie los. Bergab. Auf die Bäume zu. Ein Schuß fetzte direkt neben ihr in einen Baumstamm.

Kopfhörer

»Was ist denn jetzt wieder los? Ich höre nichts mehr!« Kommissar Höller schob seinen Kopfhörer zurück.

»Offenbar hat jemand das Mikrofon zerstört, Herr Kommissar.«

»Jemand? Außer ihr wußte niemand, daß sie ein Mikrofon trägt. Die kleine Ratte versucht mich zu leimen!«

»Vielleicht haben sich die Kerle gedacht, daß sie verkabelt ist.«

»Ach ja? Und sie wußten wohl auch genau, wo das Mikro versteckt ist, was? Wir hätten es doch gehört, wenn man sie durchsucht hätte. Ich habe nichts dergleichen gehört. Was ich gehört habe, ist, daß sie sehr freundschaftlich mit ihr geredet haben. Sie ahnten offenbar nicht, daß sie verkabelt ist. Und deswegen hat sie das Mikro selbst zerstört. Bevor noch mehr verräterisches Zeug gequatscht wurde.«

Der Kommissar drehte sich um und sprach den Leiter des Einsatzkommandos an: »Veranlassen Sie, daß alle Zufahrtswege gesperrt werden! Ich will die Kleine haben!«

»Und was ist mit der Geisel? Dem Bauern?«

»Was weiß ich, ob diese Geschichte überhaupt stimmt? Erst mal will ich die Frau und die beiden Typen haben. Wenn die den Bauern wirklich haben, werden sie uns schon verraten, wo er steckt, da können Sie Gift drauf nehmen! Die Geisel nützt denen dann auch nichts mehr.« Wütend stand Höller auf. »Dieses Luder! Wenn sie Krieg will, kann sie ihn haben!«

Als er sich umwandte, um aus dem Wagen zu steigen, wollte ihn der Techniker noch warnen, aber es war bereits zu spät. Das Kabel des Kopfhörers, der immer noch um seinen Hals lag, spannte sich und riß den Kommissar zurück. Im letzten Moment bevor er zu Boden ging, konnten ihn zwei Beamte noch auffangen.

Treibjagd

Sie rannte um ihr Leben. Die zerissene rechte Seite des Hemdes schlug auf ihrer Schulter wild hin und her. Hinter sich hörte Katharina Äste knacken. Der Kräftige rannte hinter ihr. Er war schnell! Irgendwo hörte sie wieder einen Schuß. War der andere zurückgeblieben? Oder hatte es ganz nah bei ihr geknallt? In ihren Ohren brummte es dumpf. Sie hörte ihren eigenen Pulsschlag. KNACK! Wieder zerbrach hinter ihr ein Ast. Hörte sie ihn keuchen? War er wirklich schon so nah? Rennen, Katharina, rennen! Noch schneller rennen!

Sie sprang über einen Ast, der quer vor ihr lag. Die weite Hose verhakte sich an einem Zweig, der mit einem unwirklichen Geräusch abbrach. Ihre Ohren spielten verrückt, aber ihre Augen sahen schärfer als je zuvor. Jede Fichtennadel sah sie vor sich auf dem feuchten Waldboden. Jeden Zweig, jeden Stein. Da, jetzt springen! Wieder ein Schuß! Nicht umdrehen, rennen! Jede kleinste Information wurde an ihr Gehirn weitergegeben. Es war, als ob jede Faser ihres Körpers wußte, daß es jetzt um alles ging. Alles geben jetzt, das Leben hängt davon ab! Wie schnell sie alles auffaßte, wie schnell ihr Gehirn jede Information ohne Umwege an die Beine weitergab. Da war kein Straucheln, sicher wie ein Reh rannte sie um ihr Leben.

Nur die Schuhe ... die Schuhe hinderten sie. Zeit, diese Dinger loszuwerden! Plötzlich spürte sie etwas in ihren Haaren. Ein Schatten im Augenwinkel! Er griff nach ihr! Unmittelbar hinter ihr war er! Gott, rannte der schnell!

»Du kleine Bestie, ich mach dich fertig!«

Katharina hörte seine Stimme und sah den starken Fichtenzweig vor sich. Im Vorbeilaufen bog sie ihn nach vorn und ließ ihn zurückschnappen. Lautes Stöhnen, sie hörte ein Rascheln und Knacken hinter sich. Sie wagte es, sich kurz umzudrehen, und sah ihren Verfolger über den Boden rollen. Links ging's da steil ab. Da kommt der so schnell nicht mehr hoch! Der wäre erst einmal ausgeschaltet.

Jetzt weg mit den Schuhen! Schnell! Mit einer Bewegung waren sie abgestreift. Jetzt ging es frei weiter. Katharina flog. Ihr Herz drohte zu zerspringen, ihre Lunge schmerzte, Blutgeschmack in ihrem Mund. Nie zuvor war sie dankbarer gewesen, daß sie so gut trainiert war. Sie dankte dem Schicksal für jede einzelne Trainingsstunde oben im leeren Kinosaal des alten Lichtburg-Theaters, wo sie gewöhnlich probten. Sie dankte für jede Minute, die sie als junges Mädchen an Ballettstangen verbracht hatte. Plötzlich wußte sie, wozu die Tränen gut gewesen waren, die sie in verzweifelten langen Übungsstunden vergossen hatte.

Rennen! Immer schneller! Fliegen!

War da noch ein Schuß? Sie hörte nichts mehr. Hatte sie es geschafft? Da, über den Bach. Ihre Beine hoben ab, und sie schwebte über das klare Wasser. Als sie am anderen Ufer ankam, knickte sie ein. Sie schaute sich um. Da hinten war er wieder! Da oben kam er den Hang herunter. Zielte er mit der Pistole auf sie?

Weg! Weiter!

Als sie sich abrollte, schlug ein Schuß in den Waldboden ein und ließ die Fichtennadeln auseinanderspritzen. Das war die Stelle, an der sie gerade gelegen hatte!

Weiter!

Nur noch über die Kuppe, dann war es geschafft. Nur noch dort hinauf, dann war sie außer Sichtweite. Doch bergauf ging es quälend langsam, und hier am Hang war sie ein leichtes Ziel.

Den Kleinen sah sie nicht mehr.

Aber oben im Wald stand der Einäugige, die dunkle Brille auf die Stirn hochgeschoben, beide Arme ausgestreckt, die Pistole im Anschlag, und zielte ruhig. Jetzt hatte er Zeit, das Ziel konzentriert ins Visier zu nehmen. Das Reh saß in der Falle. Über den schwarzen Lauf der Pistole hinweg sah er mit ruhigem Auge Katharina den steilen Hang hinaufkriechen.

Dieselroß

Paul verhielt sich ganz ruhig. Es war wieder laut geworden draußen. Mehrere Wagen waren vor- oder abgefahren. Nebenan hatte er Lärm gehört, Stimmen, sogar Schreie. Weiß der Teufel, was da los war. Ob diese Scheißkerle nebenan eine Art Folterkammer betrieben? Ihn würden sie nicht mehr so einfach in die Mangel nehmen. Nicht einfach so. Nicht, ohne vorher auch ein paar Zähne zu verlieren. Paul saß auf dem Dieselroß und wartete ganz still. Hier unter der großen Plane konnte ihn niemand sehen. Wenn sie hereinkommen würden – er wußte, was er dann zu tun hatte. Es würde diesen Schweinen sehr, sehr weh tun ...

Telefon

»Was sagen Sie? Entführt?«

Höller bellte förmlich in den Telefonhörer.

»Ja, Kommissar. Mitten auf der Bundesstraße. Am hellichten Tag. Ein gestohlener Lkw steht quer. Die Beamten wurden überrumpelt. Wir können von Glück reden, daß unseren Leuten nichts passiert ist! Die Kerle hatten Schußwaffen dabei.«

»Dieses Biest! So ein abgekartetes Spiel. Sie hält uns hier in Atem, während ihre Komplizen in aller Seelenruhe ihren Mann befreien. Ich hätte ihr von Anfang an nicht trauen dürfen.«

Er pfefferte das Telefon auf den Boden des Lieferwagens. Die anderen Beamten im Wagen schwiegen peinlich berührt.

Zielscheibe

Plötzlich glitt Katharina ab, sie rutschte den Hang wieder hinunter. Ihre Finger suchten Halt, doch sie fanden keinen. Nicht wieder zurück! Nein!

ZZZIINNNGGG!

Unmittelbar über ihrem Kopf schlug ein Schuß in den nassen Boden. Sie fühlte Schlammspritzer auf ihrem Gesicht.

Oh, mein Gott! Er hat auf meinen Kopf geschossen! Er schießt auf meinen Kopf!

Sie spürte, wie ein letzter Schub Energie sie durchströmte. Sie arbeitete sich wieder hoch. Ihre Beine schoben, ihre Hände griffen nach Wurzeln und zogen und zogen. Immer näher kam die rettende Kuppe.

»Verdammte Scheiße!«

Hektisch suchte der Einäugige ein neues Patronenmagazin in seinen Jackentaschen. Als er es gefunden, blitzschnell eingeschoben und die Pistole wieder in Anschlag gebracht hatte, sah er Katharina nicht mehr auf dem dunklen Waldboden, sondern vor dem Hintergrund des blauen Himmels. Noch bevor er abdrücken konnte, war sie verschwunden.

Katharina lief geduckt weiter.

Gerettet!

Nur jetzt nicht stehenbleiben! Dort hinunter zu den Felsen, um den nächsten Hügel herum und immer weiter und weiter. Sie wußte nicht, ob sie jetzt noch verfolgt wurde. Doch je mehr Abstand sie zwischen sich und die beiden Männer brachte, desto besser. Plötzlich genoß sie das Gefühl des Waldbodens unter ihren nackten Füßen. Als sie ihre verdreckten Arme und Beine sah, fing sie plötzlich wild an zu lachen. Lachend rannte sie durch den Wald. Sie war nicht mehr außer Atem; sie hätte rennen können bis in alle Ewigkeit. Sie war gerettet, und ihre nackten Füße trugen sie durch ein neues Leben. War sie noch die Katharina, die vor einer Ewigkeit oben im Wald losgerannt war? Nein, jetzt war sie Katharina die Große! Die Heldin, die den Tod mit den eigenen Füßen bezwungen hatte. Sie lachte, als ihr der Spitzname einfiel, den ihr die Tänzer nach der Hochzeit mit Wassilij gegeben hatten. Katharina die Große. Jetzt hatte sie sich diesen Namen verdient. Sie konnte nicht anders als lachen.

Beseelt von einem unendlichen Glücksgefühl lief sie und lief und lief. Sie konnte nicht sagen, wie weit sie gelaufen war, als sie endlich stehenblieb. Augenblicklich klappte sie nach Luft schnappend in sich zusammen und blieb auf dem Rücken liegen. Langsam kehrte die Erinnerung an die alte Katharina zurück.

Wie hatte eigentlich alles angefangen? Auf Pauls Hof? Nein. An der Staumauer? Nein, noch früher. Im Briller Viertel, in ihrer Wohnung?

Nein, angefangen hatte alles bei den Kardinälen im *Köhlerliesl*, auf der Herrentoilette, wo ihr Alexej von Wassilijs Verbindung zu den Drogenleuten hier im Bergischen erzählt hatte. Wo Alexej erzählt hatte, daß er mit Wassilij ins Bergische Land gefahren war zu –

Ruckartig setzte sich Katharina auf.

Dahlhausen!

Alexej hatte etwas von einem Holländer erzählt. Das war offenbar der, der jetzt tot war. Aber hatte er nicht erzählt, daß er Wassilij nach Dahlhausen gefahren hatte? Der Hof des Toten lag nicht in Dahlhausen, sondern bei Wipperfürth ...

Es mußte noch eine zweite Adresse geben!

Wurde Paul dort festgehalten?

Vielleicht hatte Alexej nur Blödsinn erzählt, vielleicht auch nicht.

Katharina sprang auf. Sie mußte den Kommissar anrufen. Und zwar so schnell wie möglich. Sofort! Diesmal tat es weh, als sie loslief. Ihre Beine waren steif und schwer wie zwei Wasserleichen.

Apparat zwei

»Was sagen Sie?«

Kommissar Höller preßte den Telefonhörer fester an sein Ohr.

»Wir haben den Koffer mit den falschen Kokainbeuteln gefunden. In einem Waldstück südlich von Rade. Auch den Lada und das zerstörte Mikrofon. Alles liegt hier am Ort der letzten Funksignale.«

»Scheiße. Niemand mehr da?«

»Niemand, Herr Kommissar.«

Höller kochte vor Wut. Er hatte eine Großfahndung auf die Beine gestellt, die im Bergischen Land beispiellos war. Wegen ein paar Drogendealern und einer undurchsichtigen Tänzerin. Er hatte so viele Uniformierte und so viel Technik eingesetzt, als ob er Krieg führen wollte. Und diese Dreckskerle, diese Tänzerin, sie hatten ihn einfach geleimt.

»Gut. Umgebung absuchen. – Ach, noch etwas. Sollte ihnen zufällig eine blonde junge Frau in Begleitung zweier Männer auffallen – bringen Sie sie mit.«

Von der anderen Seite wurde ihm noch ein Telefon gereicht.

»Kommissar Höller! Frau David auf Apparat zwei!«

Höller schaute auf das graue Telefon, als hätte er nie zuvor eines gesehen.

»Kommissar ...«

Höller riß dem Polizisten den Apparat aus der Hand.

»Höller?«

»Herr Kommissar, endlich! Hier ist Katharina David. Ich ...«

»Frau David! Wo stecken Sie?«

»Was? – Ich weiß nicht, eine Telefonzelle ...«

»Wo?«

»Keine Ahnung. Hier ist eine Straßenkreuzung. Ich komme gerade aus dem Wald und –«

»Was ist mit Ihrem Mikrofon passiert?«

Höller hielt die Sprechmuschel zu. »Schnell! Ich muß wissen, von wo sie anruft. Wenn sie mich wieder verscheißert ... Diesmal will ich sie kriegen.«

Er sprach wieder ins Telefon: »Was?«

»Ich sagte, ich weiß jetzt, wo das Versteck der Bande ist!«

»Ah ja. Sind Sie dort gewesen?«

»Nein, ich ... «

»Woher wissen Sie's dann?«

»Verdammt, wenn Sie mich mal ausreden lassen würden! Sie glauben mir immer noch kein Wort, was?«

»Frau David, bislang habe ich dazu nicht den geringsten Anlaß. Mein Vertrauen in Sie ist ... «

»Hören Sie mir auf mit Vertrauen! Gerade eben ist auf mich geschossen worden! Mindestens zwanzigmal! Die haben mich gejagt wie ein Tier. Es ist ein Wunder, daß ich noch lebe! Und wo waren Ihre Leute da? Ihr Gequatsche von Vertrauen interessiert mich einen Scheißdreck! Es geht immer noch um Menschenleben. Sie hören jetzt zu und handeln. Und zwar schnell!«

Kommissar Höller war sprachlos.

»Vor drei Tagen habe ich das erste Mal von den Drogenkontakten meines Mannes erfahren. Von einem Mann namens Alexej. Er erzählte mir, daß er Wassilij einmal zu einem Treffen mit dem Holländer gefahren hat – offenbar der Holländer, der jetzt tot ist. Aber die Adresse, die er genannt hat, ist nicht der Hof bei Egen. Er sprach von einer Autowerkstatt irgendwo in Dahlhausen. An der Straße von Beyenburg ... «

»Dahlhausen?«

»Bei Radevormwald.«

»Ich weiß, wo Dahlhausen liegt.«

»Verstehen Sie denn nicht? Das muß eine zweite Adresse dieser Männer sein. Vielleicht wird Paul ... wird Herr Goller da gefangen gehalten.«

»Wenn es unser Holländer war ... Frau David, glauben Sie, im Bergischen Land gibt es nur eine handvoll Leute, die mit Drogen zu tun haben? Wäre schön, wenn es so wäre. Weiß der Henker, bei wem ihr Mann gewesen ist.«

»Es ist eine Chance, verdammt! Sie müssen etwas tun, und zwar schnell! Diese Männer wissen jetzt, daß wir sie mit falschem Kokain reinlegen wollten. Sie haben ein Polizeimikrofon bei mir gefunden. Die werden jetzt nicht untätig rumsitzen und einfach abwarten. Paul Goller ist in höchster Gefahr! Wenn Sie nichts unternehmen, ich fahre jetzt dahin!«

Die Leitung brach ab.

»Aufgelegt. Haben wir ihren Standort?«

»Ja, an dieser Kreuzung steht eine Telefonzelle.« Der Polizist zeigte auf die Landkarte.

»Wir fahren hin. Sofort. Entweder spielt sie tatsächlich ein Spielchen, dann sehen wir sie nie wieder. Oder sie ist verrückt. Und dann habe ich keine Lust, die Kleine erst in Dahlhausen aufzulesen!«

Rückkehr

»Ah, die Herren vom Kundendienst kommen zurück!«

»Habt ihr die ... Leck mich am Arsch, wie seht ihr denn aus?«

Als der Einäugige und und der Kräftige wütend in das kleine fensterlose Büro stürmten, boten die beiden tatsächlich ein erbärmliches Bild. Beide schwitzten wie alte Jagdhunde. Der Kräftige war immer noch krebsrot, und die Hosen des Einäugigen waren von seiner Rutschpartie durch den Wald vollkommen verdreckt.

»Die Kleine ist uns entwischt.«

»Was interessiert mich das Mädchen? Habt ihr den Stoff?«

»Einen Scheiß haben wir.«

»Einen Koffer voller Puderzucker hätten wir mitbringen können.«

Wassilij, der immer noch an die Heizung gefesselt war und auf dem Betonfußboden des alten Werkstattbüros hockte, der etwa seit den zwanziger Jahren nicht mehr renoviert worden war, hörte aufgeregt zu. Katharina war entkommen! Sie war in Sicherheit.

»Wir verschwinden von hier«, entschied der kleine Pockennarbige mit der Brille. »Besser, wir gehen kein Risiko ein.«

»Was ist mit dem Russen und dem Bauern?«

»Den Russen nehmen wir mit. Den Bauern brauchen wir nicht mehr.«

»Sollen wir ihn einfach in der Garage lassen?«

»Ich sagte, wir gehen kein Risiko ein. Er hat eine Menge gesehen und gehört.«

»Verstehe ...« Der Schwarzhaarige mit den Cowboystiefeln grinste und zog seinen Zopf fester.

»Aber erst packt ihr alles zusammen. Und zwar gründlich!«

Dahlhausen

»Das hier ist Dahlhausen?«

»Ja, wo soll ich Sie absetzen?«

Der Dicke lächelte freundlich zu Katharina hinüber. Ein netter Kerl, fand sie. Und Katharina mochte ihn nicht nur, weil er wie ein rettender Engel angehalten hatte, als sie verzweifelt am Straßenrand herumgeirrt war. Aus dem Seitenfenster eines grünen Kastenwagens hatte er sich gebeugt. »Rohre säubern und verlegen – von Wuppertal bis Egen« las Katharina auf der Seitenwand. Er hatte die Musik ausgedreht, sich die Baseball-Kappe aus der Stirn geschoben und gefragt: »Wo kann ich Sie hinbringen? Zu einem Schuhgeschäft?«

Dann hatte er sich sofort bereit erklärt, sie nach Dahlhausen zu bringen, obwohl das, wie er sagte, zum Glück nicht auf seinem Weg lag.

»In Dahlhausen hatte ich mal ein verstopftes Klo. Das war die größte Schweinerei, die ich je erlebt habe. Aber ich erspare Ihnen lieber die Details. Außerdem platze ich vor Neugier.« Er schaute zu ihr hinüber. »Warum steht eine schöne Frau wie Sie in so einer gottverlassenen Gegend barfuß am Straßenrand, über und über mit Dreck eingesaut und in Klamotten, die selbst einem Bauern beim Güllefahren peinlich wären?«

Er strahlte sie aus seinem kugelrunden Gesicht mit fröhlicher Neugier an. Katharina überlegte, was sie ihm antworten sollte, aber die Wahrheit war einfach zu absurd. Sie zögerte.

»Sie haben ja recht, geht mich auch gar nichts an.«

»Nein, nein. Es ist nur, die Geschichte ist einfach zu kompliziert. Aber ich verspreche Ihnen, wenn ich mal neue Rohre brauche, rufe ich Sie an, und dann erzähle ich Ihnen alles.«

»Abgemacht!« Er reichte ihr die Hand. »Wenn Sie anrufen, verlangen Sie einfach Max. Das bin ich. Aber es gibt da sowieso niemand anderen.«

»Also, wo soll ich Sie absetzen?«

»Irgendwo muß es eine Autowerkstatt geben an der Bundesstraße zweihundertirgendwas.«

»Hmm. Das muß die Zweihundertneunundzwanzig sein. Nur geht die nicht durch Dahlhausen. Aber es gibt eine direkte Querverbindung.«

»Mit einer Autowerkstatt?«

»Ich glaub sogar zwei oder drei. Da vorn ist schon die erste. Ist es die?«

»Nein.« Katharina war sicher, daß dies keine Tarnadresse für dunkle Geschäfte war. Glänzende Gebrauchtwagen standen in Reih und Glied zum Verkauf, die verschiedenen Marken-Leuchtreklamen strahlten hell, obwohl sie nicht eingeschaltet waren. Alles blitzte vor Sauberkeit. Alles sagte: Hier führt jemand mit viel Liebe und noch mehr Zeitaufwand ein Geschäft.

Langsam rollte der grüne Lieferwagen vorbei. Und schon einen Moment später sah sie es. Das war's! Wenn an der Geschichte von Alexej auch nur das geringste dran war, dann waren sie am Ziel angekommen.

»Halten Sie nicht direkt davor!«

Der Lieferwagen blieb stehen. Ein Stückchen vor ihnen auf der rechten Seite stand ein heruntergekommenes Haus. Von den grau gestrichenen Toren im Anbau blätterte der Lack. Eine NSU-Lichtreklame und ein paar Werbeschilder für Motorenöl und Bosch-Zündkerzen wiesen das ganze als Werkstatt aus.

»Soll ich mit reinkommen?«

Katharina schaute ihn verwundert an.

»Ich dachte nur ... Sie scheinen irgendwie Ärger zu haben. Vielleicht brauchen Sie Hilfe?«

»Nein! Nein, ich ... Vielen Dank für's Mitnehmen. Sie haben mir wirklich sehr geholfen. Aber ich glaube, ich muß hier allein rein.«

»Wenn Sie wollen, warte ich einen Moment.«

Wenn ich in zehn Minuten nicht wieder rauskomme, rufen Sie die Polizei und einen Leichenbestatter, dachte Katharina.

»Vielen Dank.« Sie lächelten sich an, und Katharina stieg aus. Sie winkte dem davonfahrenden Wagen hinterher und ging nah der Hauswand Richtung Werkstatt. Die grauen Tore waren beide verschlossen. Fenster sah sie keine an der Straßenfront. Neben dem Haus zweigte ein unkrautbewachsener Weg von der Straße ab und führte auf einen Hof. Katharina folgte ihm. Sie ging ein paar Schritte, dann blieb sie stehen. *Was tue ich hier eigentlich? Was mache ich, wenn ich die Kerle tatsächlich hier finde? Soll ich rufen: Geben Sie auf! Sie sind alle festgenommen! Oder soll ich sie gleich ohne Vorwarnung zu Tode erschrecken?*

Ruhig, ruhig. Einen Schritt nach dem anderen. Erst einmal Paul finden. Dann sehen wir weiter.

Katharina ging den Weg weiter bis zur Hausecke. Sie lugte vorsichtig auf den Hof. Einige Autowracks standen herum. An das Haus grenzte eine große Halle – wohl eine ehemalige Fabrikhalle –, an deren Front ein großes metallenes Rolltor heruntergelassen war. Wieder keine Fenster. Nur oben in der Wand eine kleine Öffnung für einen Ventilator. Im Schatten des Hauses standen drei Wagen: ein silberfarbener Mercedes, ein schwarzer BMW und ein roter Alfa Romeo. Entweder verschob hier jemand Autos, oder hier trafen sich Leute, die nicht aus dem Schraubergewerbe stammten. In der Rückwand des Hauses waren zwei kleine Fenster. Und in der Mitte eine Tür mit einer kleinen Scheibe darin. Katharina duckte sich am ersten Fenster vorbei Richtung Tür. Dort blieb sie hocken und überlegte. Sollte sie durch das Türfenster schauen? Oder durch eines der anderen Fenster? Wenn sie es irgendwie auf das Dach der großen Halle schaffte, konnte sie vielleicht durch eine Dachluke ins Haus einsteigen. Vielleicht war Paul da oben ... Nein, das war keine gute Idee! Also weiter und –

Während sie noch dahockte und überlegte, wurde die Tür aufgerissen. Ein riesiger braungebrannter Typ mit breiten Schultern und einem schwarzen Zopf wäre beinahe über sie gefallen. Er lächelte sie verwirrt an. Hinter ihm tauchten noch zwei Männer auf, einer trug eine Brille.

Und dann sah sie Wassilij!

Katharina starrte ihn ungläubig an. Er war doch im Gefängnis. Wie kam er hierher? Auch Wassilij sah sie mit großen Augen an. Von rechts erschien ein zweiter alter Bekannter in der Tür. Der Einäugige, der im Wald auf sie geschossen hatte! Als er sie sah, ließ er den Pappkarton fallen, den er gerade trug, und brüllte los.

»Scheiße! Wo kommt die denn her? Schnapp dir das Aas, Gerit!«

Der Große war schnell. Als er nach ihr griff, ließ sie sich nach hinten fallen. Sie zerstach sich Hände und Ellenbogen auf dem steinigen Hofboden. Katharina achtete nicht darauf, sie verlor keine Sekunde, rappelte sich wieder hoch und wollte zwischen dem Alfa und dem BMW hindurchschlüpfen. Sie schaffte genau einen Schritt, dann war der Bodybuilder auf ihr. Unter seinem Gewicht knickte sie zusammen wie Papier. Brutal wurde sie wieder auf die Beine gerissen. Der Muskelmann hielt sie mit der Linken gepackt, mit der Rechten zog er eine Pistole aus der Jacke.

Plötzlich ein Schrei. Katharina sah Wassilij mit aneinandergefesselten Händen wild um sich schlagen. Einer von denen da drinnen brach schreiend zusammen. Auch der andere, der neben Wassilij stand, bekam einen deftigen Schlag ab. Katharina nutzte die Verwirrung und versuchte, dem Muskelmann die Pistole aus der Hand zu reißen. Sie hatte sie noch nicht richtig umfaßt, da wurde sie schon nach hinten gestoßen und schlug mit dem Kopf auf die Motorhaube des BMW. Die Waffe flog in hohem Bogen davon. Sie sah, wie Wassilij, der ihren Namen schrie, von den zwei Männern gepackt wurde, die er kurz zuvor niedergeschlagen hatte. Der Kleine mit der Brille holte aus und schlug ihm mit einem dunklen Gegenstand auf den Kopf. Wassilij sackte zusammen.

Der Kleine trat vor die Tür und schaute sich hektisch um. »Schnell weg hier! Wer weiß, wer noch alles auftaucht!«

»Was mach ich mit der Kleinen?« fragte der Zopf.

»Entsorgen!« Der Kleine machte eine unmißverständliche Handbewegung. »Zusammen mit dem Bauern.« Er stieg in den Mercedes. Katharina wurde von dem Muskelmann zu der großen Halle gezerrt. Der Einäugige zog seine Pistole und folgte ihnen. Die anderen beiden warfen Wassilij in den Kofferraum des BMW. Der Mercedes sprang an.

Fast am Rolltor angekommen, hörte Katharina von drinnen das Rattern eines Dieselmotors, der kurz auf Hochtouren aufdröhnte und dann wieder erstarb.

»Was ist denn da los?« rief der Einäugige, sprang zum Rolltor und fummelte nervös am Schloß herum. Wieder begann der Motor zu dröhnen. Plötzlich beulte sich das Rolltor aus. Die Metallschienen wurden aus ihrer Verankerung gerissen und spreizten sich mit einem ohrenbetäubenden Kreischen nach allen Seiten. Die schweren Metallteile flogen ihnen entgegen. Der Einäugige wurde unter der unteren Hälfte des Metalltores begraben, als das Blech mit einem Schag wegklappte. Ein rostroter alter Traktor rollte brüllend über ihn hinweg aus der Halle. Der Mann, der Katharina gepackt hatte, ließ sie los und sprang beiseite. Dazu hatte Katharina keine Zeit mehr. Der Traktor rollte genau auf sie zu, war schon ganz nah. Geistesgegenwärtig ließ sie sich fallen und machte sich schmal. Sie sah den Traktor über sich hinwegrollen, ein dunkles Monstrum überschattete sie, das Dröhnen des Motors war höllisch laut. Katharina schloß die Augen. Als es wieder hell wurde, drehte sie sich um und sah, wie ein Mann über den riesigen Kotflügel auf den Hof sprang, kurz bevor der Trecker in die Autos rollte und sie kreischend und knirschend zusammenschob. Eine Autohupe heulte los.

Der Mann, der vom Bock des Traktors gesprungen war, rappelte sich hoch. Er war angezogen wie Katharina.

Paul!

Der Kräftige mit der Lederjacke kletterte aus dem BMW, noch benommen von dem Airbag, den er gerade vors Gesicht bekommen hatte. Er taumelte, fingerte in der Lederjacke aber schon nach seiner Waffe. Doch Paul war schneller.

»Du Drecksau!« schrie er und schlug ihn mit einem wuchtigen Faustschlag nieder. »Jetzt wird abgerechnet!« Er zerrte ihn hoch und schlug ihn noch mal zu Boden. Und noch mal. Und noch mal. »Vier …«, »Fünf …« zählte Paul mit. Bevor er das sechste Mal zuschlug, zögerte er, hielt den Kleinen am Kragen gepackt, die Faust verharrte weit ausholend.

»Und noch einen, weil du nicht weißt, wie man sich einer Dame gegenüber benimmt!« Damit schlug er zu, und der Mann mit der Lederjacke sackte wieder auf den Boden. Diesmal durfte er liegenbleiben.

»Paul, Vorsicht!«

Katharina sah, wie der braungebrannte Muskelmann langsam zu seiner Waffe schlich, die immer noch auf dem Hof lag. Ein Schritt noch bis zu der Pistole …

Ein Polizeiwagen raste auf den Hof und kam knirschend vor der Pistole zum Stehen. Dann noch einer. Und noch einer und noch einer. Dazwischen ein weißer Lieferwagen, dann wieder ein Polizeiauto. Türen wurden aufgerissen, Waffenschlösser klickten, Uniformierte rannten herum, Befehle wurden geschrien. Sekunden später lag die ganze Rauschgiftbande im Dreck, die Gesichter nach unten, Arme und Beine weit gespreizt. Aus dem Lieferwagen, auf dessen Seitenwänden für Elektro Meyer geworben wurde, sprang Kommissar Höller.

Paul rannte sofort zu Katharina, die immer noch auf dem Boden lag, und warf sich neben sie auf die Knie.

»Katharina! Bist du in Ordnung?«

»Ja, ich ... «

»Wirklich? Alles in Ordnung?«

»Ja ... « Weiter kam sie nicht. Paul faßte ihre Schultern und zog sie zu sich heran.

»Ich hab mir solche Sorgen um dich gemacht«, sagte er und drückte sie an sich. Sie legte ihre Arme um seine Schultern und hielt sich an ihm fest. Einfach nur festhalten. Paul lebte. Endlich war alles vorbei! Plötzlich überkam es sie wieder, sie mußte weinen. Diesmal allerdings vor Glück. Paul sah sie erschrocken an, als ihr die Tränen über die Wangen rannen. »Ich bin ja so froh«, sagte Katharina und zog ihn fest an sich.

Sie wußte nicht, wie lange sie so mit geschlossenen Augen gestanden hatte, doch als sie die Augen wieder öffnete, bemerkte sie, daß Wassilijs sie ansah. Gerade wurde er von zwei Polizisten in die Mitte genommen. Er trug immer noch die Handschellen und blickte Katharina unverwandt an. Noch nie hatte Katharina einen solchen Blick gesehen. So gegensätzliche Gefühle lagen darin, daß es Wassilij jeden Moment zu zerreißen schien. Katharina ließ Paul los und stand auf.

»Katharina«, sagte Wassilij. »Ich möchte dir so viel sagen, ich ... «

»Herr Jakowlew, bitte!« Ein Polizist unterbrach ihn und wies auf die offene Tür des Polizeiwagens. »Steigen Sie bitte ein!«

Katharina ging zu Wassilij. Der saß bereits im Wagen und schaute traurig zu ihr heraus.

»Ich helfe dir da raus«, sagte sie.

Dann wurde die Wagentür zugeschlagen.

»Sie dürfen jetzt nicht mit ihm sprechen. Er steht unter Mordverdacht«, sagte der Polizist. Der Wagen fuhr los. Katharina lief noch ein Stück hinterher und schaute ihm nach.

Paul seufzte und ging zu den Einsatzfahrzeugen hinüber. Aus einem Wagen stieg ein schlaksiger, hochgewachsener Mann und sprach ihn an.

»Sind Sie die Geisel? Herr ...« Er schaute auf einen Zettel. »Herr Galler?«

»Goller«, sagte Paul.

»Mortsiefer«, sagte der Mann und streckte ihm seine Hand hin. »Ich bin Polizeipsychologe. Wie fühlen Sie sich? Kann ich irgend etwas für Sie tun? Geht es Ihnen gut?«

»Polizeipsychologe sind Sie?«

»Ja, ich bin hier, um Ihnen zu helfen.«

»Sie wollen mir helfen?«

»Ja, dafür bin ich hier.«

»Wunderbar, haben Sie ein Telefon für mich?«

Mortsiefer starrte ihn an, als habe er soeben einen außerordentlichen Fall von multipler Persönlichkeitsspaltung entdeckt und wisse nur noch nicht so genau bei wem, bei sich oder seinem Gegenüber.

»Sie wollen was?«

»Ein Telefon. Diese Dinger, in die man reinsprechen kann, um sich mit Leuten am anderen Ende der Welt ...«

»Ich weiß, was ein Telefon ist!«

Wütend stapfte Mortsiefer los. Nur Augenblicke später kam er mit einem Handy zurück, das er Paul wortlos reichte.

Paul wählte eine Nummer und ließ es lange klingeln.

»Ali! Na endlich! Warst du im Stall? Hier ist Paul ... Ja, mir geht es gut, aber ... Nein, das ist doch jetzt nicht wichtig! Sag mir lieber, ob auf dem Hof alles in Ordnung ist. Wie geht es den Kühen?«

Katharina hörte hinter sich ein Räuspern. Als sie sich umdrehte, stand Kommissar Höller hinter ihr. Er wirkte verlegen und trat von einem Bein aufs andere wie ein Schuljunge.

»Ich glaube ...«, sagte er, »ich glaube, da ist wohl eine Entschuldigung fällig ... Wir sind Ihnen zu großem Dank verpflichtet.«

»Ich wüßte schon, wie Sie sich revanchieren könnten ...«

»So?«

»Finden Sie den wirklichen Mörder. Wassilij ist unschuldig!«

»Sie sind unverbesserlich, was? Wollen Sie nicht im Polizeidienst anfangen? Dann kriegen Sie sogar Geld dafür, daß Sie alles besser wissen.«

»Herr Kommissar! Ich bitte Sie doch nur darum, auch andere Möglichkeiten zu durchdenken! Krallen Sie sich nicht ausschließlich an Wassilij fest. Mehr will ich doch nicht.«

»Leider haben wir bis jetzt nicht viele andere Verdächtige ... «

»Und die da?« rief Katharina und zeigte auf die Gangster, die gerade nacheinander in einen vergitterten Gefangenentransporter geschoben wurden. »Jeder von denen kann es gewesen sein!«

»Das werden wir natürlich überprüfen. Da steigt gerade eine Menge Arbeit in den Bus ... «

Plötzlich raste noch ein Lieferwagen auf den Hof. »Rohre säubern und verlegen – von Wuppertal bis Egen« prangte auf den Seiten des grünen Kastenwagens, der beinahe einen Polizeiwagen rammte. Mit knirschenden Reifen kam er zum Stehen. Die Polizisten schauten irritiert. Sofort war ein Dutzend Gewehre und Pistolen im Anschlag und der Fahrer ringsum von starrenden Waffenläufen umzingelt. Max hob so eilig die Hände hoch, daß er mit seinen breiten Fäusten gegen das Wagendach schlug.

»Wer ist denn das schon wieder?!« wunderte sich der Kommissar.

»Nicht schießen«, rief Katharina.

»Ist das einer von uns, oder ist der von der anderen Seite?« fragte ein Polizist.

»Herr Kommissar«, rief ein anderer und zeigte auf die beiden Lieferwagen mit den gereimten Aufschriften. »Das scheint ein Kollege von Ihnen zu sein!«

Unter allgemeinem Gelächter ging der Kommissar ins Haus. »Sehr witzig! Wirklich, sehr witzig!«

Suchend schaute sich Katharina nach Paul um. Er kam geradewegs auf sie zu. Über der Schulter trug er einen großen Teppich.

»Was machst du denn da? Räumst du hier das Inventar aus?«

»Das ist meiner. Den habe ich mit hierhergebracht, und den nehme ich auch wieder mit!«

Die zwei Grazien

Schweigend saßen sie nebeneinander. Pauls Lada stand gerade an einer roten Ampel mitten in Radevormwald. Katharina schaute aus dem Fenster. Eine junge Familie überquerte die Straße. Die

Frau schob den Kinderwagen, der Mann hielt einen kleinen Jungen an der Hand. Der Kleine zeigte auf das Auto und sagte irgendwas. Der Mann nahm ihn mit einem Schwung hoch auf den Arm und lachte. Katharina schaute ihnen gedankenverloren nach. Was war bloß falschgelaufen? Warum hatte sie mit Wassilij nicht auch eine ganz normale Ehe führen können, mit Kindern und einem kleinen bißchen Glück? War das schon spießig, sich so etwas zu wünschen? Ihre Eltern waren doch schließlich auch nicht unglücklich gewesen, wenn sie mit der kleinen Katharina oben auf der Hardt spazierengegangen sind. Ein bißchen Familienglück, was war denn daran so schlecht? Jedesmal hatte Wassilij ausweichend reagiert, wenn das Gespräch auf Kinder kam, wenn das Gespräch auf die Zukunft kam. Inzwischen war ihr klar, daß er sich immer gescheut hatte, Verantwortung zu übernehmen. Nicht einmal für sich selbst konnte er das. Immer waren es die anderen, die er verantwortlich machte für alles, was schieflief. Oder das Schicksal war's oder was auch immer. Das war bei seinem Unfall so gewesen und auch gestern, als sie der Polizei in die Arme gelaufen waren. »War ja wirklich 'ne prima Idee von dir«, hatte Wassilij ihr zugezischt, als sie mit Handschellen gefesselt hinten im Streifenwagen saßen. Dann hatte er geschwiegen. Katharina hatte ihn vor Wut nicht mehr angesehen und kein einziges Wort mehr mit ihm gesprochen. Erst vorhin, als sie Wassilij in die traurigen Augen schaute, die sie einmal so geliebt hatte, da tat er ihr wieder leid. Als die Polizisten ihn aus dem Kofferraum holten und die Fesseln abnahmen, nur um ihm gleich darauf wieder Handschellen anzulegen, da wußte sie, daß sie ihm helfen würde.

Mit einem Ruck fuhr der Lada an und holte Katharina wieder in die Gegenwart. Beide hingen noch eine Weile ihren Gedanken nach, bis Paul fand, daß es an der Zeit wäre, das Schweigen zu unterbrechen. Er kramte etwas aus seiner Hosentasche und hielt es ihr hin.

»Dein Personalausweis«, sagte er.

»Danke«, sagte sie. »Nicht nur für den Ausweis. Du hast mir das Leben gerettet. Ich wollte dich retten, und am Ende mußtest du mich retten.«

»Ach, ist doch alles halb so wild.« Ihr Dank war Paul peinlich. »Die Sache ist doch jetzt ausgestanden.«

Er steuerte den Lada in Rädereichen auf die Bundesstraße nach

Hückeswagen und dann gleich wieder nach links, die schmale Kreisstraße hinunter. Katharina sah ihn an.

»Die Sache ist noch nicht ausgestanden.«

Paul nahm die Rechtskurve der kleinen Straße so schnell, daß Katharina gegen ihn geschleudert wurde. Sie hielt sich an seiner Schulter fest.

»Du glaubst immer noch an seine Unschuld, was?«

Katharina sah ihn an und nickte. Dann setzte sie sich wieder gerade hin.

»Wassilij ist kein Mörder. Er hat verdammt viel Mist gebaut, und ein guter Ehemann ist er weiß Gott auch nicht. Doch er ist kein Mörder, das weiß ich hundertprozentig.«

»Aber irgendwer muß den Holländer doch auf dem Gewissen haben.«

»Ja, irgendwer schon. Aber glaubst du, daß die Polizei den jetzt noch ernsthaft sucht? Die haben ihren Mörder doch gefunden. Wer glaubt einem Drogenkurier schon, daß er unschuldig ist? Es spricht doch sonst alles gegen Wassilij. Da kann auch dein Freund Felix nicht mehr viel ausrichten.«

Paul schwieg. Er sagte ihr besser nicht, daß er Wassilij nicht traute. Wassilij hatte sie so oft angelogen. Weshalb sollte er ausgerechnet in so einem Fall die Wahrheit sagen? Wer gibt seiner Frau gegenüber schon gerne zu, daß er ein Mörder ist?

»Einbrecher.« Katharinas Stimme klang fest. »Der Holländer hat noch was von Einbrechern gesagt, bevor er starb. Dieser Spur ist die Polizei überhaupt nicht nachgegangen!«

»Warum sollte sie? Einbrecher am hellichten Tag. So ein Blödsinn.«

»Wieso Blödsinn? Ist doch alles schon vorgekommen. Vielleicht war's ja auch die Russen-Mafia, die in den Hof eingebrochen ist, um einen Konkurrenten loszuwerden. Felix sagt doch, das die gefährlich sind. Da muß es irgendeinen Hinweis geben. Etwas, das die Polizei vielleicht übersehen hat. Bei Sherlock Holmes arbeitet Scotland Yard auch immer schlampig.«

Paul seufzte. Zwecklos, dieser Frau ihre Theorien auszureden. Die klammert sich an jeden Strohhalm, um an die Unschuld ihres Mannes glauben zu können. Na, was soll's. Gerade hatte der Lada Kotten hinter sich gelassen. Da war schon die Abzweigung nach Egen. Paul zog die Handbremse und legte eine gekonnte Hundertachtzig-Grad-Wende hin, so wie er sie von Felix gelernt hatte. Er fuhr ein kurzes Stück zurück und bog dann rechts in eine schmale Straße.

»Hey, bist du verrückt geworden?« Katharina mußte sich festhalten. »Wo willst du hin?«

»Na, wohin wohl? Zum Holländerhof, Frau Holmes! Mal sehen, ob wir da ein paar Spuren finden, die Ihre scharfsinnigen Theorien untermauern.«

Sie gab ihm einen Kuß auf die Wange. »Danke, Watson.«

Der Holländerhof sah unheimlich aus. Dunkle Wolken hatten sich über dem schwarz verschieferten großen Bau zusammengezogen, als Paul und Katharina über den Hof gingen. Den Lada hatten sie an der Straße stehen lassen und waren den Rest des Weges zu Fuß gegangen. Langsam und vorsichtig, fast so, als hätten sie Respekt vor dem Toten und wollten seine Ruhe nicht stören, obwohl der ja schon längst nicht mehr an diesem Ort war. Aber sein Geist schien hier immer noch über allem zu schweben, so zumindest kam es Katharina vor. Wie unnahbar so ein Haus ohne Menschen doch wirken kann, dachte sie. Die dunklen Höhlen der Fenster – fast so abstoßend wie leere Augenhöhlen. Sie mußte an den Einäugigen denken, und ein Schauer lief ihr über den Rücken. Sie nahm Pauls Hand und drückte sie fest. Es war vollkommen windstill und ruhig. Nur das Knirschen ihrer Schritte auf dem Kies war zu hören.

Als sie sich der Haustür näherten, wurden ihre Schritte noch langsamer. Paul schaute sich um.

»Wie ausgestorben«, sagte er.

»Passender kann man's nicht ausdrücken«, meinte Katharina.

Dann sahen sie das Papier an der Tür.

»Versiegelt! So ein Driß!« Paul strich mit der Hand über das Polizeisiegel. »Hier kommen wir schon mal nicht rein.«

»Wenn du ein Einbrecher wärest, wo würdest du dann versuchen, reinzukommen?«

»Keine Ahnung. Am besten wohl durchs Fenster. Oder durch die Hintertür.«

Sie gingen links um das Haus herum. Zwei Detektive in grauen Cordhosen und rot-schwarz karierten Hemden, die Händchen hielten. Die grünlackierte Hintertür war ebenfalls versiegelt.

»Da, das Fenster!«

Sie schoben die Bank, die hinter dem Haus an der Wand lehnte, ein wenig zur Seite, bis sie genau unter dem Fenster stand. Paul kletterte auf die Rückenlehne.

»Kannst du irgendwas sehen?« rief Katharina hinauf.

»Nee, ziemlich düster da drinnen.« Paul reichte mit der Brust genau bis zur Fensterbank. Kraftvoll drückte er mit beiden Armen gegen den Fensterrahmen, aber das Fenster war fest verriegelt. Es gab keinen Millimeter nach. Na, wenigstens war hier kein Polizeisiegel. Er drückte noch einmal mit aller Kraft. Was er dieser Frau zuliebe nicht alles machte! Aber irgendwie gefiel es ihm, mit Katharina Detektiv zu spielen. Es gefiel ihm überhaupt, mit ihr zusammenzusein.

»Zwecklos!« rief er zu ihr runter. Sie schaute erwartungsvoll hoch.

»Versuch's noch mal!«

Paul drehte sich wieder um und stemmte sich noch einmal gegen den Rahmen. Da erst sah er die dunklen Spuren auf der weißen Fensterbank. Vom Regen schon ziemlich verwaschen, aber noch gut zu erkennen.

»Hier ist Blut!«

»Was sagst du da?«

»Hier sind Abdrücke auf der Fensterbank. Als wär da ein Tier mit blutigen Pfoten drübergelaufen.«

Paul sah sich die Spur genauer an. Schien von drinnen zu kommen. Er kombinierte. Alles voller Blut, hatte Wassilij erzählt. Da mußte ein Tier durch das Blut gelaufen sein, das dann durchs Fenster verschwunden war. Das Tier ... Paul stutzte. Irgend etwas funkte dazwischen. Irgendein Gedanke spukte in seinem Kopf herum und störte die Kette der logischen Überlegungen, doch Paul konnte ihn nicht fassen. Je mehr er sich darauf konzentrierte, desto unschärfer wurde der Gedanke, bis er schließlich ganz verschwunden war.

»Was ist denn jetzt?« Katharina wurde langsam ungeduldig.

Paul sprang zu ihr hinunter.

»Hier kommen wir nicht rein. Aber der Mord ist mit ziemlicher Sicherheit genau hinter diesem Fenster passiert.«

»Und jetzt?«

»Komm mit, ich hab da eine Idee.«

Paul kannte den Holländerhof noch von früher. Als Kind hatte er hier öfter mit der kleinen Rita und ihren Brüdern gespielt. Damals, als der Hof noch den Dreiners gehörte. Beim Versteckspielen hatte Rita sich fast immer freischlagen können, weil sie einen Schlupfweg kannte, den außer ihr niemand wußte, eine kleine Maueröffnung im Kuhstall, verdeckt durch einen Brombeerstrauch. Erst viel später, als sie längst nicht mehr Verstecken spielten, hatte sie Paul ihr Geheimnis gezeigt. Und dorthin führte Paul jetzt Katharina. Er war sich nicht sicher, ob das Loch noch da war, aber Nachschauen kostete ja nichts.

Der Kuhstall war rechts an das Haupthaus angebaut. Obwohl der Holländer dort sein Atelier eingerichtet hatte, sah der Stall von außen noch genauso aus wie früher. Nur ein bißchen sauberer. Und das Tor an der Nordseite war zugemauert. Statt dessen war dort jetzt das große Atelierfenster in die Wand eingelassen, unter dem sie gerade hergingen. Sie mußten einmal um den ganzen Stall herum. Der Strauch ist ganz schön groß geworden, dachte Paul, als sie die Stelle erreicht hatten. Und das Loch ganz schön klein. Er hatte es größer in Erinnerung gehabt. Ein ausgewachsener Paul Goller, einseinundneunzig groß und fast neunzig Kilo schwer, paßte da jedenfalls nicht mehr durch. Paul musterte Katharinas grazile Gestalt von Kopf bis Fuß.

»Kommst du da durch?«

»Kein Problem. Da tanze ich sogar noch durch.«

»Gut. Dann versuch dein Glück. Ich werde solange aufpassen, ob jemand kommt.«

»Ist auch besser, du bleibst draußen. Sonst muß ich nachher noch die Wand einreißen lassen, um dich wieder zu befreien.« Sie grinste und gab ihm einen Klaps auf seinen Bauch, bevor sie sich hinhockte und den geheimen Durchgang untersuchte.

»Jeder wie er kann«, meinte Paul. Katharina war schon halb in der Maueröffnung verschwunden. »Paß auf dich auf«, rief er ihr noch hinterher, da war sie auch schon nicht mehr zu sehen.

Der Raum war trotz des großen Fensters an der Stirnseite von einem gespenstischen Dämmerlicht erfüllt. Kein Wunder, der Himmel draußen hatte sich mittlerweile fast völlig zugezogen. Katharina hatte sich zunächst in einem finsteren Bretterverschlag wiedergefunden, als sie durch die enge Maueröffnung gekrochen war. Im Dunkeln hatte sie eine Tür ertastet, die sich zum Kuhstall-Atelier hin öffnete. Die Windstille war inzwischen von kräftigen Böen abgelöst worden, die sich hier drinnen durch Heulen und Pfeifen bemerkbar machten. Katharina fühlte sich unbehaglich, so ganz allein an diesem unheimlichen Ort. Wohler wäre ihr gewesen, stände Paul jetzt an ihrer Seite.

Sie schaute sich um. Die Wände waren ringsum zugestellt mit Leinwänden. Fast nur Aktgemälde. Ein nacktes Mädchen neben dem andern. Ali schien nicht übertrieben zu haben, der Holländer mußte so ungefähr jedes hübsche Mädchen aus der Nachbarschaft nackt gemalt haben, nach der Zahl der Bilder zu urteilen. In dem düsteren Licht wirkte die gemalte Haut der Leinwandschönheiten bleich und grau. Wie Leichen, dachte Katharina, eine Galerie von nackten, gemalten Leichen. Sie beeilte sich, zu der Tür zu kommen, die den Stall mit dem Haupthaus verband. Vorsichtig drückte sie die Klinke – ein Glück, nicht abgeschlossen! Sie betrat einen fensterlosen Raum, den nur ein dünner Lichtstrahl aus dem Kuhstall spärlich erleuchtete. Sie schaute sich um. Links stand ein Holztisch voller Farbflecken, auf dem jede Menge Töpfe mit Pinseln standen. Und rechts ...

Im Dunkel stand ein bleicher, blonder Mann in einem schwarzen Morgenmantel. In seiner rechten Hand hielt er einen Pinsel und starrte sie unverwandt aus tiefliegenden Augen an.

Der Holländer!

»Ich ... äähh ...«, stammelte sie und versuchte sich wieder zu fassen, »Entschuldigung, aber ich ...«

Der Mann sagte nichts und starrte sie weiter an.

Das darf doch nicht wahr sein, du selten blödes Huhn! Fast hätte Katharina gelacht, doch dazu war ihre Anspannung noch zu groß. Erst jetzt, als ihre Augen sich langsam an die Dunkelheit gewöhnten, erkannte sie, daß es ein Ölbild war, das ihr solch einen Schrecken eingejagt hatte. Sie ging näher ran. »Oppenhuizen '93« stand rechts unten in der Ecke. Der Tote schien außer jungen Mädchen offensichtlich vor allem sich selbst geliebt zu haben.

Katharina ging weiter. Eine kleine Treppe hoch und durch die nächste Tür. Da wurde es auch wieder heller.

Plötzlich stand sie mitten in der Küche.

Hier sah es nun wirklich unheimlich aus. Auf dem Boden ein Kreidestrich, der die Umrisse eines Körpers markierte. Am Kopf war der Strich durch eine große Lache geronnenen Blutes unterbrochen. Und tatsächlich führte eine Spur von der Lache zum Fenster. Katharina erkannte sofort: Das waren Katzenpfoten. Überall auf dem Boden verteilt standen die Schilder der Spurensicherung. Zahlen, mit denen sie nicht viel anfangen konnte. Auf einem halbhohen Wandregal sah sie zwei Metallskulpturen. Ziemlich eckig und kantig gearbeitet, und dennoch wußte sie sofort, was sie darstellen sollten. Vier Semester Kunstgeschichte waren doch nicht ganz umsonst gewesen. Aglaia, Euphrosyne und Thalia. Die drei Grazien.

Thalia fehlte.

Ein Geräusch schreckte sie auf. Ein Poltern aus der fensterlosen Kammer zwischen Küche und Atelier. Was war das nun schon wieder?

Jedenfalls nicht der Geist des Holländers, beruhigte sie sich. Vorsichtig stieg sie die fünf Stufen zu der Kammer wieder hinunter und lugte unten um die Ecke. Nichts zu sehen. Der Holländer war nach wie vor nur gemalt. Und die Töpfe standen auch alle noch an ihrem Platz. Oder? Nein, da war einer umgekippt, die Pinsel lagen auf dem Boden verstreut. Vorhin hatte da noch nichts auf dem Boden gelegen, das wußte sie genau. Erst als sie sich hinhockte, sah sie den schwarzen Schatten. Mehr instinktiv, aus den Augenwinkeln heraus, sah sie, wie etwas Schwarzes genau auf sie zusprang.

Gleich würde es regnen. Der Sturm wurde immer stärker. Das war ein gewaltiges Unwetter, das sich zusammenbraute. Ungeduldig lief Paul hin und her. Wurde Zeit, daß Katharina zurückkam. Sollte sie ihren Willen haben und verbotenerweise am Tatort rumschnuppern, aber irgendwann mußte es auch mal gut sein. Daß sie irgendwas finden würde, das Wassilij entlasten könnte, glaubte Paul sowieso nicht. Natürlich war Wassilij der Mörder. Katharina wollte es nicht wahrhaben, was ja auch verständlich war. Aber irgendwann würde sie den Tatsachen ins Auge schauen müssen. Genauso wie er Hugos Tod hatte verkraften müssen. Paul überkam plötzlich eine Sehnsucht nach seinen Tieren. Er mußte zurück auf seinen Hof, mußte mit Ali reden. Und auch mit Katharina. Er mußte ihr die Augen öffnen. In aller Freundschaft.

Wo sie bloß bleibt? Fehlt nur noch, daß jetzt die Polizei

kommt und sie erwischt. Dann stünden Wassilijs Aktien wahrscheinlich noch schlechter. Verwischung von Spuren und so. Ein gewiefter Staatsanwalt würde Katharina womöglich noch Mittäterschaft anhängen.

Als er den Schrei hörte, brauchte Paul einen Moment, um zu realisieren, daß es wirklich ein Schrei war und keines der Geräusche, die der aufbäumende Wind verursacht hatte. Doch dann war er sich sicher.

Katharina!

Er lief los, warf sich auf den Boden und rutschte bäuchlings zur Maueröffnung.

»Katharina!«

Keine Antwort.

Was war da los? Die Gangster waren doch alle verhaftet, oder sollte einer von ihnen auf dem Hof noch was gesucht haben? Vielleicht war da noch irgendwo Kokain versteckt ...

»Katharinaaa!!!«

Immer noch keine Antwort.

Die Russen! Na klar, die Russen, die Wassilij das Kokain abkaufen wollten! Hier, im Hauptquartier ihrer ehemaligen Konkurrenz, haben sie nach dem Stoff gesucht, und dann kommt Katharina und platzt mitten in die Vorstellung! Mein Gott! Sollte das denn nie aufhören? Dieser ganze Irrsinn! Das sonst so friedliche Bergische Land schien Paul von Gangstern plötzlich nur so zu wimmeln. Waren die einen gerade verhaftet, bogen schon die nächsten um die Ecke.

Er mußte rein, er mußte Katharina da rausholen. Ganz gleich, wie schmal die Maueröffnung war, er mußte durchkriechen und Katharina helfen.

Paul kam nicht weit. Mit den Oberarmen reichte er gerade in den Stall, konnte den kalten Betonboden bereits fühlen, da hing er auch schon fest. Sein Kopf steckte genau in der Mauer, die Beine baumelten noch draußen. Unangenehme Situation. So hatte das keinen Zweck. Er mußte zurück. Doch so einfach ging das gar nicht.

»Was machst du denn da?«

Das war Katharinas Stimme!

»Mir war so einsam und kalt da draußen, da wollte ich reinkommen«, knurrte er.

»Schau mal, was ich hier habe«, sagte Katharina.

Paul sah gar nichts. Nichts bis auf seine ausgestreckten Arme und ihre Füße. Weiter reichte sein eingeschränktes Blickfeld nicht.

»HAAA ... TSCHII!!«

Er mußte niesen. Auch das noch. Langsam robbte er rückwärts nach draußen.

»Paul?« Katharinas Stimme klang dumpf durch die Mauer. »Nimm sie mir doch mal ab, bitte!«

Er hatte keine Ahnung, was sie meinte, streckte seine Arme aber wieder in die Öffnung. Sie legte etwas Warmes, Weiches in seine Hände. *Nein, das ist nicht dein Ernst!* Als Paul das Warme, Weiche nach draußen holte, sah er seine schlimmsten Befürchtungen bestätigt. Er wandte den Kopf zur Seite und bekam einen heftigen Niesanfall. Im selben Moment öffnete der dunkle Himmel seine Schleusen und ließ es auf Paul herabregnen. Auf Paul Goller, der zum ersten Mal in seinem Leben eine Katze in den Armen hielt, eine schwarze noch dazu.

Gewissensbisse

War mal wieder Zeit für einen Grog-Abend. Ali goß das heiße Wasser in die Blechtasse. So ein schöner Tag, und jetzt mußte es wieder gewittern. Na, was soll's. Um so gemütlicher war's in der Hütte. Trotz des Sauwetters war Ali bester Laune. Paul kommt zurück! Hatte er doch gewußt, daß Katharina ihn wiederbringen würde! Ali rührte in der Tasse und nahm einen kräftigen Schluck Grog. Ah, das tat gut. Schon morgen würde er mit Paul wieder zusammen im Stall arbeiten. In den vergangenen Tagen hatte er gemerkt, wie sehr ihm der olle Bauer, den er schon als Baby gekannt hatte, ans Herz gewachsen war. Paul hatte ihm gefehlt, nicht nur wegen der vielen Arbeit auf dem Hof. Paul Goller war für ihn so etwas wie ein Sohn, so wie Hermann Goller eine Art Vater für ihn, den zweifachen Kriegsheimkehrer, gewesen war.

Und gerade weil das so war, nagte etwas an Alis Seele. Er wurde unruhig, als er wieder daran denken mußte. Ali stand auf und ging zu der alten Truhe. Fast so schnell wie damals, als die Polizei gekommen war, nahm er die Wasserpfeife herunter, klappte den Deckel auf, holte die Wolldecken und den Zwischenboden heraus und kramte einen alten Seesack aus der Tiefe. Er griff hinein und holte die Eisenskulptur hervor, die er vergangene Nacht im Wald ausgegraben hatte. Er hielt sie ins Licht und schaute sie nachdenklich an. Sollte er es Paul sagen?

Irgendwann mußt du es ihm sagen, meldete sich sein Gewissen. Du mußt es ihm erzählen, auch wenn es weh tut. Das bist du ihm schuldig!

Gollers Hoflädchen

»HAAATSCHOOOMMMM!!!«

»Gesundheit.«

»Danke. Gut geschlafen?«

»Sehr gut.«

»HAAA ... TSCHIIAA!!!«

»Noch mal Gesundheit.«

»Bitte schmeiß die Katze raus. Ich ertrag das nicht.«

Kaum hatte Paul den Raum betreten, war seine Nase wieder rot und verquollen. Er ging auf Socken, seine schmutzigen Gummistiefel hatte er in der Küche ausgezogen.

Katharina saß im Schaukelstuhl, dessen Lehne Ali notdürftig geflickt hatte, und streichelte die schwarze Katze. »Wenn sie nur reden könnte. Sie weiß bestimmt, wer der Mörder ist. Nicht wahr, Kätzchen, du hast ihn gesehen?« Katharina hatte wieder ihr altes Kleid an. Sauber und trocken hatte sie es heute morgen über der Badewanne hängend gefunden. Ali ... Der alte Mann hatte nicht nur an Pauls Tiere, er hatte auch an sie gedacht.

»Katharina, bitte! Bring sie nach draußen.«

»Ja, du hast ja recht.« Sie stand auf und ließ die Katze von ihrem Arm in die Diele springen. Von draußen miaute es kurz, als sie die Tür schloß.

»Ich kümmere mich noch um dich, Kätzchen«, sagte sie und stellte sich vor Paul.

»Na, du armer, katzenkranker Mann.« Sie lächelte ihn an.

»Was soll ich machen? Ich hab jeden Tag mit Tieren zu tun, aber mit Katzen, da konnt ich noch nie ... «

»Halt mich fest!« Sie lehnte sich an ihn, und Paul nahm sie in den Arm. Ihre grünen Augen schauten ihn an.

Katzenaugen.

Katzenaugen, gegen die er überhaupt nicht allergisch war.

»Ich bin immer noch ziemlich durcheinander, Paul.«

»Kein Wunder.« Er streichelte ihr langsam durchs blonde Haar, das noch feucht vom Duschen war.

Todmüde waren sie gestern abend mitten im großen Regen auf Pauls Hof angekommen. Zuvor hatten sie Ali noch einen Besuch in seiner nahgelegenen Hütte abgestattet. So etwas wie diesen alten Mann und seine eigentümliche Behausung hatte Katharina noch nicht erlebt. Wie aus einem Wild-West-Film, dachte sie. Sie merkte dem Alten an, wie sehr er sich freute, Paul wiederzusehen, und gleichzeitig war sie erstaunt, wie wortkarg das vonstatten ging. Wie anders waren da doch ihre schwatzfreudigen Kollegen vom Tanztheater.

Katharina hatte durchgesetzt, daß die Katze mit ins Haus durfte. Sie gab dem Tier zu fressen und stellte eine Schüssel Milch auf den Küchenboden. Aus Rücksicht auf Pauls Katzenallergie schloß sie die Tür, damit die Katze auf gar keinen Fall in Pauls Nähe geraten konnte.

Als sie wieder ins Wohnzimmer kam, war Paul auf dem Sofa zusammengesunken und schlief. Auf dem Tisch standen die zwei Tassen mit dampfender Rinderbrühe, die Paul ihnen zur Stärkung hingestellt hatte. Katharina trank ihre Tasse langsam leer. Das tat gut. Sie sah Paul an und strich ihm durch die struppigen Haare. Was hatte dieser Mann nicht alles für sie aufs Spiel gesetzt. Sie kannte ihn erst seit zwei Tagen, und doch hatte er mehr für sie getan als Wassilij in all den Jahren ...

Als Katharina die heiße Brühe ausgetrunken hatte, überfiel auch sie eine bleischwere Müdigkeit, gegen die sie nicht länger ankämpfen wollte. Sie nahm die dunkelblaue Wolldecke vom Fußende des Sofas und legte sich neben Paul. Mit beiden Armen umklammerte sie den schlafenden Mann und schmiegte sich an ihn. Wie wohl und geborgen sie sich in seiner Nähe fühlte. Irgendwie waren sie in den letzten beiden Tagen ein richtiges Team geworden. Das Graue-Cordhose-Rotes Hemd-Team, dachte sie, die grau-roten Panther, und ihre Mundwinkel zogen sich zu einem Schmunzeln hoch, das niemand sah. Sie gab Paul einen Kuß auf die Stirn.

»Danke Partner«, flüsterte sie. Dann fiel auch sie in einen tiefen, traumlosen Schlaf.

Paul jedoch hatte in dieser Nacht einen seltsamen Traum. Er hatte gerade die Arbeit im Kuhstall beendet, da sah er durch die offene Stalltür, wie etwas Schwarzweißes auf seinen Hof getrabt kam. Paul ging hinaus und traute seinen Augen nicht. Hugo! Hugo kam zurück. Der Bulle sprang schwanzwedelnd auf ihn zu, er stellte sich mit den Vorderbeinen auf Pauls Schultern und leckte ihm durchs Gesicht. Überhaupt benahm er sich eher wie ein zu groß geratener Hund und nicht wie ein Rind. Nach dieser wilden Begrüßung machte Hugo ihm Zeichen, Paul solle mitkommen. Unruhig lief der Bulle hin und her. Wie Lassie im Film. Schließlich verstand Paul, was Hugo wollte und stieg auf den kräftigen Rükken des Bullen. So galoppierten sie davon. Aus Pauls Hofeinfahrt hinaus auf die Straße. Quer durch Egen, wo alle Leute sie staunend anstarrten. Paul hielt sich an Hugos Hals fest und fühlte sich ungeheuer stark. Wie schnell das Tier laufen konnte! Hugo verließ Egen und lief mitten durch den Wald. Schließlich kamen sie an die Neye-Talsperre. Hugo lief rasend schnell über die Sperrmauer. Dort stand eine Gestalt, barfuß in einem schneeweißen leichten Kleid, die den Daumen heraushielt. Paul erkannte die Anhalterin, als sie näherkamen. Katharina! Hugo blieb stehen. Katharina stieg zu Paul auf den Bullen. Er fühlte, wie ihre schlanken Arme seine Brust umklammerten. Dann lief Hugo wieder los. Sie erreichten die Landstraße. Als sie sich dem Schneppenstock näherten, konnten sie nicht zurück nach Egen. Ein zerbeulter umgestürzter Porsche versperrte die Straße. Auf dem Wrack stand ein Polizist und leitete den Verkehr mit einer großen Polizeikelle um. Paul kannte ihn. Es war Felix. Hugo lief weiter in die andere Richtung. Wieder versperrte ein umgestürzter Wagen die Straße. Diesmal war es ein grüner Lada. Ein Polizist schickte sie in die andere Richtung. Als sie näherkamen, erkannte Paul das Gesicht von Ali unter der Uniformmütze. Hugo drehte wieder um und lief zurück zum Schneppenstock. Der Porsche war inzwischen verschwunden. Statt dessen stand da ein gespenstisch schwarzer BMW mitten auf der Straße. Vor dem Wagen stand ein Polizist und nahm die Sonnenbrille ab. Die leere Augenhöhle sah grauenhaft aus. Der Einäugige zielte mit der Pistole auf sie. Hugo blieb stehen und schnaubte. Dann rannte er los, rannte den einäugigen Polizisten einfach über den Haufen und sprang mit einem Satz über das Auto. Als der Einäugige zu Boden ging, meinte Paul, plötzlich das Gesicht Wassilijs unter der Uniformmütze zu erkennen. Die Augen voller Entsetzen auf Hugo gerichtet. Als Paul sich umdrehte, war Wassilij verschwunden. Statt dessen saß dort Felix in seinem gelben Mustang und winkte ihnen freundlich grinsend hinterher. Neben ihm saß ein kleiner rothaariger Junge, Patrick, und patschte mit Schokoladenhänden auf der Windschutzscheibe herum. Hugo führte Paul und Katharina auf seine Lieblingsweide, in deren Mitte eine große Buche stand. Paul lag mit Katharina eng umschlungen in der sonnenwarmen Wiese im Schatten des Baumes, während Hugo ein paar Schritte weiter genüßlich auf einem Büschel Gras kaute ...

Als Paul mit dem ersten Sonnenstrahl neben Katharina auf dem Sofa aufwachte, spürte er den Duft ihres Haares in der Nase. Verwundert fand er Katharina schlafend an seiner Seite: Aneinandergekuschelt lagen sie da, ein Knäuel aus dunkelrot karierten Armen und grau behosten Beinen. Dunkel erinnerte er sich an den vorigen Abend. Er mußte wohl plötzlich eingeschlafen sein. Fünf Minuten blieb er noch liegen und genoß es, Katharina neben sich zu spüren, dann legte er ihren Arm, den sie um seine Brust geschlungen hatte, vorsichtig beiseite, hob ihren Kopf sachte an und bettete ihn auf das Sofakissen. Mit der Wolldecke, die vom Sofa gerutscht war, deckte er sie wieder zu. Sollte sie noch etwas schlafen. Bevor er sie verließ, drückte er ihr noch sanft einen Kuß auf die Stirn. Er wartete einen Moment, ob sie aufwachte, doch Katharina schlief weiter. Und Paul ging zu seinen Tieren.

Ali war bereits im Kuhstall zugange, als Paul hereinkam. Er wurde wieder mal nicht schlau aus dem alten Mann, obwohl er ihn von klein auf kannte. Was war nur heute wieder mit ihm los? Paul wußte, daß Ali sich freute, ihn wieder heil zu Hause zu haben. Doch anmerken konnte man es ihm nicht. Er war so schweigsam und schaute so mürrisch drein, daß Paul kaum wagte ihn anzusprechen. Einmal fragte er Ali, ob ihn irgend etwas bedrücke, doch er bekam eine so schlechtgelaunte und ausweichende Antwort, daß er es aufgab, weiter nachzuhaken. Paul machte sich keine weiteren Gedanken. Er hatte Ali schon ein paarmal so erlebt. Zum Beispiel vor dreieinhalb Jahren, als Ali ihm nach zwei Tagen Herumdrucksen und schlechter Laune endlich gestand, daß ausgerechnet Felix ihn im Wald mit einem Jagdgewehr ertappt hatte und er demnächst ein Strafverfahren zu erwarten habe. Unerlaubter Waffenbesitz. Na, wenigstens nicht Wilderei. Paul wußte, daß Ali ab und an in den Wäldern herumstreunte und ein Reh oder ein Wildschwein erlegte, das er dann an eines der Wildrestaurants verkaufte, von denen es in der Gegend einige gab. »Das ist deine Sache«, hatte Paul zu Ali gesagt, »aber laß dich nicht erwischen.« Und Ali hatte sich tatsächlich niemals beim Wildern erwischen lassen. Nur mit dem Gewehr hatte Felix ihn gesehen, und das war schlimm genug. Entsprechend lange hatte Ali gebraucht, um es Paul zu gestehen. So was in der Richtung war es jetzt wohl auch wieder. Doch Paul wußte, daß Ali ihm vertraute. Er würde schon noch mit der Sprache rausrücken. Irgendwann rückte der Alte immer mit der Sprache raus. Wenn es auch ein paar Tage dauerte. Und danach wäre er wieder besser gelaunt.

Nachdem sie die Kühe gemolken und auf die Weide getrieben, die Schweine gefüttert und einen neuen Draht am Weidezaun angebracht hatten, ging Paul wieder ins Haus. Inzwischen war es fast Mittag. Ob Katharina noch schlief? Er fand das Sofa leer. Sie saß im Schaukelstuhl und streichelte die Katze. Obwohl ihm die Nase gleich wieder zuschwoll, als er das Tier nur sah, ging er zu Katharina ins Wohnzimmer.

Nun war die Katze draußen, und er hielt Katharina im Arm und streichelte ihr Haar. Er hätte ewig so stehenbleiben können, doch irgendwann unterbrach sie das Schweigen.

»Paul ...«

»Hmm ...«

»Laß uns zusammen frühstücken!«

»Frühstücken? Ich habe heute morgen um halb sieben gefrühstückt. Wird langsam Zeit fürs Mittagessen.«

»Ich würde gerne mit dir frühstücken. Richtig lange. – Paul ...« Sie schaute nach unten und betrachtete ihre Fingerspitzen. »Paul ... Ich muß heute wieder nach Wuppertal. Heute abend ist Vorstellung. Die anderen machen sich bestimmt schon Sorgen. Ich war zwei Tage nicht im Theater.«

»Hmm ...« Paul fühlte einen kleinen Stich in der Brust, als er daran dachte, daß sie gehen würde. Er brachte es nicht übers Herz zu fragen: Sehen wir uns wieder? Eher hätte er sich die Zunge abgebissen.

»Aber bevor ich fahre, möchte ich mit dir zusammen frühstücken. Mit allem drum und dran.«

»Eigentlich keine schlechte Idee. Laß uns frühstücken! Ist genug da im Laden. Hatte ja die ganze Woche zwangsläufig geschlossen. Warst du schon in meinem Laden?«

»Nein.«

»Na, dann komm mit!«

Katharina folgte ihm. Durch die Küche gelangten sie in den kleinen Verkaufsraum. Katharina staunte: Wie liebevoll der eingerichtet war ... An den Wänden standen Holzregale, auf denen akkurat all das aufgereiht war, was *Gollers Hoflädchen* zu bieten hatte: große Gläser mit eingemachten Zwetschgen, Birnen und Mirabellen, mittlere Gläser mit Marmelade und Honig, kleine Gläser mit Gelee, Fruchtweine und -schnäpse. In großen Weidenkörben präsentierten sich Berge von Äpfeln und Birnen und Eiern. Von der Decke hingen drei Räucherschinken. Und neben der Theke stand ein hölzernes Faß mit eingelegten Gurken. Sie fischte sich eine heraus.

»UUUHHH! Wind die wauer!« sagte sie mit vollem Mund.

Paul wanderte inzwischen mit einem Korb durch den Laden, stellte das Frühstück zusammen und hing seinen Gedanken nach. Die drehten sich fast alle um Katharina.

Die Kaffeemaschine röchelte und fauchte noch, da hatte Katharina bereits angefangen. Als sie in ihr dreifach belegtes Schinkenbrötchen biß, kam Ali zur Küchentür herein.

»Was macht ihr denn da?«

»Frühstücken«, sagte Paul, der gerade eine Pfanne Rührei auf den Tisch stellte.

»Frühstücken?!« Ali schüttelte den Kopf. »Habt ihr mal auf die Uhr gesehen? Bei mir zu Hause gibt's jetzt Mittagessen.« Er verschwand wieder nach draußen. Katharina sah durchs Fenster, wie der alte Mann quer über die Weide ging.

»Was hat er denn?«

»Ali? Keine Ahnung. Der ist halt so. Aber das gibt sich wieder.

Eigentlich ist er ein herzensguter Mensch. Nur manchmal ein wenig knurrig.« Paul ging zur Kaffeemaschine und kam mit der Kanne wieder zurück. Der Kaffeeduft stieg Katharina in die Nase, als Paul ihr eine Tasse einschenkte, und steigerte ihren Appetit noch mehr. Sie schaufelte sich Rührei und ein paar frisch geschnittene Tomatenscheiben auf ihren Teller.

Paul schaute ihr belustigt zu. Wieviel Appetit solch eine schmale Person doch entwickeln konnte. Er selbst verspürte keinen großen Hunger. Der Gedanke an den bevorstehenden Abschied schlug ihm auf die Stimmung. Wie wohl er sich in ihrer Gegenwart fühlte! Wie stolz er gewesen war, als sie sein Hoflädchen bewundert hatte. Als er vorhin aus dem Stall gekommen war, hatte das alte Goller-Haus ganz anders auf ihn gewirkt. So einladend und freundlich. Nur weil er wußte, daß Katharina dort auf ihn wartete. Und wie schrecklich war dagegen der Gedanke, sie so schnell nicht mehr wiederzusehen.

»Paul, ich muß langsam mal sehen, daß ich nach Hause komme.« Katharina hatte ihr umfangreiches Frühstück beendet. Sie fühlte sich wohl hier auf diesem alten Bauernhof und in Pauls Nähe. Fast schon wie zu Hause. Doch der Gedanke an die Abendvorstellung machte sie unruhig. »Weißt du, wann hier die Züge fahren? Von Wipperfürth nach Wuppertal?«

»Ja. Den Fahrplan kenn ich auswendig: gar nicht.«

»Wie?«

»Seit ein paar Jahren fahren hier keine Züge mehr. Der nächste Bahnhof Richtung Wuppertal ist in Lennep. Zum Wipperfürther Bahnhof geht man nur, wenn man einen Eimer Farbe braucht. Da drin ist jetzt ein Malermarkt.«

»In Lennep? Da bin ich ja schon halb zu Hause! Und wie komm ich da hin?«

»Nun, es gibt da zwei Möglichkeiten: Entweder fährst du mit dem Bus von Egen nach Wipperfürth, von Wipperfürth nach Lennep und von Lennep mit der Bahn bis Elberfeld und von da weiter mit der Schwebebahn oder mit dem Bus ...«

»Stop, stop! Mal langsam zum Mitschreiben ...«

»... oder du nimmst den Goller-Express. Der fährt Non-Stop. Egen – Wuppertal in einer guten halben Stunde. Und bietet allen Komfort; allen Komfort, mit dem ein alter Lada halt so aufwarten kann.«

»Goller-Express? Hört sich gut an. Hat die Bahn deswegen die Strecke stillgelegt?«

»Glaube schon. Dagegen konnten die mit ihren Zügen nicht anstinken.«

»Und wann fährt der Goller-Express?«

»Wann immer die Fahrgäste es wollen, aber nicht vor drei Uhr, bis dahin wird der Fahrer auf dem Hof gebraucht.«

»Drei Uhr ... Ich denke, das ist genau meine Zeit. Was kostet eine Fahrkarte?«

»Es gibt da einen Sondertarif: Wenn man gleichzeitig eine Rückfahrkarte nach Egen bucht, kostet es keinen Pfennig ... «

Katharina überlegte einen Augenblick. »Gebongt.« Sie nahm Pauls Hand. »Kann man die Rückfahrkarte auch gleich morgen einlösen?«

»Klar. Sonntags gibt es sogar als Zugabe eine kostenlose Führung durchs Bergische Land, Bergische Kaffeetafel inklusive – und einen ortskundigen, heimatkundlich bewanderten Führer. Allerdings unter einer Bedingung ... «

»Ja?«

»Die Katze kommt zu dir nach Wuppertal.«

Patrick

Paul war wieder bei der Arbeit, und Katharina beschloß, die Reste des späten Frühstücks wegzuräumen und zu spülen. Sie tauchte die Hände in das warme Spülwasser und dachte nach. Sie war immer noch keinen Schritt weiter. Wassilij stand nach wie vor unter Mordverdacht, und sie hatte keinen einzigen Anhaltspunkt gefunden, daß es womöglich doch Einbrecher waren, die dem Holländer den Schädel eingeschlagen hatten. Das einzige, was sie seit ihrem Besuch gestern auf dem Holländerhof wußte, war, daß da eine Statue fehlte. Aber ob ausgerechnet die von Einbrechern mitgenommen worden war ... Wer weiß, vielleicht waren darin ja Drogen versteckt. *Thalia* ... die Muse ... Oder aber es war ganz einfach die Mordwaffe, die nach der Tat in der Talsperre versenkt oder irgendwo verbuddelt worden war. Eine Mordwaffe, die jeder da vom Regal hätte nehmen können. Auch Wassilij ...

Ihr Blick fiel auf ein Foto, das an der Pinnwand in der Küche hing: Felix in Uniform legte Paul Handschellen an. Beide lachten ausgelassen und albern bei ihrem Räuber-und-Gendarm-Spiel. Fast schon wie ein frisch verliebtes Paar, dachte Katharina und mußte schmunzeln. Männerfreundschaft! Es hieß ja immer, Frauen verstünden davon nichts. Ihr Blick blieb an Felix' Polizeiuniform hängen.

Ein Polizist!

Der Teller, den sie gerade spülte, verschwand gluckernd wieder im Spülwasser. Natürlich, ein Polizist mußte mit der Sache zu tun haben! Warum war sie da nicht früher drauf gekommen? So vieles an dieser Geschichte war ihr die ganze Zeit schon spanisch vorgekommen. Die ganze Zeit schon hatte sie sich den Kopf zerbrochen. Wie war Wassilij auf die Fahndungsliste gekommen? Woher wußten die Gangster, daß sie ein Mikrophon im Hemd versteckt hatte? Und woher kannten sie die Route und die Zeit, als sie Wassilij aus dem Polizeiauto entführten? Es gab nur eine Erklärung: Bei der Polizei mußte es eine undichte Stelle geben! Jemand, der mit den Drogenleuten zusammenarbeitete. Vielleicht war das sogar der Schlüssel zu dem Mordfall. Vielleicht hatte ein korrupter Polizist den Holländer erschlagen ...

Nicht dumm, Katharina! Doch was machst du mit deiner Erkenntnis? Bei der Polizei anrufen und nachfragen: »Wer von Ihren Kollegen könnte am ehesten ein Gauner sein?« Keine gute Idee. Katharina schaute das Foto noch einmal an.

Felix! Na, klar! Sie könnte Felix fragen!

Unter dem Foto pappte ein Zettel mit einer Nummer. »Felix ISDN« stand darüber.

Katharina trocknete sich die Hände ab und nahm den Zettel von der Pinnwand. Es dauerte eine Weile, bis sie in dem alten Bauernhaus das Telefon gefunden hatte. In Pauls Arbeitszimmer stand es auf dem Schreibtisch. Sie wählte die Nummer und wartete.

Eine Kinderstimme meldete sich: »Hallo? Hier bei den Reubers.«

»Ähh, was?« Katharina war irritiert. Räuber? Was sollte das? Und was war das für ein Kind? Hatte sie sich verwählt?

»Hier ist Patrick Reuber! Und wer bist du?«

»Ich bin die Katharina, kleiner Räuber. Kann ich den Felix sprechen?«

»Papa ist auf dem Klo. Pipi machen.« Der Kleine schien einen Moment zu überlegen. »Papa hat die Tür aufgelassen. Ich geb dich mal rüber. Papaaa, mach schneller! Telefoooon!« Katharina hörte ein Poltern am anderen Ende der Leitung und dann eine Männerstimme. »Raus hier! Ich komme ja gleich!«

Katharina mußte sich zusammenreißen, um nicht laut loszulachen.

»Papa kommt, wenn er fertig ist.«

Na klar! Das war Patrick, Felix' Sohn!

Katharina hörte, wie der Hörer hingelegt wurde und tapsige Schritte sich entfernten. Felix Reuber, komischer Name für einen Polizisten, dachte sie. Räuber und Gendarm. Räuber ...

»Reuber?« meldete sich Felix am anderen Ende der Leitung.

Katharina stutzte. Ein eisiger Schreck fuhr ihr in die Glieder, als sie die Stimme hörte.

Räuber!

Sie antwortete nicht. Wie versteinert stand sie da und hielt den Telefonhörer. Der sterbende Holländer! Was hatte er Wassilij gesagt?

»Reuber hier! Hallo? Wer ist denn da? Antworten Sie doch!«

Langsam legte Katharina den Hörer zurück auf die Gabel.

Sie lief hinaus auf den Hof.

Wo steckte Paul?

Schweinestall

Die Schweine grunzten und quiekten, als Ali die Mistgabel heftig in den Boden des Schweinekobens rammte.

»Paul, ich muß mal mit dir reden ... «

Na endlich rückte Ali mit der Sprache raus! Paul lehnte sich auf die Mistgabel.

»Nicht jetzt, Ali. Laß uns erst die Arbeit zu Ende bringen.« Er beschloß, den Alten ein bißchen zappeln zu lassen. Sollte er ruhig noch ein wenig unter seinem schlechten Gewissen leiden. Vielleicht wäre ihm das endlich einmal eine Lehre, und er würde das Wildern bleiben lassen. Wurde ja eigentlich auch Zeit. Ein Mann in diesem Alter und solche Sperenzchen!

Ali schwieg und machte sich wieder an die Arbeit. Fast tat er

Paul schon leid. Na gut, eine Minute noch, dann würde er mit Ali sprechen.

»Paul, ich muß mal mit dir reden ...«

Verdutzt drehten sich die beiden Männer um. Da stand Katharina in der Tür, ganz außer Atem.

»Was ist denn los? In zwanzig Minuten können wir fahren. Erst muß ich die Arbeit hier zu Ende machen.«

»Nein, Paul, ich muß sofort mit dir reden. Unter vier Augen.«

Sie sah ihn so flehentlich an, daß er die Mistgabel in den Strohhaufen steckte und mit ihr hinaus ging.

»Was ist denn so wichtig? Gerade wollte Ali mir sein Herz ausschütten, und jetzt hab ich den armen Kerl stehenlassen«, sagte Paul, als er neben ihr über den Hof ging.

»Paul, es ist sehr wichtig! Ich glaube, ich bin ein gewaltiges Stück weiter. Ich glaube, ich kann Wassilijs Unschuld beweisen. Aber bevor ich dir das erzähle, solltest du dich erst mal setzen.«

Schon wieder Wassilij. Paul konnte den Namen langsam nicht mehr hören. Aber er tat ihr den Gefallen und ging mit ihr ins Haus.

Der Streit

»Du machst wohl Witze? Aber eines kann ich dir sagen: Ich find das überhaupt nicht lustig! Du solltest dich einfach mal mit der Realität abfinden. Dein Mann hat einen Menschen umgebracht, auch wenn er sich da rausreden will.«

»Wassilij ist kein Mörder!«

»Aber Felix soll einer sein? Das glaubst du doch selbst nicht.«

»Paul, er war auf dem Hof. Und der Holländer hat ihn gesehen!«

»Dein Wassilij hat irgendwas von Einbrechern erzählt, weil ihm nichts besseres einfiel. *Er* hat den Holländer auf dem Gewissen, das kann man sich doch an allen Fingern abzählen. Das ist bestimmt hart für dich, aber irgendwann mußt du das einsehen!«

»Nein! Wassilij sagt die Wahrheit. Nur in einer Sache hat er sich vertan. Der sterbende Holländer hat nichts von Einbrechern gesagt. »Reuber« hat er gesagt! Wassilij hat das durcheinandergeworfen. Räuber, Diebe, Einbrecher ... ist doch alles ähnlich. Daß

Reuber ein Name ist, hat er natürlich nicht gewußt. Wie sollte er auch?«

»Ach, und wieso hat er das nicht gewußt? Wenn Felix mit diesen Drogengangstern zusammengearbeitet hat, wie du sagst, dann müßte Wassilij ihn doch gekannt haben. Denn dein feiner Mann *hat* ja schließlich fleißig für den Holländer gearbeitet, falls du das schon vergessen haben solltest!«

»Was weiß ich? Wassilij war doch nur ein kleines Licht für diese Gangster. Ein Hilfsarbeiter. Der hat doch nicht jeden gekannt.«

»Und Felix? Was war der? Vorarbeiter? Oder Räuberhauptmann? Nur weil er mit Nachnamen Reuber heißt? Das ist doch absurd! Beckenbauer baut keine Becken, und ein Zitronenfalter faltet keine Zitronen.«

»Jetzt zieh die Sache nicht ins Lächerliche! Dazu ist sie zu ernst.«

»Wer zieht hier was ins Lächerliche? *Du* hast doch damit angefangen. Wieso siehst du nicht ein, wie lächerlich deine Theorie ist? Wie kann ein einziger Mensch nur so stur sein!«

»*Ich* soll stur sein? Wenn du einen sturen, starrsinnigen Betonkopf sehen willst, dann schau in den Spiegel!« Katharina konnte vor Wut kaum noch sprechen. »Schau in den Spiegel und ...« Sie lief aus dem Wohnzimmer und griff in der Diele nach ihrer Handtasche, die auf der Kommode lag. »Ach, was red ich da! Was soll ich noch länger vor eine Wand reden! Deine Hilfe brauche ich bestimmt nicht, um den Mörder hinter Gitter zu bringen, Paul Goller! Ganz bestimmt nicht! Wenn du das glaubst, hast du dich geschnitten, aber ganz gewaltig!«

»Ich denke, ohne mich findest du nicht einmal zur nächsten Telefonzelle? Hast du das nicht gesagt?« Paul war hinter ihr hergelaufen.

»Du kannst mich mal, Paul Goller!« Katharina riß die Haustür auf und stürmte hinaus.

»Paß auf, daß du da draußen keinem Streifenwagen über den Weg läufst«, rief er ihr hinterher, »die Polizisten könnten dich sonst umbringen! Vielleicht heißt einer ja Fleischhauer! Oder Mordhorst!« Bebend vor Zorn schaute er ihr nach, bis sie an der Hofeinfahrt um die Ecke gebogen und hinter der Böschung verschwunden war, die sich an der Landstraße erhob. Als nichts mehr von ihr zu sehen war, als auch ihr Haarschopf, der noch ein wenig über die Böschung ragte, außer Sichtweite war, legte Paul die Stirn gegen den Türrahmen und fing leise an zu weinen.

Die Katze

Paul brauchte einige Zeit, bis er sich wieder etwas beruhigt hatte. Er ging ins Arbeitszimmer, griff zum Telefon und wählte hastig eine Nummer.

»Hallo, Felix! Hier ist Paul.« Seine Stimme klang noch etwas belegt.

»Paul, hallo! Mensch, alter Junge, endlich ein Lebenszeichen! Was hört man für Sachen über dich! Du bist da in einen richtigen Gangsterfilm geraten? Ich hab versucht, dich anzurufen. Wie geht's dir?«

»Ich bin okay. Die Sache ist halb so wild. Und außerdem ist sie jetzt vorbei. Doch das erzähl ich dir ein andermal.« Paul machte eine kurze Pause und nahm noch einmal Anlauf. »Felix, sie ist weg!«

»Weg? Wer?«

»Katharina.«

»Katharina?«

»Die Frau, mit der ich dich vorgestern besucht habe. Wir haben uns gestritten.«

»Sag bloß, mein alter Paul hat sich verliebt?«

»Von wegen verliebt! Das hatte ich mir höchstens eingebildet. Die spinnt doch, die Frau! Soll sie sich ruhig ihren Kopf einrennen heute abend.«

»Den Kopf einrennen?«

»Na, die tanzen doch heute abend wieder, da in Wuppertal, im Opernhaus. Hab ich dir nicht erzählt, daß sie Tänzerin ist? Und in dem Stück, da läuft sie immer gegen so eine Holzwand. Vollkommen verrückt! Soll sie sich doch da 'ne dicke Beule holen! Oder am besten gleich zwei oder drei!«

»Was regst du dich denn so auf?«

»Ach, die mit ihrer fixen Idee! Denkt immer noch, ihr Mann sei unschuldig! Die klammert sich an jeden Strohhalm, um das zu glauben. Obwohl er sie wasweißichwieoft schon belogen hat. Und obwohl vollkommen klar ist, daß er den Holländer umgebracht hat, um das Koks verkaufen zu können. Weißt du, was sie allen Ernstes behauptet?«

»Woher sollte ich?«

»Ach, es ist einfach zu dämlich!«

»Was denn?«

»Sie sagt allen Ernstes, ein Polizist hätte den Holländer umgebracht! Nicht irgendein Polizist. Halt dich fest, Felix! *Du* sollst den Holländer umgebracht haben. Weil du mit Nachnamen Reuber heißt, wenn ich ihre Theorie richtig verstanden habe. Ist das nicht lächerlich?«

»Kann man wohl sagen.« Felix lachte. *»So ein Blödsinn!«*

»Ja, ist doch vollkommen klar, daß das eine Drogengeschichte ist. Ihr Mann ist nun einmal Drogenkurier. Und wohl auch ein Mörder, und wenn sie sich auf den Kopf stellt. Scheiße! Nur, weil sie so durchdreht, haben wir uns gestritten. Und jetzt ist sie weg. Weiß der Teufel, ob sie zu Fuß nach Wuppertal will. Ist mir auch egal. Soll sie von mir aus dahin kriechen!«

»Paul, ich sag dir was: Du bist verliebt! Und genau deswegen solltest du diese Frau besser vergessen. Die beschäftigt sich doch noch viel zu viel mit ihrem Mann.«

»Wahrscheinlich hast du recht. Oh Mann, was für eine Woche! Erst das mit Hugo, und dann noch Katharina ... Wird Zeit für einen Herrenabend, Felix. Wir sollten ein paar Flaschen von Alis Hagebuttengeist auf den Kopf hauen. Was hältst du davon?«

»Gute Idee. Aber nicht heute. Ich hab Patrick hier und kann nicht weg. Morgen nachmittag bring ich ihn wieder nach Remscheid. Dann bin ich zu jeder Schandtat bereit.«

»Morgen? Na, wenn du meinst ...« Ein lautes Poltern ließ Paul mitten im Satz stocken. Das kam aus der Küche! Gleich darauf hörte er ein Fauchen und ein Miauen. »Oh Scheiße, diese blöde Katze, die hab ich ja total vergessen! Felix, ich ruf dich morgen wieder an.«

Er knallte den Hörer auf die Gabel und lief in die Küche. Was er sah, ließ ihn sogar seinen Zorn auf Katharina vergessen. Diese dämliche Katze!

Der Topf mit Tomatensoße, den er heute mittag wegen Katharinas späten Frühstücks doch nicht aufgewärmt hatte, stand nicht mehr auf dem Herd, sondern lag umgekippt auf dem Fußboden, die Soße hatte überall Spritzer hinterlassen. Eine rote Spur führte auf dem Boden von der Soßenlache Richtung Diele und von dort weiter ins Wohnzimmer. Katzenpfoten.

Nein! Nicht das neue Sofa! Nein!

Paul stürmte ins Wohnzimmer.

Doch. Das neue Sofa.

Die schwarze Katze saß auf dem hellen Leinenbezug und schaute ihn aus unergründlichen grünen Augen an. Quer über das Polster zog sich die rote Spur.

»Du blödes, mißratenes Mistvieh! Was hast du bloß angerichtet? Reicht es dir nicht, daß du mich alle fünf Minuten zum Niesen bringst?«

Katharina war weg, aber die Katze hatte er noch am Hals. Na prima! Nicht gerade dein Glückstag heute, Paul Goller! Er ging zurück in die Küche und ließ einen Eimer warmes Wasser ein. Als er den Katzenspuren zurück ins Wohnzimmer folgte, mußte er an den Holländerhof denken. Auf der Fensterbank genau dieselben Spuren.

Und wieder setzte sich ein unbestimmter Gedanke in seinem Hinterkopf fest. Und wieder konnte er ihn nicht fassen. Er schaute auf die Spur, die von der Wohnzimmertür geradewegs zum Sofa führte. An was erinnerte ihn das bloß? Er verjagte die Katze, stellte den Eimer vor das Sofa und hockte sich hin. Erst als er mit dem nassen Lappen das erste Mal über die roten Katzentatzen auf dem Sofabezug wischte, gelangte der Gedanke aus Pauls Hinterkopf an die Oberfläche. Und erschreckte ihn fast zu Tode.

Der Lappen plumpste zurück in den Eimer.

Egen

Ohne Paul findet sie hier nicht einmal eine Telefonzelle! Ha! Wütend stapfte Katharina über die Landstraße. So hatte sie sich ihr ganzes Leben noch nicht geärgert! Nicht einmal bei Wassilij! Paul Goller! Dieser sture Kerl! Sie hätte ihn schütteln können, die Sturheit aus ihm rausschütteln können, hätte sie ihn jetzt zwischen die Finger bekommen.

Oben am Horizont sah sie schon den Zwiebelturm der kleinen Egener Pfarrkirche. Sie findet keine Telefonzelle? Wär doch gelacht! In welche Richtung es hier nach Radevormwald, Wipperfürth oder Wuppertal ging, das hätte sie tatsächlich nicht sagen können, aber da oben im Dorf stand eine Telefonzelle, oder sie wollte nicht länger Katharina David heißen!

Zog sich ganz schön lang, diese Strecke. Mit dem Auto ging das immer ruckzuck. Langsam, Meter für Meter rückte der Kirchturm näher. Mit jedem Schritt nahm die Wut ein wenig ab. Trotzdem konnte sie keinen klaren Gedanken fassen. Das alles hier trieb sie zum Wahnsinn! Sie sehnte sich danach, wieder auf ihrer Bühne zu stehen und zu tanzen. Erst einmal würde sie jetzt nach Wuppertal fahren und sich auf die Vorstellung konzentrieren. Und dann würde sie sich in Ruhe überlegen, wie sie Kommissar Höller überzeugen könnte. Seine Nummer hatte sie ja noch. Mit dem Kommissar hatte sie zwar auch so ihre Schwierigkeiten gehabt, aber so stur wie Paul war er nicht. Paul! Kaum dachte sie an ihn, wurde sie schon wieder wütend.

Endlich hatte sie die Pfarrkirche erreicht. Viel mehr als fünf oder sechs wunderschöne alte Schieferhäuser standen nicht in Egens Ortsmitte. Auf jeden Fall gab's hier keine Telefonzelle! Sollte dieser sture Kerl auch noch recht behalten! Und wie sollte sie jetzt telefonieren?

Ihr Blick fiel auf das Haus gegenüber dem Kirchenportal. Es war das größte, das hier stand. »Gaststätte Wigger« stand in weißen Buchstaben auf dem grünen Schild über der Tür. Katharina ging hinein und betrat einen dunklen Schankraum. Sie setzte sich an die Theke. Es dauerte etwas, bis der Wirt aus dem Hinterzimmer kam und sie überrascht ansah.

»Sie wünschen?«

»Können Sie mir ein Taxi bestellen? Aber geben Sie mir vorher bitte einen Kaffee.«

Abschied

»Papa muß nur kurz weg. Oma bleibt heute abend bei dir. Da könnt ihr zusammen noch den *Tigerenten-Club* schauen, der fängt doch gleich an!«

»Und wann kommst du wieder?« Patrick war nicht gerade begeistert von der Idee seines Vaters.

»Das kann ich noch nicht genau sagen. Ist aber sehr wichtig.

Und morgen gehen wir dann auf jeden Fall zu den kleinen Wildschweinen.«

»Zu den Wildschweinen, au ja, super!«

Felix wußte, daß er Patrick damit immer kriegen konnte. Das Wildschweingehege, da ging er am liebsten hin. Felix konnte die Tiere schon nicht mehr sehen. Aber manchmal muß man halt Opfer bringen.

In der Tür erschien eine alte Frau mit einem müden Blick. Erst als Patrick auf sie zulief, hellten sich die Augen etwas auf.

»Omi, Omi! Tigerenten-Club!!«

»Ich muß mal kurz weg«, sagte Felix, »ich laß dir den kleinen Racker so lang hier.«

Er ging zu Patrick und gab ihm einen Kuß auf den Haarschopf, der ebenso feuerrot war wie sein eigener.

»Und du machst deinem Vater keine Schande, klar, Räuberhauptmann?«

»Klar, Räuberpapa!«

Lächelnd winkte er dem Kleinen noch einmal zu, als er schon in der Haustür stand.

Erst als Felix in dem alten Mustang saß, wurde sein Blick mit einem Schlag ernst. Todernst. Langsam fuhr er über die Landstraße und schaute aufmerksam aus dem Fenster.

So ein Mist! Alles war so gut gelaufen. Und dann mußte diese Frau kommen! Einen verdammt guten Instinkt hatte die. Ob sie auch Beweise hatte? Wahrscheinlich nicht. Schon mal gut, daß Paul ihr kein Wort glaubte. Daß war überhaupt das Wichtigste, daß Paul da außen vor blieb. Der war schon genug in die Sache reingezogen worden. Auch nur wegen dieser Frau! Und unglücklich verliebt hatte er sich obendrein noch. Na ja, das würde er ihm morgen endgültig ausreden. Dazu sind Freunde schließlich da.

Aber erst mal mußte er sie finden. Irgendwo auf der Landstraße würde er sie schon aufgabeln. Weit konnte sie noch nicht gekommen sein. Es sei denn, jemand hatte sie mitgenommen. Aber nicht um diese Zeit und nicht in Egen. Äußerst unwahrscheinlich.

Felix fuhr einmal durch das Dorf, bis er die Einfahrt von Pauls Hof passiert hatte. Er fuhr noch etwa einen Kilometer, dann wendete er. Nein, hier mitten im Wald war sie bestimmt nicht. Vielleicht eher in die andere Richtung. Als er wieder an der Kirche war, fuhr er die Straße Richtung Güttenhausen runter. Hier war sie auch nicht. Verdammt! Langsam wunderte er sich doch, wo sie steckte. Er drehte wieder. Jetzt zum Fußballplatz. Langsam rollte der Mustang über die Straße. Auch hier Fehlanzeige. Sollte sie tatsächlich jemand mitgenommen haben? Aber bestimmt nicht bis Wuppertal. Er drehte und fuhr wieder zurück zur Kirche. Ein Taxi stand bei Wiggers vor der Tür.

Und dann sah er Katharina. Sie kam aus dem Haus und stieg in das Taxi. In der Kneipe hatte sie die ganze Zeit gesteckt! Da hätte er noch lange durch die Gegend kurven können.

Felix ließ den Mustang ein wenig zurückrollen. Das Taxi fuhr los. Richtung Radevormwald.

Felix wartete einen Moment. Dann fuhr der Mustang langsam an und fuhr in dieselbe Richtung.

Der Rucksack

Als Ali mit seinem Rucksack ins Wohnzimmer trat, hockte Paul vor dem Sofa.

»Was ist das denn für eine Sauerei?«

»Das ist unser ausgefallenes Mittagessen.«

»Sieht eher aus wie ein runtergefallenes Mittagessen«, sagte Ali.

Paul stand auf und ging zu seinem alten Freund.

»Ali, was hatten wir letzten Sonntag für Wetter?«

»Ich glaub, letzten Sonntag war Sommer. Aber ich hab ihn verpaßt, den Sommer. Ich war da gerade im Keller.«

»Keine Witze jetzt. Letzten Sonntag schien doch die Sonne, oder?«

»Ja, sie schien den ganzen Tag. War sogar richtig heiß. Kaum zu glauben, wenn man sich das Wetter jetzt wieder anschaut.«

»Ali, ich glaube ich bin der größte Hornochse, der im ganzen Bergischen Land rumläuft!«

»Da erzählst du mir nichts neues.«

»Hör auf zu scherzen, es geht um etwas Todernstes ...«

»Mir geht es auch um etwas Ernstes Paul. Ich muß mir dir reden. Und dazu setzt du dich besser hin.«

»Na gut, schieß los. Aber danach muß ich dir etwas erzählen. Und ich glaube, ich brauche deinen Rat.«

»Jetzt setz dich erst mal.«

Paul ließ sich in einen Sessel fallen, Ali stellte den Rucksack neben den Schaukelstuhl und setzte sich ebenfalls.

»Also Paul ... « Ali tat sich etwas schwer, einen Anfang zu finden. »Also, ich war Sonntag nacht im Wald unterwegs ... «

»... und hast wieder einmal gewildert. Schon verziehen.«

»Ja, ich hab ein Reh geschossen, und deswegen war auch schon die Polizei bei mir. Aber die haben nichts gefunden. Darum geht es auch gar nicht. Bevor ich das Reh geschossen habe, ist nämlich etwas ganz anderes passiert. Etwas Seltsames.«

»Spann mich nicht auf die Folter!«

»Also, ich liege da an der Lichtung auf der Lauer, da wo ich meistens liege, da kommt eine Gestalt durch den Wald. Genau auf mich zu. Ich bekomme schon Panik und will das Gewehr unter einen Busch schieben, da bleibt die Gestalt nur ein paar Meter vor mir stehen. An einer krummen Fichte. Im Mondlicht erkenne ich das Gesicht von deinem Freund Felix und denke schon: Mist, der darf dich nicht noch einmal mit einem Gewehr erwischen. Doch was sollte ich tun? Jedes Geräusch hätte mich verraten. Ich bleibe also still liegen und wage kaum zu atmen. Und Felix beginnt zu buddeln. Er gräbt ein Loch in den Waldboden, legt etwas hinein, schaufelt die Erde wieder zurück und bedeckt das ganze mit Fichtennadeln.«

»Und? Was hat er da hineingelegt?«

»Das konnte ich nicht erkennen. Felix verschwand wieder, und kurz darauf lief mir das Reh vor die Flinte. Da hatte ich genug zu tun. Aber das ist es nicht, was ich erzählen will. Paul ... Ich war vorgestern nacht wieder an der krummen Fichte. Ich mußte ein bißchen suchen, aber schließlich habe ich gefunden, was Felix da verbuddelt hat.« Ali kramte in seinem Rucksack und holte eine verdreckte eiserne Statue hervor. Eine zackige, eckige kleine Schönheit. An ihren spitzen Brüsten hing ein Büschel blonder Haare.

»Was zum Teufel ist das?«

»Paul, zwei so ähnliche Dinger hab ich bei dem Holländer stehen sehen. Schätze, das soll Kunst sein.« Er hielt die Statue in die Höhe. »Mit diesem Ding hier ist der Holländer erschlagen worden.« Ali schluckte.

»Das darf nicht wahr sein!« Pauls Gesicht hatte sich kalkweiß gefärbt. »Das darf doch einfach nicht wahr sein! Es paßt wirklich alles zusammen!« Er stand auf und zeigte auf die rote Spur. »Ali, weißt du, wo ich solche Katzenspuren schon einmal gesehen habe?«

»Katzenspuren? Gestern bei deinem Besuch am Holländerhof. Hast du ja erzählt gestern abend.«

»Richtig. Auf der Fensterbank am Holländerhof. Aber ich hab sie noch woanders gesehen ... « Er schlug mit der Hand auf das Sofa. »Hier, auf so einem ähnlichen Stoff hab ich sie gesehen. In Felix' Mustang. Von innen am Wagendach.«

»An der Decke? Im Auto? Jetzt versteh ich gar nichts mehr.«

»Es ist ganz einfach. Der Mustang ist ein Cabrio. Am Sonntag war das Dach aufgeklappt, bei dem tollen Wetter. Ali, der Mustang stand mit offenem Verdeck unter der Fensterbank, als die Katze mit ihren blutigen Pfoten nach draußen gesprungen ist. Felix war am Tatort! Das ist mir eben vor fünf Minuten klar geworden. Und dann kommst du auch noch und zeigst mir die Mordwaffe, die Felix vergraben hat.« Paul ließ sich wieder in den Sessel fallen. »Felix ist ein Mörder. Mein bester Freund! Und ich Hornochse streite mich mit Katharina, nur weil sie das vor uns allen schon herausgefunden hat.«

»Weibliche Intuition.«

»Und ich hab Felix auch noch von dem Streit und ihrem Verdacht erzählt!«

»Du hast *was*?«

»Ich hab ihm erzählt, daß sie ihn für einen Mörder hält.«

»Du bist tatsächlich ein Hornochse.«

Taxi

Horst wunderte sich. Komisch, diese Frau da neben ihm. Jetzt waren sie schon fast eine Viertelstunde unterwegs, und sie hatte noch kein einziges Wort gesagt. Nur die paar Worte ganz am Anfang: »Wuppertal-Barmen. Opernhaus.«

Hübsch sah sie aus. Ob ein Wuppertaler Reisebus sie da oben in Egen vergessen hatte? Oder ob ihr Mann sie da ausgesetzt hatte? Aber so eine schöne Frau läßt man doch nicht sitzen. Wie versteinert saß die da. Und schaute die ganze Zeit aus dem Fenster. Na ja. Eine knappe halbe Stunde, und sie wären ohnehin am Ziel. Wuppertal. Er schaute auf das Taxameter. War 'ne gute Fuhre! Besser als einen geizigen Bauern drei Kilometer von Kreuzberg nach Egen zu fahren, und dann wieder zwei Stunden Leerlauf.

Plötzlich sah Horst, daß der Frau neben ihm Tränen über die Wange liefen. Ihm wurde ganz unbehaglich zumute. Was war denn nun los? Hatte er etwas falsch gemacht? Hätte er vielleicht etwas sagen sollen? Was war denn los mit der? Er räusperte sich.

»Mmhhmm ... Harte Woche gehabt, was? Na, jetzt ist ja endlich Wochenende, da sieht alles ganz anders aus. Auch das Wetter soll morgen ja ausnahmsweise wieder prächtig werden. Da isses hier auf dem Land richtig schön! Da kann man hier prima Ausflüge machen. Wenn Se einen haben, der sich hier auskennt, können Se ...«

Es hatte keinen Zweck, weiterzureden. Die Frau neben ihm fing hemmungslos an zu weinen. Scheiße! Wie man's macht, macht man's verkehrt. Vielleicht hatte sie ja tatsächlich jemand sitzen lassen da oben in der Einöde.

»Was ist denn los, Frollein? Hören Sie doch auf zu weinen! Sie weinen doch wohl nicht wegen 'nem Kerl? Sollten Se nich. Ist keiner von denen wert, daß man drum weint. Ich muß es wissen, ich bin selber einer.«

»Es ist nichts«, sagte sie und schluchzte weiter, »es ist wirklich nichts. Aber können Sie da vorne vielleicht mal kurz halten? Da an der Tankstelle?«

Horst bog auf die große DEA-Tankstelle bei Rädereichen. Soll sie ihren Willen haben, wenn's hilft, dachte er, das Taxameter läuft.

Die Frau verschwand zunächst in der Toilette. Danach ging sie in den Tankstellen-Shop und kam eine kleine Ewigkeit nicht wieder zurück.

Horst spähte durch die Schaufensterscheibe. Die will mir doch wohl nicht durchbrennen? Nein, da war sie noch. Stand vor einem Regal. Endlich kam sie zurück. Schon erheblich besser gelaunt setzte sie sich wieder ins Auto. Ihre tränen- und schminkeverschmierten Augen hatte sie auch wieder hingekriegt. Fast ein anderer Mensch.

»Und? Was haben Se denn da gekauft?«

Die Frau öffnete ihre Handtasche und holte ein schwarzweiß geflecktes Plüschtier mit kleinen grauen Schaumstoff-Hörnern heraus. Die großen Glasaugen schienen den Taxifahrer neugierig anzuschauen, als er den Motor wieder startete.

»Das ist ein kleiner Bulle«, sagte die Frau. »Er heißt Hugo.«

Horst schüttelte den Kopf und sagte nichts. Ganz dicht war diese Frau nicht, soviel stand fest.

Erledigen

Pauls Gedanken waren wieder etwas nüchterner und klarer geworden. Paradoxerweise hatte ausgerechnet Alis Hagebuttengeist das bewirkt. Ali hatte recht. Das mußte unter Freunden geklärt werden. Es gab bestimmt eine vernünftige Erklärung dafür. Er würde Felix helfen, dazu waren Freunde da. Und er würde ihn davon abhalten, weitere ... Ob Ali wirklich recht hatte? War Katharina in Gefahr? Nicht denken, handeln! Er mußte zu Felix fahren. Sofort!

Pauls Finger zitterten, als er die Türklingel am Reuber-Hof drückte. Endlos lang passierte gar nichts. Endlich, endlich sah er in der Glastür einen Schatten. Eine grauhaarige Frau in einer Kittelschürze öffnete die Tür und schaute Paul überrascht an.

»Tag Frau Reuber. Ich hätte gern Felix gesprochen.«

»Felix ist nicht da.«

»Und wann ist er wieder zurück?«

»Keine Ahnung. Er hat nicht gesagt, wie lange er weg ist.«

»Ist er mit Patrick unterwegs?« Paul hoffte, es wäre so. Dann bräuchte er sich keine Sorgen mehr zu machen. Katharina in Gefahr ... Ali mußte immer übertreiben ...

»Nein, Patrick ist hier. Wir gucken gerade Tigerenten-Club.«

»Wo wollte Felix denn hin?«

»Das weiß ich nicht. Der Junge sagt ja nie was, wenn er wegfährt. Was Wichtiges erledigen, hat er nur gesagt. Soll ich ihm was ausrichten?«

»Danke, Frau Reuber, nicht nötig.« Paul war jetzt noch aufgeregter als vorher. Er drehte um und setzte sich wieder in seinen Lada.

Was Wichtiges erledigen ... Katharina erledigen!

Quatsch, Paul, Felix ist doch kein Mörder ... doch, er ist ein Mörder. Einen Menschen hat er schon auf dem Gewissen. Auch wenn es ein Gauner war, Felix hat bereits einen Menschen getötet. Wer weiß, was in seinem Kopf jetzt alles vorgeht?

Taxameter

43,80.

Katharina schaute noch einmal auf das Taxameter. Die Anzeige war unerbittlich, die Summe änderte sich nicht. Sie wühlte in ihrer Handtasche. Hatte sie wirklich nicht mehr Geld dabei? Verdammt! Der Taxifahrer guckte schon komisch.

»Frollein, wat is nu? Wie lang soll ich noch warten?«

»Kleinen Moment.«

Katharina stieg aus und kippte den Inhalt ihrer Tasche auf den Beifahrersitz. Stück für Stück packte sie ihren Kram wieder ein. Nichts zu machen. Wie oft hatte sie schon völlig überrascht noch einen Zwanzigmarkschein in der unerforschten Tiefe ihrer Tasche gefunden. Doch jetzt, wo sie so eine Überraschung dringend gebrauchen könnte – Fehlanzeige. Dreiundvierzig Mark achtzig. Hätte sie vorhin diesen Plüschbullen nicht gekauft, wäre sie wohl noch hingekommen. Aber jetzt fehlten ihr über zehn Mark.

»Hier, dreißig Mark können Sie schon mal haben.«

»Macht dann noch dreizehn achtzig.«

»Ich glaube, ich muß mir von Kollegen etwas Geld leihen. Warten Sie solange hier.«

»Nee, nee, Frollein, die Tour zieht bei mir nicht.«

»Hier, nehmen Sie Hugo als Pfand. Der hat fast zwanzig Mark gekostet.« Sie reichte ihm den kleinen Bullen. Der Taxifahrer sah sie an, als spiele er mit dem Gedanken, die Männer in den weißen Kitteln zu holen.

»Wenn Se mir ein Pfand hierlassen wollen, wie wär's dann mit Ihrem Ausweis? Ist mir sicherer.«

»Wenn ich wüßte, wo ich den habe ... «

Paul hatte ihr den Personalausweis doch zurückgegeben. Wo hatte sie ihn bloß hingetan? Wahrscheinlich im Lada liegengelassen. So übermüdet, wie sie gestern abend aus dem Auto gestiegen war ...

»Ich finde ihn nicht. Nehmen Sie nicht irgendwas anderes?«

»Frollein, das hier ist ein Taxi und kein Basar.«

Katharina wurde wütend. Sie mußte ins Theater. Keine Zeit, hier stundenlang rumzuquatschen. Waren denn wirklich alle Oberberger so stur? »Mein Gott, was wollen ...«

»Entschuldigung, aber ich übernehme die Rechnung für die Dame.«

Katharina schaute ebenso überrascht wie der Taxifahrer. Welcher Kavalier wollte ihr denn da aus der Bredouille helfen? Sie drehte den Kopf leicht zur Seite und zuckte vor Schreck zusammen, als sie den freundlichen Herrn erkannte.

Da stand Felix und grinste sie an. Grinste sie unverschämt an! Wie kam der nach Wuppertal? Was wollte er hier?

»Ist mir egal, wer bezahlt. Hauptsache, ich bekomm langsam mal mein Geld«, meldete sich der Taxifahrer wieder.

Katharina riß ihre Handtasche vom Beifahrersitz und lief so schnell sie konnte auf den Bühneneingang zu. Felix wollte hinterher, doch plötzlich stand der Taxifahrer neben ihm.

»Is nich, Kollege! Schön hiergeblieben. Erst mal löhnen! Mit so 'nem billigen Trick könnt ihr mich nicht reinlegen. Dreizehn achtzig bekomm ich noch.«

Der Bulle

Felix saß in seinem Mustang und stellte den kleinen Stoffbullen vor sich aufs Armaturenbrett. Wenigstens etwas, das er für die dreizehn Mark achtzig bekommen hatte. Seit Katharina ihm so panisch davongelaufen war, zögerte er, ob er wirklich zu ihr ins Opernhaus gehen sollte, oder ob es besser war, bis nach der Aufführung zu warten, um dann in Ruhe zu Hause mit ihr zu sprechen. Hier waren zu viele Leute, die die Geschichte nichts anging und die ihre Unterhaltung stören konnten. Außerdem war Katharina vor der Aufführung bestimmt abgelenkt. Er zündete sich eine Zigarette an. Welchen Sinn hatte es?! Wieso bildete er sich ein, mit ihr reden zu können? Das war nicht die Lösung. Felix hatte Angst. Zum ersten Mal in seinem Leben hatte er echte Angst. Vor einer Frau, die er nicht einmal richtig kannte und in die sein bester Freund offenbar verknallt war. Er ließ den Motor an und setzte aus der Parklücke. Er mußte zu ihr nach Hause. Später. Allein! Doch plötzlich trat er hart auf die Bremse. Nein. Nicht später. Jetzt! Es war zu wichtig. Er durfte nicht das geringste Risiko eingehen. Er mußte Katharina überzeugen. Sofort! Um jeden Preis! Als er ausstieg, vergaß er sogar, seinen Wagen abzuschließen und lief zum Operhaus zurück.

Von weitem schon sah er die schmale Seitentür, durch die Katharina verschwunden war. Wahrscheinlich gab es irgendeinen Pförtner, der ihn nicht reinlassen würde. Er überlegte, wie er am besten an ihm vorbeikäme. Sollte er auf Polizist machen und einen dienstlichen Eintritt erlügen? Nein, am besten kein Aufsehen erregen. So unauffällig wie möglich. Brauchte ja niemand zu wissen, daß er etwas mit Katharina zu schaffen hatte.

Als er fast die Tür erreicht hatte, kam ihm plötzlich ein alter Mann entgegengeschossen. »Sie! He Sie!« schrie er und rannte an Felix vorbei. »Da können Sie nicht parken!«

Eine etwas verwirrte junge Frau beugte sich aus dem Seitenfenster ihres Polos. »Hier steht aber kein Schild ... «

»Kein Schild, kein Schild, *ich* bin Ihr Schild! Fahren Sie weiter!«

Als Felix sah, daß der Alte sich zu ihrem Fenster hinunterbeugte und wild gestikulierend in die Richtung wies, in die sie zu fahren hatte, ging er schnell durch die Tür und sparte sich so sämtliche Erklärungen. Im Haus war es duster und kühl. Zuerst wunderte sich Felix, daß das Licht nicht eingeschaltet war, doch bald stellten sich seine Augen von der Nachmittagssonne auf das gedämpfte Innenlicht um. Hier hinten war alles schmucklos, niedrig und schmal. Nicht so wie im vorderen Teil des Hauses, wo abends das Publikum Große Welt spielte ... Zwei Bühnentechniker mit Klebebändern, Tackern und Werkzeugen am Gürtel kamen Felix entgegen. Der eine von beiden, ein vollbärtiges dürres Blaßgesicht, schimpfte wütend vor sich hin.

»Wenn ich sage, das ist nicht zu machen, dann ist es nicht zu machen. Und wenn sie das nicht einsieht, dann soll sie bleiben, wo der Pfeffer wächst.«

Der andere hetzte einen halben Schritt hinter ihm her, während der Vollbärtige eine Tür aufstieß und darin verschwand.

Felix ging weiter. Wie sollte er Katharina finden? Er konnte doch nicht einfach als Wildfremder nach ihrer Garderobe fragen und erwarten, daß man ihn da hingehen ließ. *»Na klar, fremder Mann mit dem grimmigen Gesicht! Gehen Sie einfach da lang. Alle, die hier nichts zu suchen haben, dürfen einfach da lang spazieren. Viel Spaß noch!«* Erst einmal weiter. Irgendwie würde er sie schon finden.

Er gelangte an eine Treppe und hörte über sich Gelächter.

»Du scheinst der einzige zu sein, der es noch nicht mitgekriegt hat, Pierre!«

»Isch dachte, Katharina war krank«, antwortete jemand mit französischem Akzent.

Felix ging zum Treppengeländer und schaute nach oben, aber er konnte niemanden sehen.

»Blödsinn. Unsere Katharina hat ein bißchen Räuber und Gendarm gespielt. Sie hat einen ganzen Drogenring hochgehen lassen, um Wassilijs Unschuld zu beweisen. Leider hat sie damit genau das Gegenteil erreicht.«

»Dann stimmt es tatsächlich?«

»Und das schönste ist: Offenbar hat sie sich dabei verknallt.«

»In einen Räuber oder in einen Gendarm?« Mehrere Stimmen lachten.

»In einen Bauern! Unsere weltläufige, weitgereiste Katharina verliebt sich in einen Bauern aus ihrem Heimatkaff! Unsere Katharina, die vor Königen getanzt hat, die von Millionären bewundert wird!«

Eine Frauenstimme näherte sich. »Was hängt ihr denn da rum? Zerreißt ihr euch wieder die Mäuler?«

»Isabella! Erzähl uns mehr von der Prinzessin und dem Landmann! Wir dürsten nach romantischen Liebesgeschichten!«

»Kauf dir ein Buch, Marco. Oder hast du immer noch Schwierigkeiten mit dem Lesen?«

»Wie kann eine so schöne Frau so streng sein?«

Plötzlich ertönte eine Lautsprecherstimme: »Es ist jetzt neunzehn Uhr, erstes Zeichen. Bitte zwei Kollegen von der Technik auf die Hinterbühne!«

Oben lief man offenbar auseinander, denn Felix hörte eine Tür quietschen und Schritte in diverse Richtungen. Zwei kleingewachsene Männer kamen die Treppe heruntergesprungen. »Warum nicht einen Bauern. Ist mal was anderes ...«

Plötzlich sahen sie Felix.

»Entschuldigung«, sagte Felix. »Können Sie mir sagen, wo ich Katharina David finden kann, bitte?« Er zog den Plüschbullen aus der Tasche.

Die beiden Männer stutzten einen Moment. Dann zeigte der eine nach oben. »Durch die Tür den Gang entlang und hinten links. Da ist ihre Garderobe. Wahrscheinlich ist sie jetzt da ... «

»Danke ... « Felix schob sich an den beiden vorbei, sie machten ihm eilig Platz. Als er von oben noch einmal herunterschaute, sah er, wie sie sich angrinsten. Na gut, dann war er jetzt eben der Bauer. Wenn er dann zur Familie gehörte und weniger Schwierigkeiten bekam ...

Garderobe

Katharina kam in ihre Garderobe und fing an aufzuräumen, bis sie merkte, daß sie überhaupt nicht aufräumte, sondern lediglich irgendwelche Kleider von rechts nach links räumte und andere von links nach rechts. Er war hier! Wußte er, daß sie ihn verdächtigte? Und falls er es wußte: Mußte sie Angst vor ihm haben? Du dummes Huhn, du kannst ihm doch gar nichts beweisen, das weiß er genauso gut wie du! Er hat von dir nicht das geringste zu befürchten. Aber warum war er hier? Und warum war *sie* hier? Sie hätte sofort zur Polizei gehen sollen. Den Kommissar anrufen und ihm alles erzählen. Aber was hätte sie ihm erzählen sollen? Er hielt sie ja sowieso schon für verrückt. Wenn Paul ihr wenigstens geglaubt hätte!

Und außerdem wollte sie tanzen! Sie wollte endlich wieder auf der Bühne stehen und sich sicher fühlen. Sie sehnte sich so sehr danach, die vier Wände des Theatersaales um sich zu spüren, die vertraute Musik zu hören und alles andere für zwei Stunden zu vergessen. Deshalb hatte sie sich sofort zurückgemeldet. Zum Glück hatte es im Moment nicht allzuviele Fragen gegeben. Nur einige besonders Neugierige bestürmten sie gleich, und ihnen mußte sie ein paar Sachen erzählen, denn irgendwie hatten sich die wichtigsten Ereignisse vermischt mit den verrücktesten Gerüchten sowieso schon herumgesprochen.

Plötzlich klopfte es an die Tür. Sie fuhr herum und starrte die Tür an.

Da war er! Sie konnte ihn förmlich durch das Holz hindurch sehen. *Geh weg!*

Die Tür öffnete sich einen Spalt breit, und Felix' Gesicht erschien. »Katharina? Darf ich einen Moment hereinkommen?«

»Ich hab jetzt keine Zeit. Ich muß mich umziehen ...«

»Nur einen Moment. Bitte!«

»Was willst du?«

»Deswegen bin ich ja hier, ich will es dir erklären!«

Katharina preßte die Kleider, die sie gerade in der Hand hielt, unwillkürlich vor die Brust. Dieser Mann machte ihr Angst! *Du bist ein verdammter Mörder! Du hast einem Menschen den Schädel eingeschlagen!*

»Katharina, beruhige dich doch.«

Und du hast mich an die Bande verraten, als ich Paul befreien wollte!

Plötzlich stand Felix neben ihr, und die Tür war zu. Einen Moment lang war Katharina versucht zuzuschlagen. Ihm einfach die Faust ins Gesicht zu rammen und rauszurennen, doch dann atmete sie durch: Was sollte ihr hier schon passieren? Vielleicht hatte er wirklich jemanden ermordet, aber er war nicht dumm. Auf keinen Fall würde er ihr hier im Opernhaus, wo ihn wahrscheinlich allein auf dem Weg zu ihrer Garderobe schon ein Dutzend Leute gesehen hatte, etwas antun. Wenn er das vorhätte, wäre er zu ihr nach Hause gekommen. Allein.

Zuhören! Sie würde sich anhören, was er zu sagen hatte. Vielleicht hatte Paul ja auch recht. Vielleicht war wirklich alles Blödsinn ... Und wenn nicht: Das hier ist nicht Kino!

Katharina versuchte sich zu beherrschen. Wie können einem Menschen in wenigen Sekunden so viele Gedanken im Kopf hin und her schießen?! Sollte sie so tun, als wisse sie von nichts? Quatsch. Er wußte genau, warum er zu ihr kam. Sie würde sich nicht verstellen können. Also direkt drauf los.

Katharina richtete sich kerzengerade auf. »Hast du es getan?«

Felix' Mund bewegte sich nervös. Einen Moment lang brachte er keinen Ton heraus, doch dann antwortete er: »Ja.« Er schaute sie geradewegs an.

Katharina war überrascht. Eine so direkte Antwort hätte sie nicht erwartet. Sie sah ihm an, daß ihm die ehrliche Antwort schwergefallen war, und plötzlich war sie neugierig.

»Und du bist hergekommen, um mir das zu sagen?«
»Nein. Du weißt es ja längst. Ich bin hergekommen, um es dir zu erklären.«
»Warum mir? Hast du es Paul auch erklärt?«
Er zuckte zusammen und lächelte gequält. »Nein. Aber ich werde es tun müssen. Und das wird der schlimmste Moment in meinem Leben.« Katharina dachte, daß er jetzt sagen würde: *Und es hat schon viele schlimme Momente gegeben!* Dann wäre das Gespräch vorbei, denn auf die Mitleidstour würde sie kaum hereinfallen. Aber er sagte nichts dergleichen.
»Ich denke, wenn ich es dir erzähle, muß ich es ihm auch erzählen. Aber ich weiß nicht, ob er mich verstehen wird.«
»Woher weißt du, daß ich dich verstehen werde?«
»Du mußt mich verstehen! Das ist meine einzige Chance. Wenn ich mich dir nicht verständlich machen kann, wirst du zur Polizei gehen und mich anzeigen ...«
Katharina antwortete nicht.
»Das darfst du nicht tun!« rief er plötzlich und machte einen Schritt auf sie zu. Mit einem Aufschrei wich Katharina zurück.

Isabella

Isabella kam singend den Gang entlang, in jeder Hand einen Becher dampfenden Kaffee. Diese Geschichte, die Katharina ihr in wirren Worten und völlig unzusammenhängend angedeutet hatte, war doch wirklich zu haarsträubend. Wenn auch nur der kleinste Teil davon stimmte, dann brauchte Katharina jetzt wirklich jemanden, der für sie da war. Und eine Tasse Kaffee!
Als sie Katharinas Tür erreicht hatte, wollte sie eben mit dem Fuß anklopfen. Hinter sich hörte sie eine Stimme.
»Da würde isch jetzt nischt reingehen.«
Isabella schaute in die grinsenden Gesichter von Pierre und Antoine.
»Warum?«
»Du willst doch die beiden Turteltäubchen nischt stören?«
»Wovon redet ihr?«
»Der Bauer!« – »Ihr neuer Freund ist bei ihr drin!«
»Paul?«

»Oui!« Die beiden gingen lachend weiter.

Isabella überlegte, ob sie trotzdem stören sollte. Doch dann entschied sie sich dagegen. Katharina hatte jemanden, der für sie da war. Das war im Moment die Hauptsache. Störungen unerwünscht.

Isabella ging mit den beiden Kaffeebechern fort.

Polaroid

Felix merkte sofort, was er angerichtet hatte und versuchte, Katharina zu beruhigen: »Nein, ich wollte dich nicht erschrecken! Katharina, ich habe diesen Mann umgebracht, aber ich bin kein Mörder! Ich bin in diese Geschichte reingerutscht. Du hast selbst in den letzten Tagen gemerkt, wie schnell man tief in Dinge reingeraten kann, die man sich nie hätte träumen lassen!«

»Nur bin ich auf die andere Seite geraten.«

»Dafür ging es bei mir langsamer. Quälend langsamer ... Ich weiß nicht, was Paul dir über mich erzählt hat ...«

»Wir hatten noch nicht viel Gelegenheit, uns zu unterhalten.«

Felix setzte sich auf einen Stuhl und schwieg einen Moment lang. Dann begann er zu erzählen: »Paul hat mir einmal das Leben gerettet. Ich hatte eine schlimme Zeit damals. Ich habe Tabletten in mich reingeschaufelt. Und ein paar andere Sachen. Bis Paul mich in letzter Minute davon weggerissen hat. Dann bin ich Polizist geworden. Aber die Drogen haben mich nicht losgelassen, ich habe wieder damit angefangen. So bin ich an den Holländer geraten. Der hat ziemlich schnell gemerkt, daß ich Bulle bin und hat mich um einen kleinen Gefallen gebeten. Nur eine Kleinigkeit. Er brauchte eine Information. Später noch eine. Da konnte ich schon nicht mehr Nein sagen. Es war nichts Schlimmes. Nur ein paar kleine Informationen. Es ging nur darum, daß sie der Polizei eine Nasenlänge voraus waren, wenn im Bergischen etwas gegen den Drogenhandel geplant war. Es wurden immer wieder Leute geschnappt, die mit Drogen zu tun hatten. Aber nie der Holländer und seine Leute!«

Er zögerte.

»Was hätte ich denn tun sollen? Wenn sie ihn bekommen hätten, wäre ich auch dran gewesen! Nicht nur wegen der Drogen.

Auch wegen meiner Informantendienste. Es war zu spät! Ich kam nicht mehr heraus. Doch dann wollten sie immer mehr von mir. Sie haben Dinge verlangt, die ich nicht mehr tun wollte. Dinge, die ich nicht tun konnte! Irgendwann ging es dann nicht mehr. Ich mußte die Notbremse ziehen ... Ich weiß nicht, ob du dir vorstellen kannst, wie es einem Polizisten im Knast ergeht. Knast ist niemals angenehm, aber ein Polizist im Knast ist Freiwild. Es gibt da eine Menge Leute, denen es ein echtes Bedürfnis ist, einmal zurückzuschlagen. Ein Polizist allein in der Gefängnisdusche kommt da wie gerufen ... Scheiße! Auch das war mir schließlich egal. Also bin ich hin zum Holländer und habe ihm gesagt, ich steige aus. Ich wollte mit all der widerlichen Scheiße nichts mehr zu tun haben!«

Felix schaute sich nervös um. Als er sein Gesicht in Katharinas Spiegel sah, stockte er. Es glänzte blaß. Er sah elend aus. Dann erzählte er weiter: »Ich bin zu ihm hin, aber er ... er hat mich einfach ausgelacht! Er hat lauthals gelacht und nichts geantwortet. Statt dessen ist er zu seinem Schreibtisch gegangen und hat etwas geholt.«

Felix griff in seine Jacke und zog ein Polaroidfoto heraus, das er betrachtete. Dann gab er es Katharina. Auf dem Bild war ein kleiner rothaariger Junge zu sehen, der aus der Tür eines Kindergartens herauskam. Rechts und links waren noch andere Kinder zu sehen, die an der Hand von ihren Müttern liefen, doch der rothaarige Junge ging allein.

»Er hat mir ein Bild von meinem Jungen gegeben. Patrick ... Und dazu hat er gesagt, daß wir sehr gut zusammen arbeiten würden. Und daß wir auf keinen Fall gegeneinander arbeiten sollten. Das könnte einigen Leuten sehr weh tun ... « Felix schaute Katharina an. »Verstehst du? Es ging nicht mehr um mich! Es ging um den Jungen! Der Dreckskerl hat mir keine Wahl gelassen! Ich bin dann einfach ausgerastet! Ich hab irgendeine von seinen Drecksplastiken genommen und zugeschlagen. Immer wieder. Es ist einfach passiert! Ich gäbe alles dafür, um es ungeschehen zu machen, obwohl ich weiß, daß niemand den Kerl vermißt. Niemand! Ich wünschte, es wäre nie passiert! Aber verdammt noch mal, es ist passiert, und ich werde immer damit leben müssen!«

Durch die Tür drang wieder die Lautsprecherstimme des Inspizienten: »Zweites Zeichen, neunzehn Uhr fünfzehn! Bitte die

Technik besetzen. Ab sofort Einlaß, bitte niemand mehr auf die Bühne!«

Felix sah aus, als würde er jeden Moment ohnmächtig werden. Plötzlich klopfte es laut an die Tür. »Katharina? Kommst du? Ihr müßt jetzt runter!«

»Ich komme!« rief sie. Sie schaute noch einmal auf das Foto des Jungen.

»Um seinetwillen, Katharina! Es ist passiert, und es gibt kein Zurück. Es wird nichts besser dadurch, daß du zur Polizei gehst und sie auf meine Spur bringst. Wenn sie einmal meine Spur haben, werden sie es mir irgendwie beweisen können. Alles läßt sich beweisen. Aber solange niemand auf die Idee kommt, geschieht nichts! Tu das bitte nicht! Denk an den Jungen. Wie kann er damit umgehen, wenn sein Vater wegen Mordes im Knast sitzt? Sein Vater, der Polizist! Katharina, es nützt niemandem, wenn du mich anzeigst. Ich bitte dich! Laß die Geschichte hier enden!«

Katharina schwieg lange. Dann erst antwortete sie: »Felix, es steht nicht in meiner Macht. Ich kann dir nicht helfen.«

»Aber warum?«

»Wegen Wassilij. Sie verdächtigen *ihn*. Alles spricht gegen ihn! Soll ich zulassen, daß er für deinen Mord im Gefängnis sitzt?«

»Seine Unschuld wird sich beweisen!«

»Ich weiß nicht ...«

Wieder der Lautsprecher: »Neunzehn Uhr fünfundzwanzig. Drittes Zeichen. Alle Akteure an ihre Plätze!«

»Aber er *war* es nicht! Das wird man herausfinden!«

»Alle Indizien sprechen gegen ihn.«

Wieder klopfte jemand an die Tür. »Katharina! Wir sind spät dran!«

»Ich muß jetzt gehen ...« Katharina gab ihm das Bild des Jungen zurück und ging zur Tür.

»Geh jetzt nicht! Nicht ohne mir dein Wort gegeben zu haben!«

»Aber verstehst du denn nicht? Ich kann es dir nicht geben! Selbst wenn ich wollte, Wassilij darf nicht wegen Mordes angeklagt werden! Es ist unmöglich! Es ... Es tut mir leid, Felix.« Als sie ihn sah, wie er zusammengekrümmt auf dem Stuhl saß, fühlte sie Mitleid mit ihm. Er litt wirkliche Qualen, und sie wäre gerne zu ihm gegangen und hätte ihm die Hand auf seine roten Haare gelegt. Aber es gab jetzt keinen Trost für ihn. Was sollte sie für ihn tun? Sie konnte nichts tun. Also ging sie.

Als ihre Schritte schon längst verklungen waren, murmelte Felix noch einmal: »Geh nicht weg ...« Das Foto des Jungen rutschte ihm aus der Hand und fiel zu Boden. Patrick sah so verloren aus ... So alleine!

Und plötzlich hatte Felix Pauls wütende Stimme im Ohr: *Soll sie doch gegen die Wand rennen!* Er sah vor seinem inneren Auge, wie sie vor die Wand rannte, und er hörte den dumpfen Aufprall auf das Holz. Und wieder rannte sie gegen die Wand und wieder, und plötzlich sah er noch etwas.

Es war wie eine Vision. Ganz deutlich sah er es vor seinen Augen. Zum Greifen nah: Eine lange dünne Spitze, die sich aus der Wand herausschob ... Katharina entgegen ... *Soll sie doch gegen die Wand rennen! Soll sie doch gegen die Wand rennen!* Behutsam hob er das Foto des Jungen wieder auf.

Foyer

»Sechzig Mark. Aber nur, wenn Sie nicht stinken!« Der blonde Student wich erstaunt zurück, als die grellbunte ältere Dame mit der roten Stola an ihm roch. »Ich erinnere mich an Sie«, sagte die Dame. »Letztes Mal habe ich eine übriggebliebene Karte an diesen Bauern verkauft. Ekelhaft! Ich hätte sie gleich Ihnen verkaufen sollen!«

Der Student nahm die Karte und gab sie seiner Freundin.

»Huch!« Sie warf sich einen roten Zipfel ihrer Stola über die Schulter. »Sind Sie schwanger, Kindchen? Wie reizend! Schau dir das junge Ding an!« rief sie ihrer Begleiterin zu, die ebenso bunt strahlte wie sie, nur daß sie noch ein Ungetüm von einem Hut auf dem Kopf balancierte. »Zart wie eine Feder und geht hochschwanger ins Theater! Behalten Sie mal das Geld, junger Mann, Sie werden es noch dringender gebrauchen können!« Und damit zog sie davon und ließ das junge Paar mit der Eintrittskarte stehen. Der Student rauchte noch eine letzte Zigarette, bevor sie sich auch ins Gewühl des Theaters schoben.

Hinterbühne

Felix stolperte über eine Holzverstrebung. Hier hinter der Bühne war alles schmucklos und düster, die Rückseite der Kulissen roh gezimmert. Die Einzelteile waren zerkratzt und abgestoßen und löchrig vom langen Gebrauch, offenbar wurde alles oft auf- und wieder abgebaut, auseinandergenommen und wiederverwendet. Durch ein kleines Loch in einer Kulisse sah Felix ins Publikum. Die Leute standen in Grüppchen beisammen und schwatzten miteinander. Einige saßen bereits. Durch ein anderes, winziges Loch sah er einen kleinen Ausschnitt der Bühne.

Er schaute sich weiter in den Ecken und Winkeln hinter der Bühne um, doch er fand nicht, was er suchte. Alles war ordentlich aufgeräumt, nichts lag herum. Da war eine Tür! Vorsichtig drückte Felix die Klinke herunter. Ein Gang, rechts und links weitere offene und geschlossene Türen. Eine der Türen wurde aufgerissen, und Felix sah, wie der vollbärtige Bühnentechniker mit dem Tacker und dem Klebeband am Gürtel herausgestürmt kam und schimpfend davonlief. Felix ging vorsichtig den Gang entlang zu dem Raum, aus dem der Techniker gekommen war. Hier mußte er finden, was er suchte! Der Raum war eine Mischung aus Werkstatt und Materiallager. In einer Unmenge von Regalen lag Werkzeug herum, an den Wänden stapelte sich Holz und Papier, alte Kulissenteile waren aufgehängt, am Ende des Raumes ragte der komplette Bug eines Schiffes in den Raum, alt und verwittert mit einer vollbusigen Galionsfigur, als wäre soeben der fliegende Holländer hereingeschwebt. Felix schlich hinein und schaute sich genauer um. Was bot sich an? Was suchte er? Da! Vor ihm stand eine Holzkiste. Darin ein Gewühl von Nägeln: Große, kleine, spitze, verbogene – und mitten darunter ein einzelner, ein großer langer Zimmermannsnagel. Der riesige Nagel zog Felix' Aufmerksamkeit magisch an.

Der Nagel

Das Licht im Saal erlosch. Stille trat ein. Eine spannungsvolle Weile lang passierte gar nichts. Der frische Erdboden auf der Bühne war noch sauber geharkt, doch plötzlich, in die Stille hinein, rannte Katharina über die Bühne und hinterließ ihre Fußspuren in dem weichen Boden. Von der anderen Seite rannte ihr eine Gruppe Männer bedrohlich entgegen. Sie warf sich zu Boden, die Männer sprangen über sie hinweg – die Gefahr ging noch einmal an ihr vorbei.

Katharina war glücklich. Endlich war sie wieder zu Hause. Auf ihrer Bühne! Endlich wieder tanzen und den Körper herumwerfen! Alles heraustanzen, was herauswollte! Das Publikum in Atem halten!

Auch Felix hielt den Atem an. Reglos beobachtete er Katharina durch ein winziges Loch in einer der seitlichen Kulissen. Er sah, wie sie auf Händen getragen wurde, ihr langes blondes Haar wehte dabei über den Boden. Er verlor sie für eine Weile aus den Augen, bis sie plötzlich ganz nah vor ihm vorbeihuschte. Jetzt sah er nur noch die Männer, doch dann tauchte sie am anderen Ende der Bühne wieder auf. Er erschrak: Sie schaute ihn direkt an! Hatte sie ihn etwa entdeckt? Ihre Haare wirbelten herum, und dann rannte sie los. Genau auf ihn zu, immer näher kam sie, immer schneller und kraftvoller. Er sah ihre Brust näherkommen, dann nur noch das Weiß ihres Kleides, und schließlich krachte sie gegen die Kulisse, daß sein Kopf von dem Holz heftig zurückgeschlagen wurde. Vor Schreck fiel Felix der Nagel aus der Hand und schlug klingend auf dem Boden auf. Felix erstarrte. Jetzt *mußte* jemand kommen, und dann war alles vorbei. Eine Weile stand er, zu keiner Bewegung fähig, erstarrt und lauschte. Doch es kam niemand. Statt dessen krachte Katharina wieder gegen die Wand.

Felix hob den Nagel auf. Er suchte sein kleines Loch, durch das er Katharina gesehen hatte, und als er es fand, schob er den Nagel hindurch. Ganz langsam. Der Nagel schien endlos lang zu sein, so langsam schob er ihn. Als er bis zum Kopf in der Holzwand steckte, nahm Felix ein Brett und schob es quer durch die Verstrebungen der Kulissenstützen. Er ruckte es hinter dem Nagel fest, so daß er hinten nicht heraus konnte.

Felix schlich sich davon und ließ einen unverrückbaren dunklen spitzen Stahlstift zurück, der zwanzig Zentimeter weit aus der Wand herausragte, gegen die Katharina sich bald wieder mit aller Kraft werfen würde, und der genau auf ihr Herz zielte.

Finale

Vor dem Opernhaus polterte der grüne Lada auf den Bürgersteig und bremste mit quietschenden Reifen. Die Fahrertür wurde aufgerissen, und Paul sprang heraus und rannte zur Eingangstür.

Der alte Pförtner lief ihm in der Tür entgegen und fing sofort an zu schimpfen: »Da können Sie nicht parken! Fahren Sie sofort weg!«

»Lassen Sie mich durch, ich habe keine Zeit!«

»Sie dürfen hier überhaupt nicht rein! Fahren Sie den Wagen weg!« Er hatte sich so in der Tür aufgebaut, daß Paul beim besten Willen nicht an ihm vorbeikam. Und er konnte doch keinen alten Mann niederstrecken!

»Lassen Sie mich los! Lassen Sie mich sofort los! Hilfe! Der Mann ist verrückt!«

Paul hatte den Pförtner an beiden Armen gepackt und hob ihn einfach aus dem Weg. Obwohl der Mann wild zappelte, war er doch überraschend leicht. Paul stellte ihn draußen vor der Tür wieder ab und lief weiter.

»Katharina!« rief er. »Katharina!«

Hinter sich hörte er den Pförtner zetern: »Aufhalten den Mann! Aufhalten!«

Er rannte eine Treppe hoch, je drei Stufen mit einem Sprung.

»Katharina!!«

Plötzlich wurde er von hinten gepackt. »Das ist der Verrückte von neulich. Der hat schon mal Randale gemacht. Ruft die Polizei!« Zwei Männer hielten Paul fest, ein dritter sprang gerade hinzu. Paul sah im Augenwinkel ein bleiches vollbärtiges Gesicht, das ihn wütend anzischte: »Machen Sie doch keinen Ärger, Mann! Sie kommen da jetzt nicht rein!« Dabei nickte er zu einer Tür. Da war also die Bühne.

»Lassen Sie mich los, es geht um Leben und Tod!« Paul hatte keine Ahnung, woher er diese Gewißheit hatte, aber er wußte, daß da drin irgendwo Felix war, und daß er keine Minute verlieren sollte, um endlich auf Katharina aufzupassen! Er kannte Felix wie keinen zweiten Menschen. Die ganze rasende Fahrt hierher hatte er sich den Kopf zermartert, wie das möglich war, daß man jemanden so gut kannte, und plötzlich erfährt, daß er ein ganz anderes Leben geführt hatte!

Aber das schlimmste war: Auch wenn Felix Dinge getan hatte, die Paul niemals für möglich gehalten hätte: seinen Charakter, seine Reaktionen, seine Art zu denken kannte Paul genau. Und wenn er dies alles in die verzweifelte Situation des *anderen* Felix hineindachte, dann war Katharina in höchster Gefahr! Ein verletzter Fuchs konnte böse mit einem einzelnen Hund umspringen!

Plötzlich erschien Felix in der Tür. Beide blieben wie angewurzelt stehen. Paul starrte Felix an. Im Gesicht seines Freundes las er das nackte Entsetzen. Keiner von beiden wagte sich zu rühren.

»Verzeih mir, Paul ... « flüsterte Felix.

»Was hast du getan?« schrie Paul plötzlich und stürzte sich auf Felix.

Felix lief nicht weg, und er wehrte sich nicht, als Paul ihn packte. Er zuckte nicht einmal zusammen. Er flüsterte nur noch leiser: »Paul, verzeih mir!«

»Wo ist Katharina?!«

Felix bewegte die Lippen, aber diesmal kam kein Ton mehr heraus.

Als Paul ihn losließ, brach er zusammen. Paul wollte ihm helfen, doch die Sorge um Katharina war stärker. *Was hatte Felix getan?!*

Er mußte zu Katharina. Jetzt sofort! Also marschierte er los: Zwei Männer auf seinem Rücken, einen dritten in seinen Gürtel verkrallt hinter sich herschleifend stapfte er zu der Tür.

»Bleiben Sie stehen! Seien Sie doch vernünftig! Sie machen sich strafbar!« Alle drei riefen und zeterten durcheinander. Paul packte den Türgriff und zog. Drinnen herrschte Dunkelheit. Musik tönte ihm entgegen. Sobald die Tür offen war, wechselten seine drei Belagerer augenblicklich und gleichzeitig zu einem zischenden Flüstern: »Nicht! Stehenbleiben! Machen Sie kein Aufsehen!«

Paul stapfte weiter. Eine Schar Tänzer starrte ihn verblüfft an. Noch mehr Leute warfen sich ihm entgegen. Doch unbeirrbar hielt er auf eine Lücke in der Kulisse zu, durch die helles Bühnenlicht ins Dunkel srömte. Erst als er durch die Lücke Katharina sah, blieb er stehen. Da war sie!

Eine Welle der Verliebtheit durchflutete Pauls Körper. War sie nicht wunderbar? Offenbar verströmte er plötzlich eine solche Ruhe, daß alle Umstehenden spürten, der Kampf war vorbei. Niemand hatte Lust, sich jetzt im Moment mit ihm anzulegen, und augenblicklich kam Ruhe in die Gruppe. Paul sah Katharina tanzen. Wie schmutzig sie schon wieder war! Als er im Halbdunkel das Publikum bemerkte, machte sich Stolz in ihm breit. Seine Katharina!

Die Musik steigerte sich und wurde lauter. Gleich würde sie wieder gegen diese grausame Wand da rennen. Sie schien sich schon aufzustellen. Da drüben würde sie gleich gegen das Holz donnern.

Die Musik erreichte ihren Höhepunkt.

Da ...

Entsetzt schrie Paul auf. Aus der Wand ragte etwas langes, Spitzes heraus! Sah das denn niemand?!

»Katharina!«

Sofort spurtete er los. Wieder versuchten die beiden Männer, ihn zurückzuhalten, doch mit aller Kraft rannte er auf die Bühne.

»Nein! Katharina, bleib stehen!«

Sie schien ihn nicht zu hören, sie war so in sich konzentriert, und die Musik erklang so laut ...

Wie in einem Alptraum kam Paul kaum von der Stelle. Die beiden Kerle auf seinem Rücken, einer rutschte gerade ab und geriet ihm zwischen die Beine, der weiche Boden ...

Er kämpfte sich quer zu Katharinas Laufrichtung auf sie zu. Endlich sah sie ihn. Warum blieb sie denn nicht stehen?

Katharina glaubte nicht, was sie sah: Auf der Bühne, im Opernhaus, während des Tanzabends sah sie wild gestikulierend Paul heranstolpern! Alexej und Marco hatten sich auf seinem Rücken festgeklammert. Marco fiel schreiend herunter, als Paul ihm seinen Ellenbogen ans Kinn rammte. Das konnte doch nicht wahr sein! Während sie rannte, schaute sie verwirrt zur Seite. Sie rannte weiter und schaute nicht mehr, wohin sie lief. Was war hier los? Plötzlich hechtete Paul vorwärts und schlug mit der Hand gegen ihren Fuß. Sie stolperte, und im Sturz sah sie etwas Spitzes an ihrem Gesicht vorbeiflitzen. Dann knallte sie mit dem Kopf gegen die Wand und blieb benommen liegen.

Das Publikum sprang von den Sitzen hoch.

»Der Bauer!« schrie die bunte Dame. »Schon wieder der Bauer!«

Und dann rief jemand: »Da steckt was Spitzes in der Wand!!«

Die Dame verlor ihre Stola, als sie dem blonden Studenten auf die Schulter schlug: »Der Bauer hat einen Unfall verhindert! Sehen Sie doch! Das darf doch nicht wahr sein!« Und zu ihrer Begleiterin rief sie: »Habe ich es nicht gesagt? Sie können zehnmal ins gleiche Stück gehen, und es ist immer wieder anders!«

Und Paul kroch zu Katharina und nahm sie in die Arme. »Katharina, Katharina, sag doch was, Katharina!« Und er ließ sie nicht mehr los. Man brauchte Minuten, bis er wenigstens Isabella und den Arzt an sie heranließ, die sich vergewisserten, daß sie nicht verletzt war.

Paul und Katharina

»Halt!« Aufgeregt lief Paul die Stufen des Opernhauses hinunter. »Halt! Was machen Sie da?«

»Seh'n Se dat nich?« Der Mann im Blaumann hatte recht, es war ziemlich offensichtlich, was er machte: Er war dabei, eine schwere Kette um die Vorderachse von Pauls Lada zu legen, der schräg vor dem Opernportal stand. Vor dem Lada stand ein großer gelber Wagen.

»Sie können doch nicht einfach mein Auto abschleppen!«

»Nee, einfach nich, da ham Se recht. Is schon 'n Stück Arbeit. Kostet Sie auch 'n Stück Geld.«

»He, was ist denn hier los?« Katharina kam hinter Paul die Treppe herunter. »Lassen Sie den Wagen stehen! Der Mann hier hat mir gerade das Leben gerettet!«

»Das wird ja immer schöner! So 'ne blöde Ausrede hab ich noch nie gehört. Haben Se das vielleicht auch amtlich, Herr Lebensretter?«

Wie aufs Stichwort erschienen zwei Polizeibeamte oben auf den Treppenstufen. Der Blaumann schaute verdutzt.

»Fahren Sie Ihren Abschleppwagen mal wieder weg«, sagte einer der beiden Polizisten. »Der Herr hier hat gerade einen Mord verhindert. Da kann man ihm nicht zum Vorwurf machen, daß er nicht sauber rückwärts eingeparkt hat.«

»Ja, aber ... « Der Blaumann fing eine Diskussion mit dem Polizisten an, während sich der andere Beamte Paul und Katharina zuwandte.

»Frau David, Herr Goller, wir haben noch einige Fragen an Sie.

Können Sie Montag um neun auf der Wache sein? Dann sind Sie für heute abend entlassen.« Er gab beiden die Hand und verabschiedete sich.

Sein Kollege hatte sich inzwischen bei dem Blaumann durchgesetzt. Der löste die Kette wieder von Pauls Lada und stieg in seinen Abschleppwagen.

Nun standen Paul und Katharina allein vor dem dunklen Opernhaus.

Katharina sah ihn an. Sie sagte nichts.

Paul druckste herum. »Ähhmm … Ich muß mal langsam wieder. Hab meinen Hof lange genug vernachlässigt. Ali geht schon auf dem Zahnfleisch, soviel hat er in den letzten Tagen schuften müssen. Der arme Kerl. Ist ja auch nicht mehr der Jüngste. Und die Tiere vermissen mich auch schon … «

»Da bin ich sicher.«

»Ja also … Dann mach ich mal so.« Paul klopfte dreimal auf die Motorhaube und machte Anstalten, in den Wagen zu steigen.

»Moment, Moment! Und der Witz?«

Paul schaute sie fragend an. »Waaas?«

»Du hast den Witz noch nicht zu Ende erzählt.«

»Den Witz?«

»Na, den mit dem Baulemann an der Wupper: Dat Water kannze nicht suppen, da krisse de Drieterei van … «

»Du willst *jetzt* den Witz zu Ende hören?«

»Ja, wann denn sonst?«

»Ja … « Paul kratzte sich schon wieder am Kopf. »Ja, wenn du meinst. Ist aber eigentlich ein blöder Witz. Weißt du denn noch, wie er anfängt?«

»Klar. Da sitzt einer an der Wupper und schaufelt sich mit der Hand immer Wasser in den Mund, und der Wipperfürther sieht das und warnt ihn.«

»Genau. Er warnt ihn auf platt, von wegen Drieterei und so, doch der Mann reagiert nicht und trinkt weiter. Erst nach dem dritten Mal sagt er: Ich verstehe ihr Plattdeutsch nicht, ich bin ein vornehmer Hückeswagener. Der Wipperfürther schaut ihn von oben bis unten an und sagt dann in feinstem Hochdeutsch: Was ich Ihnen die ganze Zeit sagen wollte, mein Herr … « Paul machte eine kunstvolle Pause. »… Sie müssen beide Hände nehmen zum Trinken, beide Hände.«

Katharina lachte nicht.

Paul wurde immer verlegener. »Ich hab dich doch gewarnt, es ist ein blöder Witz!«

Katharina lachte nicht, aber sie grinste über das ganze Gesicht und sah Paul dabei unentwegt an. Paul ertrug ihren Blick nicht. Er mußte weg. Verlegen hielt er ihr die Hand hin.

»Also dann –«

Sie schüttelte den Kopf. Paul stand immer noch da und streckte ihr die Hand entgegen. Katharina machte einen Schritt auf ihn zu.

»Herr Goller?«

Paul schaute ziemlich ratlos aus der Wäsche.

»Was ich Ihnen die ganze Zeit schon sagen wollte, Herr Goller: Sie müssen beide Hände nehmen, beide Hände.«

Und dann breitete sie ihre Arme aus.

Köln-Krimis im Emons Verlag

TÖDLICHER KLÜNGEL
Köln-Krimi 1 von Christoph Gottwald
Paperback, 144 Seiten, ISBN 3-924491-01-1, 16,80 DM

DREIMAL NULL IST NULL
Köln-Krimi 2 von Frank Schauhoff
Paperback, 152 Seiten, ISBN 3-924491-03-8, 16,80 DM

LEBENSLÄNGLICH PIZZA
Köln-Krimi 3 von Christoph Gottwald
Paperback, 142 Seiten, ISBN 3-924491-07-0, 16,80 DM

YELLOW CAB
Köln-Krimi 4 von Uli Tobinsky
Paperback, 156 Seiten, ISBN 3-924491-10-0, 16,80 DM

DER SCHWARZGELDESSER
Köln-Krimi 5 von Frank Grützbach
Paperback, 204 Seiten, ISBN 3-924491-16-X, 16,80 DM

TOD IN DER SÜDSTADT
Köln-Krimi 6 von Rüdiger Jungbluth
Paperback, 160 Seiten, ISBN 3-924491-26-7, 16,80 DM

SCHMAHL
Köln Krimi 7 von Peter Meisenberg
Paperback, 146 Seiten, ISBN 3-924491-31-3, 16,80 DM

HUNDERT NÄCHTE LÖSEGELD
Köln-Krimi 8 von Rolf Hülsebusch
Paperback, 150 Seiten, ISBN 3-924491-36-4, 16,80 DM

KAMELLE
Köln-Krimi 9 von Ralf Günther
Paperback, 174 Seiten, ISBN 3-924491-39-9, 16,80 DM

MARIE MARIE
Köln-Krimi 10 von Christoph Gottwald
Paperback, 177 Seiten, ISBN 3-924491-46-1, 16,80 DM

HAIE
Köln-Krimi 11 von Peter Meisenberg
Paperback, 220 Seiten, ISBN 3-924491-66-6, 16,80 DM

MORDSHUNGER
Köln-Krimi 12 von Frank Schätzing
Paperback, 260 Seiten, ISBN 3-924491-71-2, 19,80 DM

Köln Krimi *Classic*

Köln wie es war. Die Krimis der Reihe Köln-Krimi-*Classic* laden ein zu einer Entdeckungsreise in Kölns Vergangenheit: von der Antike bis zu den 70er Jahren. Genaue Recherchen verknüpft mit Spannung und Witz lassen die alten Zeiten wieder lebendig werden. Nur die Toten bleiben tot.

NACHT ÜBER NIPPES von Edgar Noske
Die 50er Jahre im Schieber- und Gaunermilieu der Domstadt. Wenn man da neben einer unbekannten Toten erwacht, ist das ganz schön häßlich. Was tun, wenn einem ein Mord angehängt werden soll, man sich an nichts erinnern kann, die Polizei einem als stadtbekanntem Schmuggler sowieso mißtraut, die Geliebte einen verlassen will und die Ex-Frau sich mit dem Obergauner liiert hat? Leo Saalbach muß den Mörder selbst suchen, wenn er nicht den Rest seines Lebens im Klingelpütz verbringen will.
»Noske liefert mit seinem Erstlings-Roman ein kleines Meisterstück ab. Von Edgar Noske möchte man noch mehr lesen.« *Express*
Köln-Krimi-*Classic* 1, Paperback, 160 Seiten
ISBN 3-924491-45-3, 16,80 DM

TOD UND TEUFEL von Frank Schätzing
Köln im September 1260: Jeder steht gegen jeden. Erzbischof und Bürger versuchen, einander mit allen legalen und illegalen Mitteln in die Knie zu zwingen. Jacop der Fuchs, Dieb und Herumtreiber, zeigt an den erzbischöflichen Äpfeln indes mehr Interesse als an der hohen Politik. Was ihm nicht gut bekommt: In den Ästen sitzend, wird er Zeuge, wie ein höllenschwarzer Schatten den Dombaumeister vom Gerüst in die Tiefe stößt. Er hat den Mord als einziger gesehen. Aber der Schatten hat auch ihn gesehen. Er heftet sich an Jacops Spuren und bringt jeden um, den Jacop einweiht. Als Jacop begreift, daß der Sturz vom Dom nur Auftakt einer unerhörten Intrige war, ist es fast schon zu spät ...
»Ein ungewöhnliches Buch. Ein spannender Mittelalter-Krimi«
Express

Köln-Krimi-*Classic* 2, Paperback, 380 Seiten,
ISBN 3-924491-59-3, 19,80 DM

Der Bergische Krimi

Wo die Wälder noch rauschen, singt nicht immer gleich die Nachtigall. Auch im romantischen Schatten der Eichen passieren Dinge, die man eigentlich lieber in der Großstadt hat. Es gibt Revier-Krimis, es gibt Köln-Krimis und Florida-Krimis. Die Reihe *Der Bergische Krimi* führt uns in eine Region, die es in sich hat.

ÜBER DIE WUPPER von Edgar Noske und Klaus Mombrei
Da rockt eine Band durchs Bergische Land. Nach einem Konzert von »Bombay Black« wird eine junge Frau ermordet im Bandbus aufgefunden. Sämtliche Indizien verweisen auf Max Hellenrath, den Sänger der Band. Auf Kaution freigelassen macht er sich auf die Suche nach dem wahren Mörder und muß sich durch einen Dschungel von Mord, Intrigen und Erpressung kämpfen. Dabei geht es quer durchs Bergische, über Wermelskirchen, Opladen, Remscheid, Wuppertal, vorbei an Sehenswürdigkeiten wie dem Altenberger Dom, Schloß Burg und der Bever Talsperre, zum Finale auf der Müngstener Brücke: hier entscheidet sich, welcher der Kontrahenten »über die Wupper« geht.
»Bombay Black« gibt es wirklich. Die Band hat unter dem Titel »Tune In« bereits eine eigene CD veröffentlicht. Für den Roman wurden lediglich die Namen der drei Musiker geändert.
»Mörder-Jagd im Bergischen Land. Viel Lokalkolorit, viel Action, viel Fäuste« *Bild-Zeitung*
Der Bergische Krimi 1, 160 Seiten, Paperback, ISBN 3-924491-60-7
DM 16.80